U0878502

丝绸之路历史文化研究书系

第三辑

杨富学 主编

吐鲁番盆地考古发掘编号整理研究

李亚栋 仵婷 著

国家社会科学基金项目
（课题编号 15BZJ003）资助

国家出版基金项目
NATIONAL PUBLICATION FOUNDATION

甘肃文化出版社

图书在版编目（CIP）数据

吐鲁番盆地考古发掘编号整理研究 / 李亚栋，仵婷著. -- 兰州 ：甘肃文化出版社，2023.8
(丝绸之路历史文化研究书系 / 杨富学主编. 第三辑)
ISBN 978-7-5490-2618-0

Ⅰ. ①吐… Ⅱ. ①李… ②仵… Ⅲ. ①文物—考古发掘—编号—整理—研究—吐鲁番盆地 Ⅳ. ①K872.45

中国版本图书馆CIP数据核字(2023)第132588号

吐鲁番盆地考古发掘编号整理研究
TULUFAN PENDI KAOGU FAJUE BIANHAO ZHENGLI YANJIU
李亚栋　仵　婷 | 著

项目策划 | 郧军涛
项目统筹 | 周乾隆　贾　莉　甄惠娟
责任编辑 | 史春燕
封面设计 | 马吉庆

出版发行 | 甘肃文化出版社
网　　址 | http://www.gswenhua.cn
投稿邮箱 | gswenhuapress@163.com
地　　址 | 兰州市城关区曹家巷 1 号 | 730030(邮编)

营销中心 | 贾　莉　王　俊
电　　话 | 0931-2131306

印　　刷 | 北京联兴盛业印刷股份有限公司
开　　本 | 787 毫米 × 1092 毫米　1/16
字　　数 | 210 千
印　　张 | 15　彩插 4
版　　次 | 2023 年 8 月第 1 版
印　　次 | 2023 年 8 月第 1 次
书　　号 | ISBN 978-7-5490-2618-0
定　　价 | 108.00 元

版权所有　违者必究（举报电话：0931-2131306）
（图书如出现印装质量问题，请与我们联系）

吐鲁番交河故城出土《孝经》残卷（68TGI：1）（彩版壹）

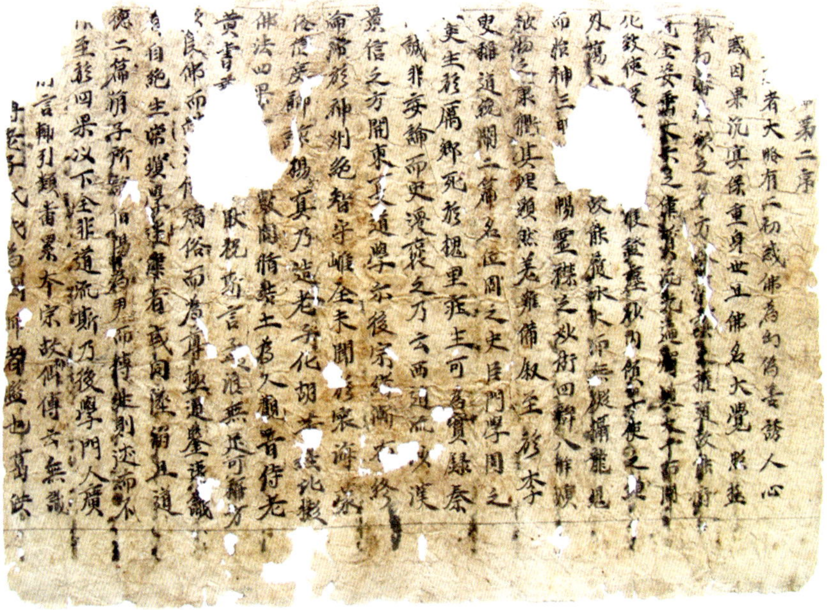

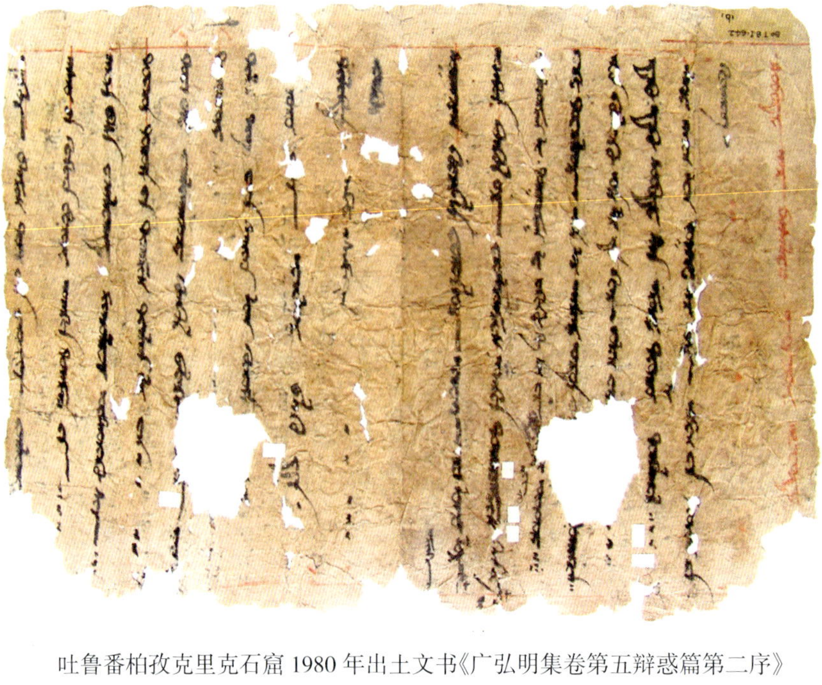

吐鲁番柏孜克里克石窟 1980 年出土文书《广弘明集卷第五辩惑篇第二序》
（80TBI：642a）及背面回鹘文文书（上下翻转）（彩版贰）

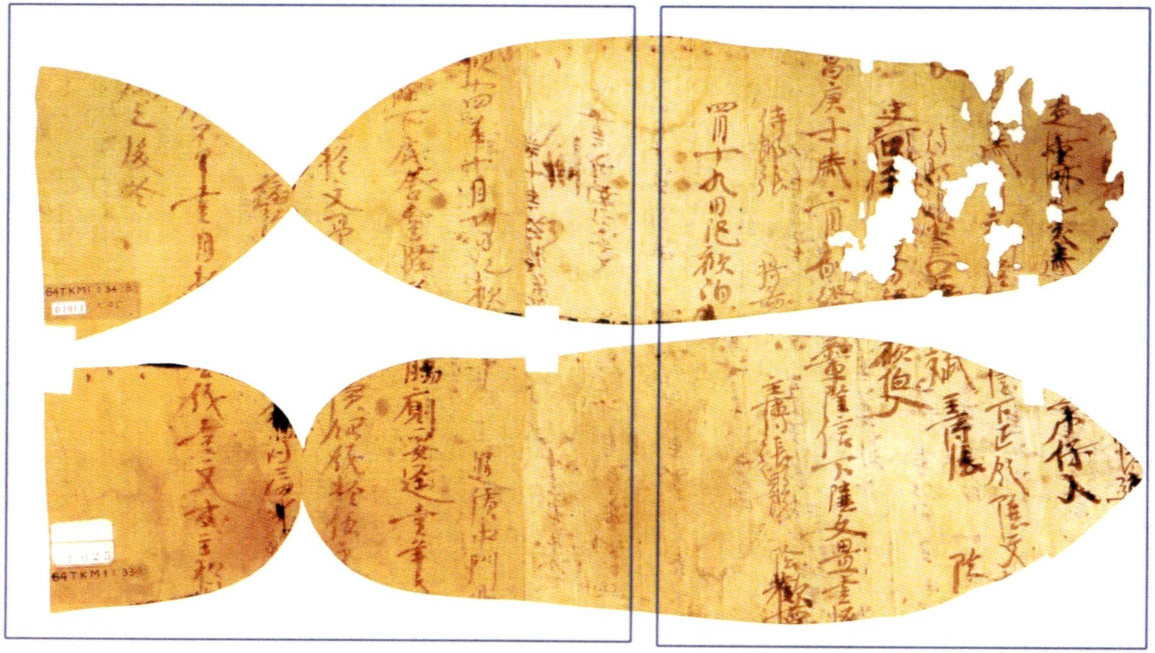

吐鲁番哈拉和卓古墓出土文书《虎保等入剂俗钱叠条记》（64TKM1：34-1a+33-1a）、《氾欢赁舍契》（64TKM1：34-2a+33-2a）（彩版叁）

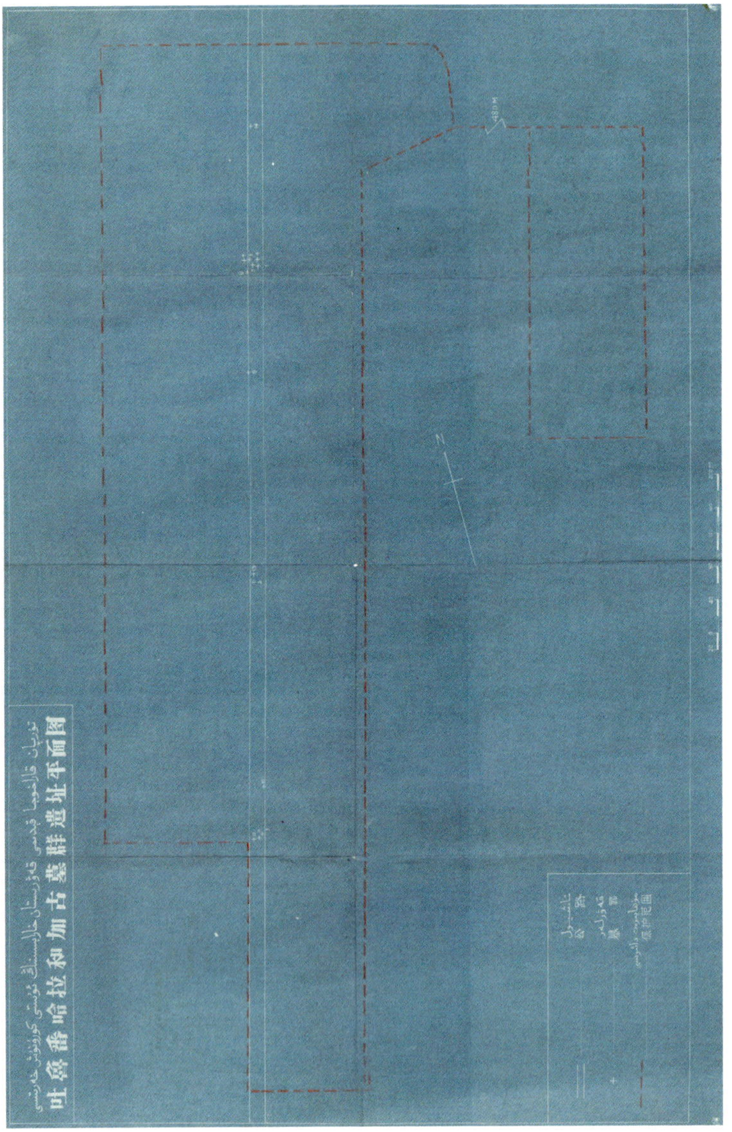

吐鲁番哈拉和卓古墓群1964年吴震、沙比提、李征测绘平面图(彩版肆)

总 序

丝绸之路是一条贯通亚、欧、非三洲经济文化交流的大动脉。自古以来，世界各地不同族群的人都会在不同环境、不同传统的背景下创造出独特的文化成就，而人类的发明与创造往往会突破民族或国家的界限，能够在相互交流的过程中获得新的发展。丝绸之路得以形成的一个重要原因，就在于东西经济文化的多样性和互补性。

在中西交往的经久历程中，中国的茶叶、瓷器及四大发明西传至欧洲，对当时的西方社会带来了影响，至今在西方人的生活中扮演着重要角色。反观丝绸之路对中国的影响，传来的大多是香料、金银器等特殊商品，还有胡腾舞、胡旋舞等西方文化。尽管这些西方的舶来品在考古现场有发现，在壁画、诗词等艺术形式上西方的文化元素有展示，但始终没有触及中华文明的根基。

早在远古时期，虽然面对着难以想象的天然艰险的挑战，但是欧亚大陆之间并非隔绝。在尼罗河流域、两河流域、印度河流域和黄河流域之北的草原上，存在着一条由许多不连贯的小规模贸易路线大体衔接而成的草原之路。这一点已经被沿路诸多的考古发现所证实。这条路就是最早的丝绸之路的雏形。

草创期的丝绸之路经历了漫长的历史演进，最初，首要的交易物资并不是丝绸。在公元前 15 世纪左右，中原商人就已经出入塔克拉玛干沙漠边缘，购买产自现新疆地区的和田玉石，同时出售海贝等沿海特产，同中亚地区进行小规模贸易交流。而良种马及其他适合长距离运输的动物也开始不断被人们所使用，于是大规模的贸易往来成为可能。比如阿拉伯地区经常使用的耐渴、耐旱、耐饿的单峰骆驼，在公元前11世纪便用于商旅运输。而分散在亚欧大陆的游牧民族据传在公元前4世纪左右才开始饲养马。双峰骆驼则在不久后也被运用在商贸旅行中。另外，欧亚大陆腹地是广阔的草原和肥沃的土地，对于游牧民族和商队运输的牲畜而言可以随时随地安定下来，就近补给水、食物和燃料。这样一来，一支商队、旅行队或军队可以在沿线各强国没有注意到他们的存在或激发敌意的情况下，进行长期、持久而路途遥远的旅行。

随着游牧民族的不断强盛，他们同定居民族之间不断争斗、分裂、碰撞、融合，这使原始的文化贸易交流仅存于局部地区或某些地区之间。不过，随着各定居民族强国的不断反击和扩张，这些国家之间就开始了直接的接触，如西亚地区马其顿亚历山大的东征，安息王朝与罗马在中亚和地中海沿岸的扩张，大夏国对阿富汗北部、印度河流域的统治以及促使张骞动身西域的大月氏西迁。这些都说明上述地区之间进行大规模交通的要素已经具备，出入中国的河西走廊和连通各国的陆路交通业已被游牧民族所熟知。

丝路商贸活动的直接结果是大大激发了中原人的消费欲望，因为商贸往来首先带给人们的是物质（包括钱财等）上的富足，其次是来自不同地域的商品丰富了人们的精神文化生活。“紫驼载锦凉州西，换得黄金铸马蹄”，丝路商贸活动可谓奇货可点，令人眼花缭乱，从外奴、艺人、歌舞伎到家畜、野兽，从皮毛植物、香料、颜料到金银珠宝、矿石金属，从器具、牙角到武器、书籍、乐器，几乎应有尽有。而外来工艺、宗教、风俗等随商人进入更是不胜枚举。这一切都成了中原高门大户的消费对象与消费时尚。相对而言，唐代的财力物力要比其他一些朝代强得多，因此他们本身就有足够的能力去追求超级消费，而丝路商贸活动的发达无非是为他们提供了更多的机遇而已。理所当然的就有许许多多的人竭力囤积居奇，有钱人不仅购置珍奇异宝而且还尽可能在家里蓄养宠物、奴伎。诚如美国学者谢弗所言：7世纪的中国是一个崇尚外来物品的时代。当时追求各种各样的外国奢侈品和奇珍异宝的风气开始从宫廷中传播开来，从而广泛地流行于一般的城市居民阶层之中。古代丝绸之路的开辟，促进了东西方的交流，从而大大推动了世界各国的经济、政治发展，丰富了各国人们的物质文化生活。

丝绸之路上文化交流，更是繁荣昌盛。丝绸之路沿线各民族由于生活的环境不同，从而形成不同的文化系统，如印度文化系统、中亚诸族系统、波斯—阿拉伯文化系统、环地中海文化系统、西域民族文化系统、河西走廊文化系统、黄河民族文化系统、青藏高原文化系统等等。而在这其中，处于主导地位的无疑是中原汉文化、印度文化、希腊文化和波斯—阿拉伯文化。

季羡林先生曾言："世界上历史悠久、地域广阔、自成体系、影响深远的文化体系只有四个，即中国、印度、希腊和伊斯兰……目前研究这种汇流现象和汇流规律的地区，最好的、最有条件的恐怕就是敦煌和新疆。"这两个地方汇聚了四大文化的精华，自古以来，不仅是多民族地区，也是多宗教的地区，在丝绸之路沿线流行过的宗教，如萨满教、祆教、佛教、道教、摩尼教、景教、伊斯兰教，甚至还有印度教，以及与之相伴的各种文化，都曾在这里交汇、融合，进而促成了当地文化的高度发展。尤其是摩尼教，以其与商人的特殊关系，始终沿丝绸之路沿线传播。过去，学术界一般认为摩尼教自13世纪始即已彻底消亡，而最近在福建霞浦等地发现了大批摩尼教文献与文物，证明摩尼教以改变了的形式，在福建、浙江一带留存至今。对霞浦摩尼教文献的研究与刊布，将是本丛书的重点议题之一。

季先生之所以要使用"最好的"和"最有条件"这两个具有限定性意义的词语，其实是别有一番深意的，因为除了敦煌和新疆外，不同文明的交汇点还有许多，如张掖、武威、西安、洛阳乃至东南沿海地带的泉州，莫不如此。新疆以西，这样的交汇点就更多，如中亚之讹答剌、碎叶（今吉尔吉斯斯坦托克马克）、怛罗斯、撒马尔罕、布哈拉、塔什干、花剌子模，巴基斯坦之犍陀罗地区，阿富汗之大夏（巴克特里亚）、喀布尔，伊朗之巴姆、亚兹德，土耳其之以弗所、伊斯坦布尔等，亦都概莫能外，其中尤以长安、撒马尔罕和伊斯坦布尔最具有典型意义。

西安古称长安，有着1100多年的建都史，是中华文明与外来文明的交流的坩锅，世所瞩目的长安文明就是由各种地域文化、流派文化融汇而成的，其来源是多元的，在本体上又是一元的，这种融汇百家而成的文化进一步支撑和推动了中央集权制度。在吸收整合大量外域文化之后，长安文明又向周边广大地域辐射，带动了全国的文明进程，将中国古代文化的发展推向高峰，并进一步影响周围的民族和国家；同时中国的商品如丝绸、瓷器、纸张大量输出，长安文明的许多方面如冶铁、穿井、造纸、丝织等技术都传到域外，为域外广大地区所接受，对丝绸之路沿线各地文明的发展产生了重大影响，体现出长安文化的扩散性和长安文明的辐射性。这是东西方文化长期交流、沟通的结果。在兼容并蓄思想的推动下，作为“丝绸之路”起点的长安，不断进取，由此谱写了一部辉煌的中外文化交流史。长安文化中数量浩繁的遗存遗物、宗教遗迹和文献记载，是印证东西方文化交流、往来的重要内容。

撒马尔罕可谓古代丝绸之路上最重要的枢纽城市之一，其地连接着波斯、印度和中国这三大帝国。关于该城的记载最早可以追溯到公元前5世纪，其为康国的都城，善于经商的粟特人由这里出发，足迹遍及世界各地。这里汇聚了世界上的多种文明，摩尼教、拜火教、基督教、伊斯兰教在这里都有传播。位于撒马尔罕市中心的“列吉斯坦”神学院存在于15—17世纪，由三座神学院组成，他们虽建于不同时代，但风格相偕，结构合理，堪称中世纪建筑的杰作。撒马尔罕的东北郊坐落着举世闻名的兀鲁伯天文台，建造于1428—1429年，系撒马尔罕的统治者、乌兹别克斯坦著名天文学家、学者、诗人、哲学家兀鲁伯所建，是中世纪具有世界影响的天文台之一。兀鲁伯在此测出一年时间的长短，与现代科学计算的结果相差极微；他对星辰位置的测定，堪称继古希腊天文学家希巴尔赫之后最准确的测定。撒马尔罕北边的卡塞西亚，原本为何国的都城，都城附近有重楼，北绘中华古帝，东面是突厥、婆罗门君王，西面供奉波斯、拂菻（拜占庭）等国帝王，这些都受到国王的崇拜。文化之多样性显而易见。

伊斯坦布尔作为土耳其最大的城市和港口，其前身为拜占庭帝国（即东罗马帝国）的首都君士坦丁堡，地跨博斯普鲁斯海峡的两岸，是世界上唯一地跨两个大洲的大都市，海峡以北为欧洲部分（色雷斯），以南为亚洲部分（安纳托利亚），为欧亚交通之要冲。伊斯坦布尔自公元前658年开始建城，至今已有2600多年的历史，其间，伊斯坦布尔曾经是罗马帝国、拜占庭帝国、拉丁帝国、奥斯曼帝国与土耳其共和国建国初期的首都。伊斯坦布尔位处亚洲、欧洲两大洲的结合部，是丝绸之路亚洲部分的终点和欧洲部分的起点，其历史进程始终与欧亚大陆之政治、经济、文化变迁联系在一起，见证了两大洲许许多多的历史大事。来自东方的中华文明以及伊斯兰教文化和基督教文化在这里彼此融合、繁荣共处，使这里成为东西方交流的重要地区。

综上可见，丝绸之路上的文化多元、民族和谐主要得益于宗教信仰的自由和民族政策的宽松——无论是中原王朝控制时期，还是地方政权当政期间，都不轻易干涉居民的宗教信仰和民族之间的文化交流。丝绸之路上各种思想文化之间相互切磋砥砺，在这种交互的影响中，包含着各民族对各种外来思想观念的改造和调适。“波斯老贾度流沙，夜听驼铃识路赊。采玉河边青石子，收来东国易桑麻。”通过多手段、多途径的传播与交流，中西文化融会贯通，构成一道独具魅力、异彩纷呈的历史奇观。从这个意义上说，丝绸之路可称得上是一条东西方异质经济的交流之路和多元文化传播之路，同时又是不同宗教的碰撞与交融之路。

为了进一步推进“丝绸之路”历史文化价值的研究，本人在甘肃文化出版社的支持与通力合作下策划了“丝绸之路历史文化研究书系”，得到全国各地及港澳台学者的支持与响应。幸运的是，该丛书一经申报，便被批准为国家出版基金资助项目。

“丝绸之路历史文化研究书系”为一套综合性学术研究丛书，从不同方面探讨丝绸之路的兴衰演进及沿线地区历史、宗教、语言、艺术等文化遗存。和以往的有关丝绸之路文化方面的论著相比，本套丛书有自身个性，即特别注重于西北少数民族文献与地下考古资料，在充分掌握大量的最新、最前沿的研究动态和学术成果的基础上，在内容的选取和研究成果方面，具有一定的权威性和前沿性。整套丛书也力求创新，注重学科的多样性和延续性。

杨富学

2016年8月23日于敦煌莫高窟

目 录

第一章 吐鲁番盆地考古发掘概况

今吐鲁番市位于新疆维吾尔自治区东部，地处吐鲁番盆地内，下辖高昌区、鄯善县、托克逊县。1949年以后，吐鲁番盆地的文物普查、考古调查及大型发掘工作一直在有序进行，且取得了显著的成效，为今人认识吐鲁番的古代社会提供了更加准确的信息。现高昌区下辖老城路街道、高昌路街道、葡萄沟街道、红柳河街道、七泉湖镇、大河沿镇、亚尔镇、艾丁湖镇、葡萄镇、三堡乡、二二一团、原种场、火焰山镇、胜金乡、恰特喀勒乡；鄯善县下辖鄯善镇、鲁克沁镇、连木沁镇、火车站镇、七克台镇、辟展镇、迪坎镇、东巴扎回族乡、达朗坎乡、吐峪沟乡、园艺场、南山矿区；托克逊县下辖托克逊镇、克尔碱镇、库米什镇、阿乐惠镇、博斯坦镇、伊拉湖镇、夏镇、郭勒布依乡。

第一节 高昌区

2015年4月，吐鲁番撤销地区行政建制，设立地级吐鲁番市。原来的吐鲁番地区改称吐鲁番市，原来的县级吐鲁番市改名为高昌区。吐鲁番盆地内有多处遗址单位在1988年被定为市级文物保护单位，即现在的县级文物保护单位；且2015年之前的相关发掘报告及各参考资料中的“吐鲁番市”所指都是今“高昌区”，为避免前后两个不同级别的“吐鲁番市”概念混淆，特此说明。

一、阿斯塔那墓地和哈拉和卓墓地

1975 年之前，对于阿斯塔那墓地和哈拉和卓墓地的十三次发掘，由于特殊时期的特殊环境、抢救性发掘清理的不规范、当年参加发掘同志的去世或岗位调动、发掘日记和发掘档案遗失、现存项目不完全、出土文物分散保存等原因[①]，使得阿斯塔那墓地的发掘报告至今没有编写出来，哈拉和卓墓地的发掘报告则于 2018 年 10 月才出版。目前所见相关发掘信息主要存在于当时所发表的一些简报或为数不多的单个墓葬的发掘报告、《吐鲁番出土文书》整理小组整理文书时保留的原始信息、吐鲁番博物馆保留的相关发掘信息这三个方面。再结合 20 世纪 80 年代吐鲁番文管所的抢救性保护发掘及后期进行的零散发掘，相互补充才大致勾勒出阿斯塔那墓地和哈拉和卓墓地的发掘简况，特别是墓葬编号的连续性方面可以有一个大概的脉络[②]。

阿斯塔那墓地和哈拉和卓墓地位于新疆吐鲁番市高昌区，今分别为三堡乡和二堡乡（2021 年 3 月更名火焰山镇）。以下是根据所见到的考古发掘报告及简报、相关研究论著、吐鲁番市第一次全国可移动文物普查工作中见到的吐鲁番库存相关编号梳理出的阿斯塔那、哈拉和卓墓葬在 1949 年以后的发掘情况及其墓葬编号[③]。

---

① 转引自《新疆文物》2000 年第 3—4 合刊《前言》，第 1 页。

② 李亚栋：《1949 年以后阿斯塔那、哈拉和卓墓葬发掘编号辑考》，《唐史论丛》第二十八辑，西安：三秦出版社，2019 年，第 344—355 页。

③ 我们对于阿斯塔那墓地和哈拉和卓墓地发掘编号的前期整理研究成果主要有仵婷、李亚栋《1975 年之前阿斯塔那古墓群的十三次发掘及编号系统》（《丝绸之路》2016 年第 18 期，第 33—34 页）和李亚栋《阿斯塔那古墓群发掘简况及墓葬编号——以可移动文物普查与国保档案为中心》（《丝绸之路研究集刊》第一辑，北京：商务印书馆，2017 年，第 318—327 页）两篇文章。此处整理是在原有资料基础上做了进一步信息补充及编号排列比对，且纠正了原行文中的一些疏漏。关于阿斯塔那墓地 1973 年以前的发掘情况、哈拉和卓墓地 1975 年以前发掘情况可参看鲁礼鹏：《吐鲁番阿斯塔那古墓群墓葬登记表》《吐鲁番哈拉和卓古墓群发掘墓葬登记表》，载《新疆文物》2000 年第 3—4 期合刊，第 215—237、238—243 页。另有吐鲁番出土文物研究会编《吐鲁番出土文物研究情報集錄——吐鲁番出土文物研究会会報 1—50 号》（东洋文庫内中央アジア・イスラム研究室，1991 年 3 月）中第 8—10 号《阿斯塔那古墳群墳墓一覽表》（第 35—48 页）、第 11 号《哈拉和卓古墳群墳墓一覽表》（第 49—52 页）及荒川正晴《トゥルファン出土文書および関連伴出資料の調査》中《随葬物別出土文書一覧表》（大阪大学大学院文学研究科，平成 15 年，第 107—190 页）、荒川正晴编《阿斯塔那・哈拉和卓古墓群墓葬一览表》（《新疆文物》1992 年第 2 期，第 93—125 页，孟宪实译，侯灿校）可参考。另，《阿斯塔那・哈拉和卓古墓群墓葬一览表》部分内容发表于中国吐鲁番学会秘书处编：《中国吐鲁番学学会研究通讯》，1991 年 6 月，第 51—59 页，文末署“待续”。

（一）第一个编号系统（59TAM301—2014TAM411）

新疆维吾尔自治区博物馆藏对阿斯塔那古墓群的十三次发掘中的第一个编号系统从301到340号，而《吐鲁番出土文书》中收录文书编号及吐鲁番博物馆藏阿斯塔那墓地出土文物的编号可以将其增补至381号，382至411号墓葬均有发掘报告或简报。所以，阿斯塔那墓地的第一个编号系统可从301号编至现在的411号。因众多原因，这中间尚缺15个墓葬编号，我们期待对相关原始资料的进一步发现和公布。因为第一个编号系统相对而言较为整齐，所以我们在方法上采用以墓葬编号为顺序的原则，将发掘报告（简报）、《吐鲁番出土文书》、吐鲁番博物馆独存的编号相互比对，寻找目前所缺编号。第一个编号系统发掘时间延续长，从1959年一直到现在依然在使用。

59TAM301—59TAM306：1959年10—11月，新疆维吾尔自治区博物馆东疆文物工作组在阿斯塔那进行了一次墓葬发掘，编号为59TAM301—59TAM306①。

60TAM307—60TAM336：1960年4—10月，新疆维吾尔自治区博物馆考古队对阿斯塔那古墓群进行第二次发掘，编号为60TAM307—60TAM336②。

60TAM337—60TAM340：1960年11月，新疆维吾尔自治区博物馆考古队带领自治区文化干校文博班的十名学员在阿斯塔那古墓地西北区进行了第三次发掘，编号为60TAM337—60TAM340③。

65TAM341：1965年，发掘了阿斯塔那341号墓，编号为65TAM341。该墓出土文书现存新疆维吾尔自治区博物馆，当时有数件俑留在了吐鲁番。后吐鲁番市文物局专业技术人员从俑的胳膊上拆出了纸质文书，现编号为77与

① 新疆维吾尔自治区博物馆：《新疆吐鲁番阿斯塔那北区墓葬发掘简报》，《文物》1960年第6期，第13—21页。

② 新疆博物馆考古队：《阿斯塔那古墓群第二次发掘简报（1960年11月）》，《新疆文物》2000年第3—4期合刊，第1—65页。注：侯灿、吴美琳《吐鲁番出土砖志及其研究综述》（载《吐鲁番出土砖志集注》，成都：巴蜀书社，2002年）第11页言根据《吐鲁番出土文书》，阿斯塔那308、310、311、313号墓的发掘在1959年。经逐条核对，308、311、313号墓《吐鲁番出土文书》录文本与图录本俱记载为1960年无误，当为侯书误；310号墓《吐鲁番出土文书》录文本记载为1959年，图录本记载为1960年，图录本为对录文本之补充纠正，当以图录本为据。

③《阿斯塔那古墓群第三次发掘简报（1960年11月）》，《新疆文物》2000年第3—4期合刊，第66—83页。

78 号[①]。

65TAM346:1965 年发掘的阿斯塔那 346 号,编号为 65TAM346[②]。

66TAM357:2017 年，吐鲁番学研究院技术保护研究所修复了一件百衲袋的文物,编号为 66TAM357∶5。无相关发掘报告,另外见到出自于该墓的文物有 66TAM357∶6 绢衣、66TAM357∶7 麻布、66TAM357∶9 白绢、66TAM357∶9 紫色沙罗、66TAM357∶9 绢、66TAM357∶10 红绢等十余件,三件编号重复[③]。

66TAM358:阿斯塔那 358 号墓,编号为 66TAM358[④]。

66TAM360:1966 年,吐鲁番地区文管所在阿斯塔那墓地发掘 360 号墓,编号 66TAM360[⑤]。

66TAM361:2015 年 3 月，在德国波恩莱茵河州立博物馆皮制品修复保护专家瑞吉娜·福格尔教授的全程指导下,吐鲁番学研究院技术人员完成了对阿斯塔那古墓群出土的 66TAM361∶6 皮鞋的修复保护工作[⑥]。这表明,阿斯塔那 361 号墓发掘于 1966 年,但是发掘报告上没有相关记载。

67TAM363:1967 年，新疆维吾尔自治区博物馆在阿斯塔那东南段砖窑附近发掘 1 座墓葬,编号 67TAM363[⑦]。

67TAM364、67TAM365、67TAM366、67TAM370、67TAM376、67TAM377:1967 年发掘的墓葬未见发掘报告的有 67TAM364、67TAM365、67TAM366、67TAM370、67TAM376、67TAM377 六座[⑧]。

---

① 中国文物研究所、新疆维吾尔自治区博物馆、武汉大学历史系编,唐长孺主编:《吐鲁番出土文书》(图录本)第肆卷,北京:文物出版社,1996 年 12 月,第 54—64 页;荣新江、李肖、孟宪实主编:《新获吐鲁番出土文献》,北京:中华书局,2008 年,第 54—55 页。

② 中国文物研究所、新疆维吾尔自治区博物馆、武汉大学历史系编,唐长孺主编:《吐鲁番出土文书》(图录本)第叁卷,北京:文物出版社,1996 年 2 月,第 260 页。

③ 徐东良、陈玉珍、路莹:《吐鲁番阿斯塔那三五七号墓葬出土百衲袋的保护修复与复制》,《龟兹研究》2017 年第 1 期,第 129—134 页。

④《吐鲁番出土文书》(图录本)第肆卷,第 178 页。

⑤ 柳洪亮:《吐鲁番阿斯塔那古墓群 360 号墓出土文书》,《考古》1991 年第 1 期,第 33—37 页。

⑥ 吐鲁番学研究院技术保护研究所:《吐鲁番阿斯塔那古墓群三六一号墓葬出土皮鞋保护修复报告》,《吐鲁番学研究》2015 年第 1 期,第 98—103 页。

⑦ 新疆维吾尔自治区博物馆:《吐鲁番阿斯塔那 363 号墓发掘简报》,《文物》1972 年第 2 期,第 7—12 页。

⑧ 中国文物研究所、新疆维吾尔自治区博物馆、武汉大学历史系编,唐长孺主编:《吐鲁番出土文书》(图录本)第壹卷,北京:文物出版社,1992 年,第 385、292、458、331 页;第叁卷,第 289 页;第壹卷,第 400页。

67TAM379:2016 年,吐鲁番学研究院技术保护研究所修复了一件绢裙,文物信息登记卡上留存编号为 67TAM379:1[①]。

67TAM380:1967 年发掘的墓葬,未见有 67TAM380 的发掘报告[②]。

68TAM381:1968 年,发掘了阿斯塔那 381 号墓,编号为 68TAM381[③],发掘报告未见。

79TAM382、79TAM383:1979 年,吐鲁番地区文管所发掘阿斯塔那 382、383 号墓,编号 79TAM382、79TAM383[④]。

86TAM384—391:1986 年 9 月 22 日至 10 月 5 日,吐鲁番地区文管所在阿斯塔那棉花加工厂抢救性发掘墓葬 8 座,编号 86TAM384—391[⑤]。

2004TAM392—2004TAM400:2004 年 3 月,吐鲁番地区文物局对阿斯塔那墓地西区南边的 9 座遭水淹塌的墓葬进行了抢救性清理,编号 2004TAM392—2004TAM400[⑥]。

在第一次可移动文物普查工作中,我们见到了多件编号为 88TAM392 的文物,这表明编号为 392 号的墓葬在 1988 年既已发掘,但是 2004 年的发掘工作中,依然出现了 392 的编号。因 2004TAM392 已经公开,为了学界之便利,我们将两座墓、两个号都保留,仅以发掘年代作区分。

2004TAM401—2004TAM407:2004 年 5 月,在棉花加工厂后院高粱地里抢救清理出 7 座被水泡塌的古墓,编号 2004TAM401—2004TAM407[⑦]。

---

① 王丽梅、陈玉珍、徐东良:《吐鲁番市阿斯塔那第 379 号墓葬出土绢裙保护修复报告》,《新博文苑》2016 年第 2 期,第 157—161 页。

②《吐鲁番出土文书》(图录本)第肆卷,第 362 页。

③《吐鲁番出土文书》(图录本)第肆卷,第 351 页。

④ 新疆吐鲁番地区文管所:《吐鲁番出土十六国时期的文书——吐鲁番阿斯塔那 382 号墓清理简报》,《文物》1983 年第 1 期,第 19—25 页;吐鲁番地区文管所:《吐鲁番北凉武宣王沮渠蒙逊夫人彭氏墓》,《文物》1994 年第 9 期,第 75—81 页;柳洪亮:《新出吐鲁番文书及其研究》,乌鲁木齐:新疆人民出版社,1997 年,第 22 页。

⑤ 吐鲁番地区文管所:《1986 年新疆吐鲁番阿斯塔那古墓群发掘简报》,《考古》1992 年第 2 期,第 143—156 页。

⑥ 吐鲁番学研究院:《新疆吐鲁番阿斯塔那墓地西区 2004 年发掘简报》,《文物》2014 年第 7 期,第 31—53 页。

⑦ 转引自吐鲁番地区文物局《吐鲁番阿斯塔那古墓群西区 408、409 墓清理简报》(《吐鲁番学研究》2004 年第 2 期,第 1 页)中叙述文字。

2004TAM408、2004TAM409:2004 年 6—7 月,吐鲁番地区文物局对阿斯塔那古墓群西区一被盗、一坍塌的墓葬进行了清理,编号为 2004TAM408、2004-TAM409[①]。

2009TAM410:2009 年，吐鲁番学研究院对阿斯塔那一区保护范围以外发现的一座墓葬进行了清理,编号 2009TAM410[②]。

2014TAM411:2014 年，吐鲁番学研究院在阿斯塔那二区抢救性发掘一座墓葬,编号 2014TAM411[③]。

在以上发掘报告及简报中我们能见到的墓葬编号有:59TAM301—60TAM340、66TAM360、67TAM363、68TAM382—2014TAM411。

《吐鲁番出土文书》是对阿斯塔那和哈拉和卓墓地出土文书进行整理的最重要的成果,是我们认识、研究吐鲁番阿斯塔那古墓群考古发掘编号的重要依据。且因其整理是从 1975 年冬开始着手,故而所见墓葬编号均为原始资料,可信度非常高。除去各发掘报告及简报中所见到的墓葬编号,该书所记录的墓葬编号还有 65TAM341、65TAM346、66TAM358、67TAM364、67TAM365、67TAM366、67TAM370、67TAM376、67TAM377、67TAM380、68TAM381 等号。

吐鲁番博物馆收藏了很多阿斯塔那墓地出土的文物,因登记信息详细,保留了很多墓葬发掘的原始编号。除去公开发掘简报及报告、《吐鲁番出土文书》所见编号,独自保留的编号有 65TAM345、65TAM347、66TAM357、66TAM359、66TAM361、66TAM362、67TAM368、67TAM371、67TAM-372、67TAM374、67TAM-375、67TAM378、67TAM379[④]。这其中,66TAM357、66T-AM361、67TAM379 经过近几年的文物保护修复工作,三个墓葬编号已见于公开的修复报告中。

---

① 《吐鲁番阿斯塔那古墓群西区 408、409 墓清理简报》,第 1—12 页;吐鲁番地区文物局:《新疆吐鲁番地区阿斯塔那古墓群西区 408、409 号墓》,《考古》2006 年第 12 期,第 3—11 页。

② 新疆吐鲁番学研究院:《2009 年吐鲁番阿斯塔那古墓群 1 区 410 号墓葬清理简报》,《吐鲁番学研究》2010 年第 1 期,第 1—5 页。

③ 吐鲁番学研究院考古研究所:《吐鲁番阿斯塔那古墓群Ⅱ区 M411 的抢救性发掘简报》,《吐鲁番学研究》2014 年第 2 期,第 1—5 页。

④ 仵婷、李亚栋:《1975 年之前阿斯塔那古墓群的十三次发掘及编号系统》,《丝绸之路》2016 年第 18 期,第 33—34 页。

综合以上编号信息,从 342 至 373 之间尚缺 15 个墓葬编号,需要进一步的考证与查询。这些缺失的墓号是 342、343、344、348、349、350、351、352、353、354、355、356、367、369、373。根据墓号前后所见发掘时代,我们可以推测出这些墓号大概或准确的发掘年代。如 341 和 345 号墓都发掘于 1965 年,则可以肯定 342、343、344 三墓也发掘于 1965 年,可编号为 65TAM342、65TAM343、65TAM344;347 号墓发掘于 1965 年,357 号墓发掘于 1966 年,其间 348、349、350、351、352、353、354、355、356 的发掘年代为 1965 年或者 1966 年;366 和 374 号墓发掘于 1967 年,且 368、370、371、372 也是发掘于 1967 年,则367、369、373 三墓也发掘于 1967 年,可编号为 67TAM367、67TAM369、67TAM373。

(二)第二个编号系统(63TAM1—75TAM239、TAM240)

第二个编号系统的发掘时段主要集中在 1963 年至 1975 年前后,238 号墓发掘于 1973 年,239 号墓发掘于 1975 年,而 240 号墓发掘时间不详。另外,阿斯塔那古墓群北区墓葬发掘有 92 号、138 号墓,不知此处所言"北区"具体指何处,且这两个编号都是夏侠文章中所提及,与发掘简报中信息并不符合[①]。

1959 年,发掘了阿斯塔那古墓群北区 138 号墓,编号为 59TAM138[②],未见发掘报告。

1963 年 12 月至 1965 年,新疆维吾尔自治区博物馆对阿斯塔那——哈拉和卓两地区进行了发掘,所发掘的阿斯塔那墓葬编号为 63TAM1—63TAM3、64TAM4—64TAM37、65TAM38—65TAM42[③]。此处表明,阿斯塔那 30 号墓发掘于 1964 年,而《吐鲁番出土文书》(图录本)第肆卷中收录有编号为 66TAM30 的文书[④],

---

① 夏侠文章中另外存在的两个编号信息是 59TAM325、59TAM332,这说明 325 号、332 号墓发掘于 1959 年,但是发掘简报中明确记录为 1960 年,证明这两条信息错误。

② 夏侠:《阿斯塔那古墓群出土纺织品纹样特征初探》,《浙江纺织服装职业技术学院学报》2012 年第 1 期,第 43—46 页。

③ 新疆维吾尔自治区博物馆:《吐鲁番县阿斯塔那—哈拉和卓古墓群发掘简报(1963—1965)》,《文物》1973 年第 10 期,第 7—27 页。新疆社会科学院考古研究所编,侯灿执笔:《吐鲁番阿斯塔那古墓区 65TAM39 墓清理简报》,《考古与文物》1983 年第 4 期,第 34—38 页。

④《吐鲁番出土文书》(图录本)第肆卷,第 361 页。

显示该墓发掘于1966年。经辨析，1966年当误，应为1964年[①]。

1968年，发掘了阿斯塔那104号墓，编号为68TAM104[②]，发掘报告未见。

1966年至1969年，新疆维吾尔自治区博物馆先后四次在吐鲁番县阿斯塔那—哈拉和卓地区进行古墓葬发掘，编号为TAM43—147[③]。

1970年，发掘了阿斯塔那北区92号墓，编号70TAM92[④]。

1972年末至1973年初，新疆维吾尔自治区博物馆考古队与吐鲁番县文物保管所在阿斯塔那古墓群东南段清理了麴氏高昌豪门张氏家族茔墓区及其附近的晋——唐墓葬，编号为72TAM148—157、TAM159—165、TAM167—171、TAM173—190、TAM194、TAM195、TAM200—205、TAM209、TAM215—218、TAM-223、TAM225—231、TAM233、TAM234，共计63座[⑤]。

1973年春，新疆维吾尔自治区博物馆考古队考古训练班学员9人在阿斯塔那古墓群东南区张氏茔区进行了第十一次考古发掘，共发掘墓葬20座，编号为73TAM116、TAM191—193、TAM196—199、TAM207、TAM208、TAM211—214、TAM221、TAM222、TAM232、TAM236—238[⑥]。查看该发掘简报可知，199号张阿质夫妇合葬墓为当年斯坦因存放墓志的两个墓之一，墓中所出文物编号为73TAM199，唯独《高昌延昌卌一年（601）张阿质妻麴氏墓表》的编号为72TAM199:9[⑦]。如果不是编号记录错误，则该墓志为1972年发现，在1973年对墓葬进行了发掘。

1973年，新疆维吾尔自治区博物馆与西北大学历史系考古专业在阿斯塔

① 仵婷:《新出三种吐鲁番考古发掘报告介评》，《吐鲁番学研究》2019年第2期，第102页。

② 殷福兰:《吐鲁番出土纺织品对称纹样的艺术风格探究》，《吐鲁番学研究:第二届吐鲁番学国际学术研讨会论文集》，上海:上海古籍出版社，2006年，第294—301页。

③ 新疆维吾尔自治区博物馆:《吐鲁番县阿斯塔那—哈拉和卓古墓群清理简报》，《文物》1972年第1期，第8—29页。

④ 夏侠:《阿斯塔那古墓群出土纺织品纹样特征初探》。

⑤ 新疆文物考古研究所:《阿斯塔那古墓群第十次发掘简报》，《新疆文物》2000年第3—4期合刊，第84—167页。

⑥ 新疆文物考古研究所:《阿斯塔那古墓群第十一次发掘简报》，《新疆文物》2000年第3—4期合刊，第168—214页。

⑦ 新疆文物考古研究所:《阿斯塔那古墓群第十一次发掘简报》，第174页。

那墓地进行了考古发掘，共发掘墓葬 38 座。其中 TAM113—115、206、210、224 这六号系之前已编号但未发掘的，另外的 32 座墓葬采用新的编号系统[①]。

1975 年发掘但目前未见于各发掘简报及报告的阿斯塔那的墓葬，有75TAM58、75TAM60、75TAM88、75TAM90[②]。

根据《吐鲁番出土文书》记载，1975 年还发掘了 239 号墓，编号为 75TAM239[③]；在《吐鲁番出土文书》(图录本)第肆卷第 47—51 页中刊布了阿斯塔那 240 号墓出土的一些文书图版及录文，但该墓发掘年代不详，仅编号为 TAM240。根据发掘简报，阿斯塔那 239 号墓为 1975 年发掘，240 号墓发掘年代在 1975 年及以后。

(三)第三、四个编号系统

第三个编号系统产生于 1973 年，从 73TAM501 编至 73TAM532。1973 年，新疆维吾尔自治区博物馆与西北大学历史系考古专业在阿斯塔那墓地进行了考古发掘，共发掘墓葬 38 座。其中 TAM113—115、206、210、224 六号系过去已编号但未发掘的，属于第二个编号系统。新编号从 TAM501 号起至 532 号止，共计 32 座[④]。

第四个编号系统产生于 2006 年，从 2006TAM601 编至 2006TAM607，分两次。2006 年 4 月 14 日至 5 月 25 日，新疆维吾尔自治区博物馆考古部与阿斯塔那文物管理所对阿斯塔那墓葬进行了考古发掘，并对一些已发掘的墓葬、遗迹做了清理工作，编号 2006TAM601—2006TAM605[⑤]。同年 9 月，新疆吐鲁番学研究院与新疆维吾尔自治区博物馆对阿斯塔那西区两座被盗墓葬进行了清理，目前见编号为 2006TAM607 的发掘简报[⑥]，疑另一座编号为 2006TAM606。

---

① 新疆维吾尔自治区博物馆、西北大学历史系考古专业:《1973 年吐鲁番阿斯塔那古墓群发掘简报》,《文物》1975 年第 7 期，第 8—26 页。

② 侯灿:《吐鲁番学与吐鲁番考古研究概述》,《敦煌学辑刊》1989 年第 1 期，第 48—62 页；侯灿:《新发现的高昌王阚首归与麴嘉年号考》,《西北史地》1984 年第 1 期，第 59—63 页。

③《吐鲁番出土文书》(图录本)第叁卷，第 553 页。

④ 新疆维吾尔自治区博物馆、西北大学历史系考古专业:《1973 年吐鲁番阿斯塔那古墓群发掘简报》。

⑤ 新疆维吾尔自治区博物馆考古部、吐鲁番地区文物局阿斯塔那文物管理所:《2006 年吐鲁番阿斯塔那古墓群西区发掘简报》,《吐鲁番学研究》2007 年第 1 期，第 7—27 页。

⑥ 新疆吐鲁番学研究院、新疆维吾尔自治区博物馆:《2006 年阿斯塔那古墓Ⅱ区 607 号墓清理简报》,《吐鲁番学研究》2010 年第 2 期，第 3—6 页。

（四）哈拉和卓墓葬编号

根据目前所见资料，哈拉和卓墓地的发掘编号较为整齐，主要有新疆维吾尔自治区博物馆和吐鲁番文管所的两个发掘编号系统。新疆维吾尔自治区博物馆在1975年以后因哈拉和卓区域进行农田水利建设而未再持续进行大规模发掘，故其墓葬编号止于105号。吐鲁番文管所在配合农田水利基础建设的发掘之后，在20世纪80年代，依然对墓地周边零散发现的墓葬进行了抢救性清理工作，故而目前所见编号下限为1985年的384号墓。

新疆维吾尔自治区博物馆编号系统（64TKM1—75TKM105）

1963年12月至1965年，新疆维吾尔自治区博物馆对阿斯塔那——哈拉和卓两地区进行了发掘，对哈拉和卓的发掘集中在1964年，编号为64TKM1—64TKM14①。

1966年至1969年，新疆维吾尔自治区博物馆先后四次在吐鲁番县阿斯塔那——哈拉和卓地区进行古墓葬发掘，所发掘哈拉和卓墓葬编号为69TKM15-54②。

1975年，新疆维吾尔自治区博物馆考古队在哈拉和卓发掘了51座古墓，编号为75TKM55—105③。

吐鲁番文管所编号系统（以数字“3”开头）

吐鲁番博物馆库存文物编号有“66TKM303”“66TKM304”“66TKM305”，注明出土地为“哈拉和卓古墓”，查历年考古报告及各处所辑录资料，均无相关资料可证明1966年对哈拉和卓303、304、305号墓进行发掘。但《高昌重光四年（623）傅僧邴墓表》和《高昌延昌四十年（600）傅之友墓表》的文物编号分别为

① 新疆维吾尔自治区博物馆：《吐鲁番县阿斯塔那—哈拉和卓古墓群发掘简报（1963—1965）》，《文物》1973年第10期，第7—27页。

② 新疆维吾尔自治区博物馆：《吐鲁番县阿斯塔那—哈拉和卓古墓群清理简报》，《文物》1972年第1期，第9页。

③ 新疆博物馆考古队编，穆舜英执笔：《吐鲁番哈喇和卓古墓群发掘简报》，《文物》1978年第6期，第1—14页。该文后收入新疆社会科学院考古研究所编《新疆考古三十年》（乌鲁木齐：新疆人民出版社，1983年），第116—124页。新疆文物考古研究所编著：《吐鲁番阿斯塔那—哈拉和卓墓地：哈拉和卓卷》，北京：文物出版社，2018年10月。

"66TKM301 : 1""66TKM306 : 1" [①]。两相结合，尽管目前我们未见编号为66TKM302的文物,但似乎可以为我们提供一条信息,即在1966年,至少发掘了哈拉和卓301—306号墓。同样，吐鲁番博物馆库存编号为72TKM308:1—72TKM308:9的九件文物,全部为木器,且前三件为国家三级文物,其出土信息注明为"哈拉和卓古墓"。这说明在1972年发掘或清理了哈拉和卓308号墓。那么,中间所缺为307号墓,不知何时发掘。

1984年,吐鲁番地区文管所发掘哈拉和卓383号墓,编号84TKM383[②]。

1985年12月中旬,吐鲁番地区文管所在哈拉和卓抢救性发掘一座竖穴木棺墓,发掘简报上无编号。根据可移动文物普查、研究及该墓主要发掘人员回忆,应为哈拉和卓384号[③],即编号为85TKM384。

附　考:

1965年,发掘阿斯塔那一墓葬出土有麻布,现存吐鲁番博物馆,由于背景资料缺失,无从得知其具体编号。2013年,吐鲁番学研究院技术保护研究所工作人员对其进行了修复[④]。

1973年,发掘哈拉和卓96号墓,墓中所出文书收录于《吐鲁番出土文书》,该墓编号为73TKM96[⑤]。

1984年,在阿斯塔那一未发掘古墓的封土中发现一木楔,编号为84TAM:1[⑥]。

---

① 鲁礼鹏:《吐鲁番哈拉和卓古墓群发掘墓葬登记表》, 第250页, 第131、132条。该登记表中无66TKM303、66TKM304、66TKM305。

② 吐鲁番地区文管所:《唐北庭副都护高耀墓发掘简报》,《新疆社会科学》1985年第4期,第60—68页。

③ 吐鲁番地区文管所:《吐鲁番哈拉和卓乡竖穴木棺墓发掘简报》,《新疆文物》1986年第2期,第48—50页; 李亚栋:《阿斯塔那古墓群发掘简况及墓葬编号——以可移动文物普查与国保档案为中心》,《丝绸之路研究集刊》第一辑,北京:商务印书馆,2017年,第318—327页;陈玉珍、徐东良、赵静、徐静:《哈拉和卓三八四号墓葬出土棉布袋的修复与研究》,《新博文苑》2017年第1期,第85—90页。注:关于哈拉和卓384号墓出土棉布袋的修复彩版见《吐鲁番学研究》2017年第1期,图版肆。

④ 吐鲁番学研究院技术保护研究所:《新疆吐鲁番阿斯塔那古墓群出土唐代麻布修复报告》,《吐鲁番学研究》2013年第2期,第109—114页。

⑤《吐鲁番出土文书》(图录本)第壹卷,第28页。

⑥ 柳洪亮:《新出吐鲁番文书及其研究》,第24页。

1986年,棉花收购站的工人在平整场院时发现一处古墓,并从一个墓道中挖出两方墓志,因墓葬上方地面已铺砖,并堆放了棉花而没有发掘,仅有器物编号,分别为86TAM:1、86TAM:2①。

《吐鲁番出土文书》(图录本)第贰卷第345–349页刊布阿斯塔那发掘一墓葬出土文书多件,但其发掘年代不详,墓葬序号为"X2",故该墓编号为TAMX2。

在对阿斯塔那出土文物的整理过程中,发现同一编号出现了多件器物。为了便于整理,在不改变原始编号的前提下,在总号后增加分号以示区别,或对其重新给号。在相关出版物中,则采用新号附加原始编号的方法。例如,73TAM208:4–1[73TAM208:4],括号内的编号为当初发掘时的原始编号,括号之前的为同一编号出现的不同器物,故而增加分号;73TAM517:35[73TAM517:08]表示括号前的为新给的编号,括号内为原始编号②。

2016年,陕西历史博物馆出版《披沙拣金廿五载——陕西历史博物馆新征集文物图录》一书,其中刊布三幅伏羲女娲图帛画,是2013年由西安市公安局移交,基本可判定为吐鲁番阿斯塔那或哈拉和卓墓葬出土,书中公布帛画修复后尺寸③。

在吐鲁番博物馆里库存有编号为90TAM1、90TAM5、90TAM6、90TAM7、90TAM8的文物,可知在1990年发掘了阿斯塔那墓地,现可见编号墓葬有1号、5—8号五座。因无更多资料证明这批文物,且编号零散,加之无后续编号,故暂不列入编号系统④。

---

① 吐鲁番地区文管所:《1986年新疆吐鲁番阿斯塔那古墓群发掘简报》。

② 鲁礼鹏:《吐鲁番阿斯塔那古墓群出土陶(泥)灯研究》,《吐鲁番学研究》2015年第2期,第4页、第8页。

③ 强跃主编:《披沙拣金廿五载——陕西历史博物馆新征集文物图录》,西安:陕西人民出版社,2016年,第100、101、102页。注:第102页描述文字"这幅画最大的特点是底色为蓝色"错误,系复制第101页帛画描述文字,该帛画底色淡黄,非蓝色。

④ 阿斯塔那第四个编号系统虽然发掘墓葬数量少,编号序列简短,但因其为两次接续,且已有公开发掘报告,所以为了便利于学界使用,将其列入编号系统。

二、高昌故城

1955 年春，高昌故城内农民在犁地时发现一个黑色的方盒子，盒内装有 10 枚古波斯萨珊王朝时代的银币；新疆维吾尔自治区文管会 1957 年从高昌故城征集到诸多小佛像、陶制大缸盖以及波斯银币；1957 年，李遇春等勘察人员在高昌故城见到一些瓦当、崇宁通宝等[①]。

1960 年，考古学家阎文儒在高昌故城进行调查，留下了第一张由中国学者绘制的高昌故城平面图[②]。

1960 年以后，吐鲁番地区文物管理局多次对高昌故城进行过调查。1980 年左右，故城内所有耕地全部退耕，城墙上所有缺口逐渐得到修补，故城开始正式被有效管理起来。2005 年 5 月，对高昌故城护城河遗迹进行了局部考古勘探，发掘结果证明高昌故城周围确实存在护城河、壕一类的遗迹[③]。

2006 年 4—7 月、2007 年 3 月 21 日—6 月 19 日、2008 年 4—5 月、2008 年 11 月 3 日—12 月 25 日、2009 年 2—4 月，新疆文物考古研究所对高昌故城进行了五次考古发掘。第一次发掘重点集中在西门及其瓮城遗址、西南大佛寺遗址区域[④]；第二次发掘集中在西南大佛寺的东北排房和外城西门南、北两侧各 200 米城墙 3 处遗存[⑤]；第三次发掘集中在东南小佛寺、护城河遗迹和窑址 3 处遗存[⑥]；第四次发掘集中在西南大佛寺的东南排房、大佛寺北佛塔、内城西墙 3

---

① 李遇春：《新疆吐鲁番、吉木萨尔勘察记》，《文物参考资料》1958 年第 11 期，第 40—43 页。

② 阎文儒：《吐鲁番的高昌故城》，《文物》1962 年第 7—8 期，第 28—32 页。

③ 新疆文物考古研究所：《2006 年度高昌故城考古发掘简报》，《新疆文物》2008 年 3—4 期，第 15、16 页。

④ 新疆文物考古研究所：《2006 年度高昌故城考古发掘简报》，《新疆文物》2008 年 3—4 期，第 15—32 页。

⑤ 新疆文物考古研究所、新疆吐鲁番学研究院：《高昌故城第二次考古发掘报告》，《吐鲁番学研究》2011 年第 2 期，第 36—54 页；《新疆文物》2011 年第 2 期，第 1—28 页。

⑥ 新疆文物考古研究所、新疆吐鲁番学研究院：《高昌故城第三次考古发掘报告》，《新疆文物》2011 年第 2 期，第 29—40 页。

处遗存[①];第五次考古发掘地点有内城南墙南门段、一号遗址、二号遗址、三号遗址、外城西墙西门南二段、重要遗迹和可汗堡遗址200平方米试掘共7处[②]。

2013年5月,为配合申报世界文化遗产,在高昌故城南门进行了考古勘探工作[③]。

三、雅尔湖故城

1953年,西北文化局新疆文物调查组调查了雅尔湖石窟,当时名为“雅尔崖千佛洞”,言其数量有10个,并对“西谷寺”条题记有录文[④]。

1956年,中国社会科学院考古所庄敏、刘观民等指导新疆“考古专业人员训练班”的学员在交河故城沟西墓地实习发掘古墓23座[⑤],编号为56TYM。同时,刘观民先生考察了交河故城,并发表有相关研究文章[⑥]。

1961年,中国佛教协会与敦煌文物研究所联合调查了天山以南各石窟,其中对雅尔湖石窟作了比较系统的考古学调查[⑦]。冯家昇最早对洞窟内的题记进行释读,并且分析了壁画内容[⑧]。20世纪80年代,柳洪亮和陈世良对雅尔湖千佛洞从整体上进行了比较系统的考察[⑨]。

---

① 新疆文物考古研究所、新疆吐鲁番学研究院:《高昌故城第四次考古发掘报告》,《新疆文物》2011年第2期,第41—63页。

② 新疆文物考古研究所:《高昌故城第五次考古发掘简报》,《吐鲁番学研究》2012年第2期,第1—34页;《新疆文物》2012年第3—4期,第4—40页。

③《新疆维吾尔自治区文物局盛春寿局长调研吐鲁番地区申遗工作》,《吐鲁番学研究》2013年第1期,第19页“信息交流”。

④ 武伯纶:《新疆天山南路的文物调查》,《文物参考资料》1954年第10期,第74—88页。

⑤ 新疆首届考古专业人员训练班(李文永):《交河故城寺院及雅尔湖古墓发掘简报》,《新疆文物》1989年第4期,第2—11页。注:该刊目录页误为“高河古城”。

⑥ 观民:《交河城调查记》,《考古》1959年第5期,第237—241页。

⑦ 阎文儒:《新疆天山以南的石窟》,《文物》1962年第7—8期,第58—59页。

⑧ 冯家昇:《1960年吐鲁番新发现的古突厥文》,《文史》第3辑,1963年,第145—156页。后收入新疆社会科学院考古研究所编《新疆考古三十年》,乌鲁木齐:新疆人民出版社,1983年,第548—554页。

⑨ 柳洪亮:《雅尔湖千佛洞考察随笔》,《敦煌研究》1988年第4期,第45—50页;陈世良:《雅尔湖石窟调查报告》,载解耀华主编:《交河故城的保护与研究》,乌鲁木齐:新疆人民出版社,1999年,第286—292页。

1968 年，在交河故城一号地点出土唐代文书数件，《吐鲁番出土文书》(录文本)对其编号为 68T.J.1，而《吐鲁番出土文书》(图录本)对其编号为 68TJ1[①]。1968 年，在交河故城遗址废墟中出土了一件文书，经柳洪亮先生比对，为《孝经》残卷[②]。我们在整理资料的时候见到该文书的照片，下面所附编号为 68TGI∶1[③]。在柳洪亮《新出吐鲁番文书及其研究》一书出版后，荣新江先生写有书评，关于《孝经》残卷的编号问题，荣先生指出："未记编号，注文称 1968 年出土于交河故城遗址，现亦用作交河故城旅游宣传折页的配图……据笔者在京见到过的同一文书照片，上有编号做 68TGI∶1，当是原始编号，或许现已脱落。应当指出的是，据同一组照片，同一批文书共 9 个号码……这些文书大概因为太残而未收入本书。本件不知何故未写编号，而且我们也不知道 TGI 这个编号的确切含义是什么。"[④]我们所见照片或许与荣先生所见照片为同一照片。查看《吐鲁番出土文书》上的编号，出土文书从 2 编号至 9，仅缺 1 号。而我们所见照片中编号为 68TGI∶1，正好就是《孝经》残片，而且《孝经》残片与其他文书都同时出土于交河故城。据此确定，《吐鲁番出土文书》中所缺的交河故城遗址出土的 1 号文书就是《孝经》残片。另外，在《吐鲁番出土文书》图录本上所刊 68TJ1∶3(b)、68TJ1∶8(a)两个残片上附有文书残片的编号为 68T.G.I∶3、68T.G.I∶8[⑤]。因此，我们认为 1968 年在交河故城遗址废墟中出土的编号为 68TGI∶1 的《孝经》残卷与《吐鲁番出土文书》中所刊布的 1968 年出土于交河故城一号地点的编号为 68T.J.1 或 68TJ1 的数件唐代文书，为同一批出土文书。在整理的过程中不知

---

① 国家文物局古文献研究室、新疆维吾尔自治区博物馆、武汉大学历史系编，唐长孺主编：《吐鲁番出土文书》，录文本第九册，北京：文物出版社，1990 年，第 246—253 页。图录本第肆卷，北京：文物出版社，1996 年，第 597—600 页。

② 柳洪亮：《交河故城出土唐写本〈孝经〉残卷跋》，《新疆文物》1994 年第 4 期，第 56—57 页。该文后收入氏著《新出吐鲁番文书及其研究》(乌鲁木齐：新疆人民出版社，1997 年，第 382、470 页)一书，附有黑白图版。

③ 仵婷、李亚栋：《吐鲁番市第一次全国可移动文物普查所见部分文物编号订正》，《吐鲁番学研究》2018 年第 1 期，第 97—104 页，图版肆。

④ 荣新江：《书评：〈新出吐鲁番文书及其研究〉》，载《敦煌吐鲁番研究》第四卷，北京：北京大学出版社，1999 年，第 589—590 页。

⑤《吐鲁番出土文书》(图录本)第肆卷，第 599、600 页。

因何分散而使用了不同的编号。

1988年，吐鲁番地区第二次全国文物普查工作人员对交河故城西邻土崖进行了普查,采集到3件石制品,编号为88TLY[①]。

1993—1994年,新疆文物考古研究所对交河故城西北小佛寺、地下寺院、东城门、一号二号民居、沟北一号台地车师贵族墓地进行了发掘,对沟西四号台地上旧石器时代地点进行了调查[②]。

1994年12月21日至1995年1月6日,新疆文物考古研究所与日本早稻田大学合作对沟西墓地进行了详细调查，中方考古学者发掘了台地中部偏西的一处小型茔地,编号为D茔,墓葬编号为94TYGXDM1—M4[③]。

1995年7—11月,为配合联合国教科文组织交河故城保护与维修工程,新疆文物考古研究所专业人员多次赴交河故城进行考古调查，在沟西台地上采集到约600件打制石器[④]。

1995年12月8日—23日，新疆文物考古研究所与日本早稻田大学第二次联合调查发掘沟西墓地,在台地不同地段发掘了9座墓葬,编号95TYGXM1—M9[⑤]。

1996年8—9月,中日合作交河沟西调查队对交河沟西墓地进行了第三次考古调查和发掘,对墓地东北部和西南部的9座斜坡墓道墓进行了发掘,另外

① 新疆维吾尔自治区文物普查办公室、吐鲁番地区文物普查队:《吐鲁番地区文物普查资料》,《新疆文物》1988年第3期,第1页。

② 李文瑛、王宗磊:《近年来交河故城考古的新成果》,《西域研究》1997年第3期,第22—28页;交河故城保护修缮办公室编著:《交河故城——1993、1994年度考古发掘报告》，北京：东方出版社,1998年,第1—200页;新疆文物考古研究所:《吐鲁番交河故城沟北1号台地墓葬发掘简报》,《文物》1999年第6期,第18—25页。

③ 新疆文物考古研究所:《1994年吐鲁番交河故城沟西墓地发掘简报》,《新疆文物》1996年第4期,第2—12页。详细发掘日期见王宗磊《1994—1996年中日吐鲁番交河沟西墓地考古工作回顾及收获》(《新疆文物》1997年第3期,第58页)一文。

④ 赵静编:《1990—1996年新疆考古发掘与调查记事》，乌鲁木齐：新疆美术摄影出版社,1997年,第752页。

⑤ 新疆文物考古研究所:《1995年吐鲁番交河故城沟西墓地发掘简报》,《新疆文物》1996年第4期,第13—40页。

发掘了 23 座竖穴墓，共计 32 座[①]。其中，9 座斜坡墓道墓的编号为 96TY—E IVd—M2、M3，96TY—E IVc—M6、M7，96TY—G VIIb—M1、M3，96TY—IVII16—M1、M2，96TY—KVII—M1[②]，23 座竖穴墓的编号为 96TYJVI12M1—M17、96T-YJVII16M01—M06[③]。

2002 年 4 月，因大风吹过，在交河故城大佛寺附近虚土内发现文书残片八十余片，经整理拼接得 43 件，编号 2002TJI001—043[④]。

2004 年 10 月上旬和 2005 年 10 月上旬，吐鲁番地区文物局对交河故城沟西墓地的 36 座因风蚀和盗扰等原因而遭到破坏的墓葬进行了抢救性清理，编号为 2004TYGXM1—M10、2005TYGXM11—M36[⑤]。

2008 年，在交河采集到一些绢质、纱质文物及部分碎片，编号 2008TLFJHC，目前所见有编号至 011 者，说明这批文物最少有 11 件[⑥]。

2010—2015 年，吐鲁番地区文物局与吐鲁番学研究院专业技术人员对交河故城西北的雅尔湖石窟多次进行调查，并发表了一系列成果[⑦]。

2020 年 4—5 月，吐鲁番学研究院石窟调查小组对交河沟北一号台地石窟

---

① 王宗磊：《1994—1996 年中日吐鲁番交河沟西墓地考古工作回顾及收获》，《新疆文物》1997 年第 3 期，第 59 页；新疆文物考古研究所编著，王炳华主编：《交河沟西——1994—1996 年度考古发掘报告》，乌鲁木齐：新疆人民出版社，2001 年，第 1—112 页；张玲玲：《交河故城考古硕果累累》，《新疆文物》2002 年第 3—4 期，第 145—146 页。

② 新疆文物考古研究所：《新疆吐鲁番交河故城沟西墓地麹氏高昌——唐西州时期墓葬 1996 年发掘简报》，《考古》1997 年第 9 期，第 55—63 页。

③ 新疆文物考古研究所：《1996 年新疆吐鲁番交河故城沟西墓汉晋墓葬发掘简报》，《考古》1997 年第 9 期，第 46—54 页。

④ 荣新江、李肖、孟宪实主编：《新获吐鲁番出土文献》，北京：中华书局，2008 年，第 231—257 页。

⑤ 吐鲁番地区文物局：《吐鲁番交河故城沟西墓地康氏家族墓清理简报》，《吐鲁番学研究》2005 年第 2 期，第 1—14 页；《新疆吐鲁番地区交河故城沟西墓地康氏家族墓》，《考古》2006 年第 12 期，第 12—26 页；吐鲁番市文物局、吐鲁番学研究院、吐鲁番博物馆编著：《吐鲁番晋唐墓地：交河沟西、木纳尔、巴达木发掘报告》，北京：文物出版社，2019 年，第 5—58 页。

⑥ 此处依据吐鲁番市第一次全国可移动文物普查工作。

⑦ 汤士华、陈玉珍：《雅尔湖石窟 4 号窟千佛图像研究》，载新疆吐鲁番学研究院编：《吐鲁番学研究：第三届吐鲁番学暨欧亚游牧民族的起源与迁徙国际学术研讨会》，上海：上海古籍出版社，2010 年，第 906 页；吐鲁番地区文物局、吐鲁番学研究院：《雅尔湖石窟调查简报》，《吐鲁番学研究》2015 年第 1 期，第 1—13 页；张铁山、李刚：《吐鲁番雅尔湖千佛洞 5 号窟突厥文题记研究》，《吐鲁番与丝绸之路经济带高峰论坛暨第五届吐鲁番学国际学术研讨会论文集》，上海：上海古籍出版社，2016 年，第 125—133 页。

和三号台地石窟分别进行了调查①。

四、柏孜克里克石窟

1953年,西北文化局新疆文物调查组对柏孜克里克石窟进行调查,在调查列表中名为“伯子克里克千佛洞”,共编号51个洞窟②。

1957年,李遇春等人对柏孜克里克石窟进行了调查,编号洞窟57个,并在其编号第28与29窟之间发现了一个小窟③。

1978年,吐鲁番地区文管所对柏孜克里克石窟损坏的洞窟进行清理维修时陆续出土了一些壁画和泥塑残块④。

1980年10月至1981年7月,在对崖前堆积土沙进行清理时发现了新的洞窟及文书残片、泥塑残件、壁画残块等⑤。

1984年4月,在柏孜克里克石窟80号窟西面的废墟中出土了《节度使杨公重修宁戎寺窟功德记碑》⑥。

1989年5月,在柏孜克里克石窟崖前废墟中发现了《西州宁戎窟寺创营窟堂施功德记》碑⑦。

---

① 高春莲:《交河沟北一号台地石窟调查简报》,载《丝绸之路研究集刊》(第六辑),北京:商务印书馆,2021年,第208—218页;李亚栋:《交河沟北三号台地石窟调查简报》,载《丝绸之路研究集刊》(第六辑),第219—235页。注:交河沟北一号台地石窟原定名为亚尔乡石窟,但该名称并不准确,因为亚尔乡所涵盖范围较广,交河故城周边所有石窟均属于亚尔乡。在2020年全国石窟寺调查时,因为系统平台需对接第三次文物普查已有成果,因而将交河沟北三号台地石窟与雅尔湖石窟合并计算。

② 武伯纶:《新疆天山南路的文物调查》,《文物参考资料》1954年第10期,第74—88页。

③ 李遇春:《新疆吐鲁番、吉木萨尔勘查记》,《文物参考资料》1958年第11期,第40—43页。

④ 吐鲁番地区文管所:《柏孜克里克千佛洞遗址清理简记》,《文物》1985年第8期,第49—65页。

⑤ 新疆维吾尔自治区吐鲁番学研究院、武汉大学中国三至九世纪研究所编著:《吐鲁番柏孜克里克石窟出土汉文佛教典籍》,北京:文物出版社,2007年,《前言》第1页。

⑥ 柳洪亮:《柏孜柯里克新发现的〈杨公重修寺院碑〉》,《敦煌研究》1987年第1期,第62—63页,图版八;柳洪亮:《高昌碑刻述略》,《新疆文物》1991年第1期,第59页。

⑦ 柳洪亮:《高昌碑刻述略》,《新疆文物》1991年第1期,第60页;陈国灿:《安史乱后的唐二庭四镇》,《唐研究》第二卷,北京:北京大学出版社,1996年,第415—436页;夏立栋:《〈贞元六年造窟功德记〉与唐西州宁戎窟寺》,《敦煌研究》2020年第2期,第18—25页。图版见李肖主编:《吐鲁番文物精粹》,上海:上海辞书出版社,2006年,第145页。注:该页文字说明为《杨公造寺碑》,误。《节度使杨公重修宁戎寺窟功德记碑》现存阴刻汉文14行,竖立,《西州宁戎窟寺创营窟堂施功德记碑》现存阴刻汉文30行,横立,二者极易区分。

2007 年，石窟崖壁某处坍塌，工作人员采集到数件木器，编号为2007CJ001—005。2010 年，在石窟附近采集到石器等文物，编号为 2010CJ001—003[①]。

2009 年 8—9 月，为配合柏孜克里克石窟窟前抢险加固工程，新疆维吾尔自治区文物局考古研究所对工程涉及区域进行了抢救性发掘清理[②]，清理洞窟、房址、佛塔等各类遗迹共计 55 座。

五、胜金口石窟

1953 年，西北文化局新疆文物调查组对胜金口进行勘察后，即通知当时的吐鲁番县进行保护，并列为保护单位[③]。

1959 年 11 月，吐鲁番矿务局和公路段为了生产和交通行车的安全，将胜金口至苏巴什一段路线向东南移 1 米~10 米。修筑新路线时，在胜金口以东 2 公里处发现古房址 5 处。12 月，新疆维吾尔自治区博物馆工作人员进行勘察时发现用回鹘语、吐火罗语和汉语书写的经典残片，回鹘语题字木板，梵文书页，木头上、墙壁上的梵文题字，两枚“开元通宝”钱及其他相关佛教遗物及遗址[④]。

2009 年和 2012 年，新疆文物考古研究所两次对胜金口石窟进行了发掘[⑤]。

2012 年，吐鲁番地区文物管理局、吐鲁番学研究院考古所参与了在胜金口石窟南寺院部分未发掘遗址、中寺院遗址及相关洞窟进行的发掘，发掘面积约为 600 平方米，此次出土了大量回鹘文文书和汉文佛经残片等[⑥]。

---

① 此处叙述依据吐鲁番市第一次全国可移动文物普查工作。

② 新疆文物考古研究所：《柏孜克里克千佛洞窟前遗址发掘报告》，《新疆文物》2010 年第 1 期，第 1—34 页；新疆文物考古研究所：《新疆柏孜克里克千佛洞窟前遗址发掘简报》，《文物》2012 年第 5 期，第 32—62 页。注：关于所发掘遗迹总数《报告》与《简报》所记不同，《新疆文物》上所刊《报告》言 57 处，《文物》所刊《简报》言 55 处。

③ 武伯纶：《新疆天山南路的文物调查》，《文物参考资料》1954 年第 10 期，第 74—88 页。

④ 沙比提·阿合买提：《吐鲁番胜金口附近佛庙遗址出土的文物》，《文物》1960 年第 5 期，第 86 页。

⑤ 吴勇：《新疆吐鲁番胜金口石窟考古发掘新收获》，《西域研究》2012 年第 3 期，第 133—135 页；新疆文物考古研究所：《新疆吐鲁番胜金口石窟发掘报告》，《考古学报》2016 年第 3 期，第 385—416 页。

⑥ 李聪慧：《吐鲁番地区文物局 2012 年文物保护、宣传与学术研究综述》，《吐鲁番学研究》2013 年第 1 期，第 151 页；新疆文物考古研究所：《新疆吐鲁番胜金口石窟发掘报告》，《考古学报》2016 年第 3 期，第 385—416 页。

2019 年 5 月，吐鲁番学研究院专业技术人员再次对胜金口石窟进行了调查[①]。

2020 年 5 月 25 日—6 月 10 日，吐鲁番学研究院考古研究所对胜金口石窟隔河谷对岸的一座佛寺遗址及周围区域进行了清理，出土了一些佛经残片及外国探险者遗留的烟盒[②]。5 月 26 日开始，吐鲁番学研究院石窟调查小组开始对胜金口区域石窟寺院遗址进行了细致的调查，并取得了一系列成果[③]。

六、其他遗址点

阿斯塔那细石器遗址：1959 年 10 月、1960 年 4—6 月和 11 月，吴震及其他文物工作者先后三次到该遗址调查，采集到了 760 余件石器[④]。

1961 年 5—6 月，中国科学院新疆分院考古所工作人员在吐鲁番进行考古调查时，到该遗址进行工作，采集有石器[⑤]。

1973 年，西北大学历史系考古专业师生在阿斯塔那墓地进行发掘时调查了该遗址，并采集有不少石制品[⑥]。

1988 年，吐鲁番地区第二次全国文物普查工作人员在三堡乡喀尔桑买亥来

---

① 王小雄：《胜金口千佛洞第五窟壁画中的花鸟画浅析》，《吐鲁番学研究》2019 年第 1 期，第 19—23 页。

② 新疆文物考古研究所、吐鲁番学研究院：《吐鲁番胜金口石窟西岸佛塔发掘简报》，《吐鲁番学研究》2020 年第 2 期，第 1—8 页。

③ 路莹：《胜金口石窟 1 号寺院遗址调查研究》，《吐鲁番学研究》2021 年第 2 期，第 1—6 页；路莹：《胜金口石窟 2 号寺院遗址调查研究》，《吐鲁番学研究》2020 年第 2 期，第 9—15 页；高春莲：《胜金口石窟 5 号寺院遗址调查研究》，《吐鲁番学研究》2020 年第 2 期，第 16—22 页；高春莲：《胜金口石窟 6 号寺院遗址调查研究》，《吐鲁番学研究》2021 年第 2 期，第 7—17 页；李亚栋：《胜金口石窟 7 号寺院遗址调查研究》，《吐鲁番学研究》2020 年第 2 期，第 23—32 页；陈玉珍：《胜金口石窟 9 号寺院遗址调查研究》，《吐鲁番学研究》2020 年第 2 期，第 33—39 页；王小雄：《胜金口石窟 10 号寺院第 7 窟壁画中葡萄树浅析》，《吐鲁番学研究》2020 年第 2 期，第 40—44 页。

④ 吴震：《新疆东部的几处新石器时代遗址》，《考古》1964 年第 7 期，第 337 页。

⑤ 吴震：《新疆东部的几处新石器时代遗址》，《考古》1964 年第 7 期，第 341 页，注释 4。

⑥ 新疆维吾尔自治区文物普查办公室、吐鲁番地区文物普查队：《吐鲁番地区文物普查资料》，《新疆文物》1988 年第 3 期，第 2 页。

村西北戈壁砾石地带的阿斯塔那细石器遗址采集到7件石制品，编号为88TLA[①]。

英沙故城(安乐故城)：1965年1月10日，在英沙故城之南、距城北苏公塔约1公里处的一座佛塔遗址中发现了一个陶瓮，瓮外有铁镞木箭二十余支，瓮内有写本佛经残卷13种、桦树皮汉字文书、梵文贝叶经两片和其他写本等，有回鹘文字木简25枚。其中《金光明经卷第二》编号为65TIN029[②]，《三国志·吴书·孙权传》写本的编号为65TIN034。

乌尔塘(乌堂)墓地：1971年，在吐鲁番市乌尔塘一号墓地出土一件文书，名《唐至德二载(757)张公买阴宅契》，《吐鲁番出土文书》中该文书题解言“本墓无墓志及随葬衣物疏”，编号71TWM1∶2[③]。但是同年在乌尔塘墓地又出土了《高昌延昌廿六年(586)户曹参军张武孝墓表》，编号为71TWM1∶1[④]，灰砖。两者虽均为张姓，由于时代相差甚远，应该不是同一墓葬所出。2006年5—12月，为配合连霍国道主干线新疆鄯善至吐鲁番公路段复线工程施工，新疆文物考古研究所在吐鲁番市胜金乡的乌堂墓地发掘墓葬十余座；2007年3月，在复线改建施工过程中，新发现3座墓葬，编号07TWM1—3；同年11月，吐鲁番地区文物局对原公路南侧乌堂墓地部分墓葬进行了清理[⑤]。

采坎儿古墓群：1975年冬天，吐鲁番县五星公社建设大队七小队社员在积肥挖土时，在一古墓道中发现章和八年墓志一方。1976年国庆前后，吐鲁番地区文管所前往现场考察，因周边大部分土地已被开垦为耕地，或被社员盖房用于打土坯，发现有一条名为采坎儿的坎儿井流经墓区，故于10月5—23日抢救性发掘了五座墓葬，编号76TCM1—5[⑥]。

---

① 新疆维吾尔自治区文物普查办公室、吐鲁番地区文物普查队：《吐鲁番地区文物普查资料》，《新疆文物》1988年第3期，第2页。

② 郭沫若：《新疆新出土的晋人写本〈三国志〉残卷》，《文物》1972年第8期，第2—6页；李遇春：《吐鲁番出土〈三国志·魏书〉和佛经时代的初步研究》，《敦煌学辑刊》1989年第1期，第42—47页。

③《吐鲁番出土文书》，录文本第九册，第254—256页；图录本第肆卷，第601页。

④ 王素：《吐鲁番出土高昌文献编年》，台北：新文丰出版公司，1997年，第191页；侯灿、吴美琳：《吐鲁番出土砖志集注》，成都：巴蜀书社，2002年，第170页。

⑤ 新疆文物考古研究所、吐鲁番地区文物局：《吐鲁番乌堂、雅尔唐墓考古发掘简报》，《新疆文物》2009年第2期，第10—16页。根据该简报注释，2006年5—12月在乌堂发掘的十余座墓葬资料现存于新疆文物考古研究所，报告未发表；2007年11月在乌堂清理的部分墓葬资料现存吐鲁番地区文物局，报告未发表。

⑥ 吐鲁番地区文管所：《吐鲁番采坎古墓群清理简报》，《新疆文物》1990年第3期，第1—7页。

五星公社：1976 年 10 月、1979 年 2 月，在吐鲁番县五星公社建设大队取土时先后出土砖志各 1 方，前 1 方残甚，上有文字“天山县南平乡”，后 1 方为《令狐氏墓志》[①]。

克儿间遗址：1980 年，在当时归属于先锋公社的克儿间遗址采集到一彩陶碗，编号为 1980KXRH[②]。

艾丁湖古墓群：1980 年 5 月，艾丁湖公社团结三大队的两名社员发现了一片古代墓葬群，吐鲁番地区文管所闻讯派人前往，经过深入调查和进一步清理，对 50 座已被扰乱的墓葬进行了编号、器物登记，编号 80TADM[③]。

巴达木墓地：1983 年被有关部门发掘过[④]；2004 年 10 月，吐鲁番市公安局抓获一批盗墓不法分子，随即考古工作者进入墓地现场开始清理。2004 年发掘了一号、二号台地，一号台地 18 座墓葬编号为 04TBM101—118，二号台地 60 座墓葬编号 04TBM201—260；2005 年发掘了三号台地 4 座墓葬，编号为 05TBM301—304[⑤]；2008 年 5 月、2009 年 4 月，新疆文物考古研究所对巴达木4 座被盗墓葬、3 座因浇水而坍塌的墓葬进行了清理，编号为 08M1—4、09M1—3[⑥]。

2005 年 5 月，吐鲁番学研究院考古所对二堡乡（今火焰山镇）巴达木村防风治沙林一带因开荒遭到破坏的 6 座墓葬进行了抢救性发掘，编号为 2005TBLM[⑦]。在可移动文物普查工作中，我们见到了相关文物。

---

① 柳洪亮：《唐天山县南平乡令狐氏墓志考释》，《文物》1984 年第 5 期，第 78—79 页。

② 此处根据吐鲁番市第一次全国可移动文物普查工作。

③ 新疆维吾尔自治区博物馆、吐鲁番地区文管所：《新疆吐鲁番艾丁湖古墓葬》，《考古》1982 年第 4 期，第 365—372 页。

④ 吐鲁番市文物局、吐鲁番学研究院、吐鲁番博物馆编著：《吐鲁番晋唐墓地：交河沟西、木纳尔、巴达木发掘报告》，北京：文物出版社，2019 年，第 143 页，图一三六《巴达木墓地墓葬平面分布图》左上角将公路西边的 8 座墓葬圈起来，标示为“1983 年发掘墓葬”。

⑤ 吐鲁番地区文物局：《吐鲁番巴达木墓地清理简报》，《吐鲁番学研究》2006 年第 1 期，第 1—58 页；《新疆吐鲁番地区巴达木墓地发掘简报》，《考古》2006 年第 12 期，第 47—72 页；《吐鲁番晋唐墓地：交河沟西、木纳尔、巴达木发掘报告》，第 142—328 页。

⑥ 新疆文物考古研究所：《吐鲁番市巴旦木墓地考古发掘报告》，《新疆文物》2011 年第 2 期，第 78—91 页；新疆文物考古研究所：《新疆吐鲁番市巴达木墓地发掘简报》，《考古》2013 年第 6 期，第 24—36 页。注：在《新疆文物》上所刊布报告中，08M3 又被编号为 08TKM1（第 82 页），但《考古》上无。

⑦ 吐鲁番学研究院：《新疆吐鲁番巴达木墓地 2005 年发掘简报》，《吐鲁番学研究》2021 年第 1 期，第 15—24 页。

2021年3月，在巴达木墓地2004、2005年发掘地点以北约100米处的公路西侧葡萄地内，吐鲁番学研究院抢救性发掘了9座墓葬。

2022年5—11月，新疆文物考古研究所、吐鲁番学研究院对巴达木东墓群进行抢救性考古发掘，共发掘唐代斜坡道洞室墓11座。其中M11带1天井，出土《唐大历十三年(778)程府君(奂)墓志铭》等文物[①]。

恰什塔格古墓区：1988年，吐鲁番地区第二次全国文物普查工作人员在艾丁湖乡色迪亥村西北发现一处古墓地，因墓葬破坏严重，仅采集到彩陶片1件，素陶片2件，分别编号为MC1、MC2、MC3[②]。

艾丁湖潘坎：1989年9月18日下午，吐鲁番市艾丁湖乡前进一大队二小队社员在开挖一条名叫潘坎儿的坎儿井时，发现一批古代文物，吐鲁番地区文管所及时赶往现场进行了调查。从出土情况分析，此处应该是一座墓葬，故而发掘到的文物编号为89TADPM1[③]。

台藏塔：1996年，台藏塔遗址旁居民在塔东壁上方洞内发现一卷文书，于2005年上交吐鲁番地区文物局保管，之后对其进行清洗整理研究，编号2005TST[④]；2008年8—9月，新疆文物考古研究所为了配合丝绸之路(新疆段)重点文物保护工程，对台藏塔遗址进行了抢救性发掘清理[⑤]。

七康湖古墓群：1988年，文物普查工作人员在该遗址区进行普查时，见墓葬百分之八十被破坏，在地表采集到三件灰陶罐，编号为MC1、MC2、MC3[⑥]。在可移动文物普查工作中，我们注意到编号04TQM出现两次，但没有更加详细

---

① 张海龙：《2022年吐鲁番巴达木东墓群考古新发现》(摘要)，"吐鲁番学的回鹘与展望"学术研讨会会议交流材料，湖北·武汉，2023年3月，第599页；尚玉平：《新疆吐鲁番巴达木东墓群2022年考古发掘主要收获及初步认识》，《西域研究》2023年第3期，第95—100页。

② 新疆维吾尔自治区文物普查办公室、吐鲁番地区文物普查队：《吐鲁番地区文物普查资料》，《新疆文物》1988年第3期，第11页。

③ 柳洪亮：《吐鲁番艾丁湖潘坎出土的虎叼羊纹铜饰牌——试论鄂尔多斯式青铜器在西域的影响》，《新疆文物》1992年第2期，第31—34页。

④ 荣新江、李肖、孟宪实主编：《新获吐鲁番出土文献》，北京：中华书局，2008年，第258页。

⑤ 新疆文物考古研究所：《台藏塔遗址考古发掘报告》，《新疆文物》2011年第2期，第64—77页。新疆文物考古研究所：《新疆吐鲁番市台藏塔遗址发掘简报》，《考古》2012年第9期，第37—44页。

⑥ 新疆维吾尔自治区文物普查办公室、吐鲁番地区文物普查队：《吐鲁番地区文物普查资料·胜金乡七康湖古墓群》，《新疆文物》1988年第3期，第69页。注：此处编号与恰什塔格古墓区采集到的陶片编号相同，但器物时代不同。恰什塔格古墓区时代为春秋战国至秦汉时代，此处为晋唐至宋元时期。

的记录信息。之后在整理吐鲁番市全国重点文物保护单位档案的时候,见到了发掘记录表、现场测绘图和后期整理的器物标本卡。这是 2004 年3 月吐鲁番学研究院考古工作者对被盗扰的两座墓葬进行的一次抢救性清理，出土铜钱一枚、小陶碗一个。发掘记录表表头文字为“阿斯塔那二区墓葬发掘登记表”,现场测绘图上标明了当时测绘的经纬度和海拔，器物标本卡上写的地点为七泉湖。根据第二次文物普查资料,七泉湖萨依古墓群的地理坐标为 43°4~5′N,89°24~25′E,海拔 498 米。这个数据与现场勘测的 42°56′N、89°35′E,海拔 142 米相差非常大,因此不太可能是同一个地方。经过经纬度比对,我们发现七康湖古墓群的地理位置(42°57~58′N,89°35~36′E,海拔 182 米)[①]与此接近。因为七康湖和七泉湖都位于高昌区胜金乡行政区内,所以我们认为器物标本卡上的“七泉湖”当为“七康湖”。至于发掘记录表表头文字为何是阿斯塔那二区,因当时正在对阿斯塔那墓地西区(即二区)南边的 9 座遭水淹塌的墓葬进行抢救性清理[②],接到七康湖古墓群被盗的消息,工作人员从阿斯塔那墓地出发,因而使用了阿斯塔那墓地登记表。

木纳尔墓地:2004—2005 年,吐鲁番地区文物局先后对木纳尔墓地的三个台地被盗墓葬进行了考古清理,共清理 42 座墓葬[③]。

雅尔墓地:2007 年 4 月，在吐鲁番市亚尔乡雅尔墓地抢救清理墓葬 1 座，编号 07TYM1[④]。

胜金店古墓:2007 年 10 月,在胜金乡胜金店村南郊、胜金乡水库与火焰山之间的坡地上发现一批墓葬,经过清理发掘,共计 31 座,编号为 2007TSM1—31[⑤]。

---

① 七泉湖古墓群与七康湖古墓群的地理坐标资料见《吐鲁番地区文物普查资料·七泉湖萨依古墓群/胜金乡七康湖古墓群》,《新疆文物》1988 年第 3 期,第 68、69 页。

② 吐鲁番学研究院:《新疆吐鲁番阿斯塔那墓地西区 2004 年发掘简报》,《文物》2014 年第 7 期,第 31—53 页。

③ 吐鲁番地区文物局:《木纳尔墓地清理简报》,《吐鲁番学研究》2006 年第 2 期，第 1—37 页;《新疆吐鲁番地区木纳尔墓地的发掘》,《考古》2006 年第 12 期,第 27—46 页;《吐鲁番晋唐墓地:交河沟西、木纳尔、巴达木发掘报告》,第 59—141 页。

④ 新疆文物考古研究所、吐鲁番地区文物局:《吐鲁番乌堂、雅尔唐墓考古发掘简报》,《新疆文物》2009 年第 2 期,第 15 页。该简报言雅尔墓地的唐代墓葬系 2006 年当地居民在营建现代墓葬时发现(第 10 页)。

⑤ 张永兵:《吐鲁番胜金店墓地》,《吐鲁番》2013 年第 3 期,第 66—68 页;新疆吐鲁番学研究院:《新疆吐鲁番胜金店墓地 2 号墓发掘简报》,《文物》2013 年第 3 期,第 20—24 页。

也木什古墓群:2010年，中央民族大学博物馆征集到13件吐鲁番出土唐代文书,文书出土信息不详,根据内容判定为出自古代盐城的古墓葬,即今高昌区也木什古墓群①。

2019年9—11月，吐鲁番学研究院考古工作者对也木什古墓群部分被盗墓葬进行了抢救性发掘。

大、小桃儿沟:2011年,吐鲁番地区文物局、吐鲁番学研究院专业技术人员对大桃儿沟、小桃儿沟进行了调查,并发表了调查简报②。

加依墓地:2013年12月至2014年1月,吐鲁番学研究院、新疆文物考古研究所对吐鲁番加依墓地进行了考古发掘工作③。

军事烽燧遗址:2015年,吐鲁番学研究院考古研究所对吐鲁番的军事设施遗址中的连木沁大墩烽火台、大墩烽燧、七泉湖烽燧、木尔吐克萨依遗址、布干驿站进行了考古发掘④。

伯西哈石窟:2017年4—5月和2019年6月,为配合伯西哈石窟崖体加固和壁画修复工程，吐鲁番学研究院考古工作者先后两次对该石窟崖前院落区域及洞窟内进行了清理⑤。

---

① 张铭心、凌妙丹:《中央民族大学藏吐鲁番出土文书整体性研究及出土地初探》,《古代钱币与丝绸高峰论坛暨第四届吐鲁番学国际学术研讨会论文集》,上海:上海古籍出版社,2015年,第257—264页;张铭心、凌妙丹:《中央民族大学收藏吐鲁番出土文书初探》,《中央民族大学学报(社科版)》2013年第6期,第115—121页;张铭心:《吐鲁番学研究新资料》,《光明日报》2010年12月16日,第11版;张荣强、张慧芬:《新疆吐鲁番出土唐代貌阅文书》,《文物》2016年第6期,第80—89页。

② 吐鲁番地区文物局、吐鲁番学研究院:《大桃儿沟石窟调查简报》《小桃儿沟石窟调查简报》,《吐鲁番学研究》2012年第1期,第1—17、18—29页。

③ 吐鲁番学研究院、新疆文物考古研究所:《吐鲁番加依墓地发掘简报》,《吐鲁番学研究》2014年第1期,第1—19页。

④ 王龙:《吐鲁番市军事设施遗址考古调查发掘记》,《吐鲁番学研究》2015年第2期，第150—151页；该刊图版肆。新疆文物考古研究所、吐鲁番学研究院:《新疆吐鲁番木尔吐克萨依遗址发掘简报》,《吐鲁番学研究》2017年第2期,第1—11页。

⑤ 贾应逸:《伯西哈石窟研究》,《吐鲁番学研究》2004年第2期,第88—96页;邓永红:《吐鲁番拜西哈尔石窟新发现壁画的保护与研究》,《中国文化遗产》2019年第2期;吐鲁番学研究院:《伯西哈石窟发掘简报》,《吐鲁番学研究》2020年第1期,第92—106页;崔琼、吾买尔·卡德尔:《伯西哈石窟第3窟药师净土变考》,载《丝绸之路研究集刊》(第六辑),北京:商务印书馆,2021年,第236—246页。

第二节 鄯善县

一、吐峪沟石窟

吐峪沟石窟位于鄯善县吐峪沟乡吐峪沟村，地处火焰山山脉东段腹地，自古以来即为连通火焰山南北的重要通道之一。百余座洞窟连续分布在吐峪沟东西两侧的断崖上，是新疆东部开凿年代最早、规模最大的佛教石窟遗址群。其对研究我国古代佛教石窟的发展演变具有重要的意义，也是研究佛教石窟寺艺术由西域向内地传播的关键节点。

1953 年秋冬季节，西北文化局新疆文物调查组考察了吐峪沟，这是中华人民共和国成立之后由政府组织的首次实地考察。根据武伯纶的记录，当时吐峪沟石窟存洞窟 94 个，90%以上的石窟均已坍毁[①]。1957 年，吐峪沟石窟被列为新疆维吾尔自治区首批自治区级文物保护单位。1961 年，北京大学阎文儒等人受中国佛教协会委托，对吐峪沟石窟做了更进一步的调查记录。2006 年，吐峪沟石窟被国务院公布为第六批国家级重点文物保护单位，同年被列入丝绸之路申报世界文化遗产预备名单。

1978 年，在吐峪沟佛寺遗址中出土了一件《西州回鹘造舍利佛塔记》的文书，收藏在新疆博物馆，编号 78S·T：1[②]。

1981 年吐峪沟出土了 6 件文书，编号为 81SAT[③]。

1981 年 9 月，在鄯善县吐峪沟乡吐峪沟麻扎附近发现陶棺葬后，吐鲁番地

① 武伯纶：《新疆天山南路的文物调查》，《文物参考资料》1954 年第 10 期，第 74—88 页。

② 刘绍刚、侯世新主编：《新疆博物馆新获文书研究》，北京：中华书局，2013 年，第 236 页。

③ 新疆维吾尔自治区吐鲁番学研究院、武汉大学中国三至九世纪研究所编著：《吐鲁番柏孜克里克石窟出土汉文佛教典籍》，北京：文物出版社，2007 年，第 40、75、412、426 页。

区文管所工作人员前往调查，清理出两座墓葬，编号为 81SATM。墓区东西长 60 米，南北宽 20 米，从外表可以看出的墓葬约 15 座[①]。

1988 年，第二次全国文物普查时工作人员对吐峪沟石窟进行了调查[②]。

2010—2011 年，中国社会科学院考古研究所、吐鲁番学研究院和新疆龟兹研究院对吐峪沟石窟寺进行了考古发掘，清理出洞窟 56 座[③]。

2015 年，吐鲁番学研究院在对吐峪沟石窟寺西岸中区进行考古的过程中有了新收获[④]。2016 年，继续对吐峪沟西岸进行考古发掘，新发现了石窟及壁画，并出土文书[⑤]。

二、洋海古墓群

洋海古墓群位于鄯善县吐峪沟乡洋海阿斯喀勒村西北 1.5 公里，处于火焰山南麓、吐峪沟口西南的冲积扇面上，整个地势由北向南缓倾。现为吐鲁番市全国重点文物保护单位，设立正科级文物保护管理所，归吐鲁番市文物局管辖。占地面积 5.4 万平方米。

1982 年，有一批工人为疏通坎儿井，搭地窝住在洋海Ⅱ号墓地，据说，他们发现了古墓，并有文物出土[⑥]。

1987 年 5 月，自治区公安厅与吐鲁番地区公安处联合侦破了洋海古墓群

---

① 吐鲁番地区文管所：《新疆鄯善县吐峪沟发现陶棺葬》，《考古》1986 年第 1 期，第 87 页。注：《新疆文物》1988 年第 3 期第 70 页言该文发表于《文物》1986 年第 1 期，误。

② 新疆维吾尔自治区文物普查办公室、吐鲁番地区文物普查队：《吐鲁番地区文物普查资料汇编》，《新疆文物》1988 年第 3 期，第 70 页；田卫疆、赵文泉主编：《鄯善历史文化论集》，乌鲁木齐：新疆人民出版社，2006 年，第 219 页。

③ 侯世新：《吐峪沟石窟寺第 38 窟龟兹风探析》，《敦煌学辑刊》2011 年第 2 期，第 122—131 页；陈凌、李裕群、李肖：《二〇一〇年新疆吐峪沟石窟考古新收获》，《中国文物报》2011 年 1 月 21 日，第 9 版。

④ 丁晓莲、王龙：《吐峪沟石窟寺西岸中区考古新收获》，《吐鲁番学研究》2015 年第 2 期，第 155—156 页；该刊图版肆。

⑤ 吐鲁番学研究院考古研究所：《2016 年吐峪沟石窟寺考古掠影》《吐峪沟出土 3 米佛经长卷》，《吐鲁番学研究》2016 年第 1 期，封二、封三。中国社会科学院考古研究所边疆民族考古研究室、吐鲁番学研究院：《新疆鄯善县吐峪沟西区中部回鹘佛寺发掘简报》，《考古》2019 年第 4 期，第 57—73 页。

⑥ 引自《新疆洋海墓地》第一章《绪论》第三节《发现和发掘经过》，第 6 页。

和达浪坎儿古墓群被盗案，收缴了 130 件珍贵文物[①]。之后，吐鲁番文管所积极配合调查和清理墓地，又从当地农民处收缴 130 件、墓地采集 124 件文物，编号 87CYP[②]。

1988 年，第二次全国文物普查时，工作人员在墓地表面采集到部分遗物，目前所见遗物编号有至 45 者，则最少采集到 45 件[③]。

1988 年 10—11 月，新疆文物考古研究所在洋海古墓区发掘了 82 座墓葬[④]。

1997 年 11 月中旬，一座斜坡土洞墓被盗，经清理，编号为97TSYM1[⑤]。

2001 年，鄯善县文管所收到公安机关送来的盗墓者赃物中有两大团、一小团纸质文物，均出自于洋海墓地下村墓葬。2002 年，经武汉大学陈国灿教授整理释读，得知为唐代酒泉城文书，编号为 TSYMX1[⑥]。

2003 年春，洋海墓地再次被盗。新疆维吾尔自治区文物局与吐鲁番地区文物局、新疆文物考古研究所报请国家文物局同意，于同年 3—5 月进行了发掘[⑦]。

2006 年 10 月，吐鲁番地区文物局在洋海一号台地新建的保护站北区建防

---

① 《吐鲁番地区文物普查资料汇编·洋海墓葬群调查》，《新疆文物》1988 年第 3 期，第 31—34 页；新疆文物考古研究所：《“鄯善古墓被盗案”中部分文物之介绍》，《新疆文物》1989 年第 4 期，第 34—40 页。

② 吐鲁番地区文物局：《鄯善洋海墓地出土文物》，《新疆文物》1998 年第 3 期，第 28—40 页。注：该刊目录页标题为“鄯善洋海墓地采集文物”，此处以正文标题为准；该文第 29 页第 3 行之“89CYP”当为“87CYP”之误，该页图下文字可证。吐鲁番地区文物局：《1987 年收缴的洋海墓地被盗出土器物》，《吐鲁番学研究》2011 年第 2 期，第 12—35 页。

③ 《吐鲁番地区文物普查资料汇编》，《新疆文物》1988 年第 3 期，第 31 页；《鄯善历史文化论集》，第 172 页。

④ 邢开鼎：《鄯善县洋海古墓葬》，《中国考古学年鉴·1989》，北京：文物出版社，1990 年，第 274 页。

⑤ 吐鲁番地区文物局：《吐鲁番地区鄯善县洋海墓地斜坡土洞墓清理简报》，《吐鲁番学研究》2007 年第 1 期，第 1—6 页。该简报后收入《敦煌吐鲁番研究》第十卷，上海：上海古籍出版社，2007 年，第 1—9 页。

⑥ 陈国灿：《鄯善新发现的一批唐代文书》，《吐鲁番学研究》2005 年第 2 期，第 15—32 页；《敦煌吐鲁番研究》第九卷，北京：中华书局，2006 年，第 123—142 页；《论吐鲁番学》，上海：上海古籍出版社，2010 年，第 200—217 页。

⑦ 新疆文物考古研究所、吐鲁番地区文物局：《吐鲁番考古新收获——鄯善县洋海墓地发掘简报》，《吐鲁番学研究》2004 年第 1 期，第 1—66 页；《新疆鄯善县洋海墓地的考古新收获》，《考古》2004 年第 5 期，第 3—7 页；新疆吐鲁番学研究院、新疆文物考古研究所：《新疆鄯善洋海墓地发掘报告》，《考古学报》2011 年第 1 期，第 99—150 页。注：两份简报中的发掘总墓葬数不一致，一份为 509 座，另一份为 521 座。另参见《鄯善县洋海一号墓地发掘简报》《鄯善县洋海二号墓地发掘简报》《鄯善县洋海三号墓地发掘简报》，《新疆文物》2004 年第 1 期，第 1—27 页、第 28—49 页、第 50—68 页；吕恩国、张永兵：《新疆鄯善洋海墓地》，《文物天地》2004 年第 6 期，第 56—61 页。出版的正式报告为吐鲁番市文物局、新疆文物考古研究所、吐鲁番学研究院、吐鲁番博物馆编著：《新疆洋海墓地》，北京：文物出版社，2019 年。

风固沙林带时发现几座被盗扰的古墓葬，经请示上级主管部门得到同意，吐鲁番学研究院考古所于同年 10 月 10—15 日对其进行了清理，编号 2006TSYⅠM1—M8[①]。

另据资料记载，2005 年 11 月、2008 年 6 月，吐鲁番地区文物局两次对被盗墓葬进行抢救性发掘，先后清理出 20 座墓葬[②]。

三、苏贝希墓群

该遗址位于鄯善县吐峪沟乡苏贝希村西南约 2.5 公里处，在火焰山北麓吐峪沟入口西南约 500 米的沟西台地上。

1980 年 5 月，新疆维吾尔自治区博物馆文物队对位于苏贝希村南约 2 公里的吐峪沟西岸一台地上的苏贝希一号墓地试掘 3 座墓葬，编号 80SASM1—M3。吐鲁番地区文管所清理出 5 座墓葬，编号 80SASM4—M8[③]。这 8 座墓葬资料存吐鲁番地区文管所，现存于吐鲁番博物馆。

1985 年 1 月，吐鲁番刮起一股挖墓寻宝风，苏贝希村约 50 座墓葬被盗。吐鲁番地区文管所采集了地表被遗弃文物，又从当地群众处收集，共计得文物 54 件，编号 85SASM：1—54[④]。

1988 年，第二次全国文物普查队工作人员对苏贝希居住遗址进行了调查记录，将遗址区采集标本编号为 88STS(Y)。在普查工作中，对位于苏贝希村托万买来西约 500 米处的苏贝希二号墓地进行了调查，在被盗墓者破坏后的墓地表面采集到了陶器残片和人骨标本，文物普查队工作人员对苏贝希一号墓

---

① 吐鲁番学研究院：《2006 年鄯善洋海一号墓地保管站北区清理简报》，《吐鲁番学研究》2008 年第 2 期，第 1—12 页。

② 新疆维吾尔自治区文物局编：《新疆维吾尔自治区第三次全国文物普查资料汇编·鄯善县不可移动文物》，乌鲁木齐：新疆人民出版社，2011 年，第 24 页。

③ 吐鲁番地区文管所：《新疆鄯善苏巴什古墓葬》，《考古》1984 年第 1 期，第 41—50 页。

④ 吐鲁番地区文管所：《新疆鄯善县苏巴什古墓群的新发现》，《考古》1988 年第 6 期，第 502—506 页。

地地表遗物进行了采集[①]。

1991 年冬季,因为修筑“连心路”而发现苏贝希三号墓地。1992 年 3 月 10 日至 4 月 4 日,共清理墓葬 30 座,编号 92SASM1—M30[②]。

1992 年 3 至 4 月间，新疆维吾尔自治区考古所对苏贝希村附近的墓葬和遗址进行了抢救性发掘，在清理被盗墓葬之后，考虑到一号墓地被盗情况严重,又抢救性清理发掘了 5 座墓葬(编号 92SASM9—13)[③],共发掘墓葬 35 座,主要为竖穴偏室、竖穴土坑墓,遗址发掘面积约 300 平方米[④]。

在第一次全国可移动文物普查工作中，我们注意到吐鲁番博物馆库存文物中还有 80PSM4、80SHSM、87SALHM、90SASM、92SASⅢM 等墓葬发掘编号,还见到“临 SBXC2”(单耳陶罐,墓地 1 号墓采集)、“临 SBXZJ04”(单耳陶壶,墓地征集)两个采集、征集的临时编号,均为苏贝希墓地出土文物的编号。此处 90SASM 编号与下文三个桥墓地出土文物重复。

四、柳中古城及其周边

柳中古城位于鄯善县鲁克沁镇库尼夏村,在十字路中心西约 500 米处。该城址距今已有 2100 余年,汉代即名柳中城。在唐代,柳中城为西州重要的交通中转站,是西州的东境大门,自蒲昌府(鄯善县)经柳中县(鲁克沁)方可进入高昌城。东通鄯善县城,北通连木沁沟谷,西通达浪坎乡,南通迪坎乡,战略位置

---

① 《吐鲁番地区文物普查资料汇编·苏贝希居住遗址/苏贝希二号墓地/苏贝希一号墓地》,《新疆文物》1988 年第 3 期,第 26、29、34 页。

② 新疆文物考古研究所、吐鲁番地区博物馆:《鄯善县苏贝希墓群三号墓地》,《新疆文物》1994 年第 2 期,第 1—20 页;新疆文物考古研究所、吐鲁番地区博物馆:《新疆鄯善县苏贝希遗址及墓地》,《考古》2002 年第 6 期,第 42—57 页。

③ 新疆文物考古研究所:《鄯善苏贝希墓群一号墓地发掘简报》,《新疆文物》1993 年第 4 期，第 1—13 页；吕恩国:《鄯善县苏贝希Ⅰ号墓地》《鄯善县苏贝希Ⅲ号墓地》《鄯善县苏贝希遗址》,《中国考古学年鉴·1993》,北京:文物出版社,1995 年,第 263—265 页。

④ 赵静:《1990—1996 年新疆考古发掘与调查记事》,《新疆文物考古新收获》(续)(1990—1996 年),乌鲁木齐:新疆美术摄影出版社,1997 年,第 749 页。

非常重要。现行政区划内的柳中古城及周边已发现的晋唐时代墓葬一起构成了丰富的文化遗存,为我们认识这一区域的历史文化提供了重要的资料。

鲁克沁:1978 年,鲁克沁公社出土砖志《高昌延和三年(604)田曹司马鞏孝感墓志》,编号 78SLM[①],此墓志现存新疆博物馆。

1979 年,在鲁克沁出土墓志《高昌延昌五年(565)户曹参军郭和儿及妻张氏等墓表》,编号 79SLM[②],此墓志现存吐鲁番博物馆。

柳中古城:2014 年,吐鲁番学研究院对柳中古城进行了调查,并发表了测绘及研究成果[③]。

塔西肯艾热克石器遗址:位于鄯善县鲁克沁镇三个桥村南 1.5 公里。1988 年文物普查时,在该遗址采集到的遗物主要为石制品,仅有很少的几块夹砂红陶片。所采集石器编号为 88SLKT[④]。

三个桥古墓群:位于鄯善县鲁克沁镇三个桥村南约 1.5 公里处。1988 年文物普查时发现,墓地因 20 世纪 50—70 年代的开荒及盗掘而破坏非常严重[⑤]。

1990 年 6 月, 新疆文物考古研究所等单位对已被盗掘的古墓葬进行了清理发掘,编号 36 座,清理发掘 33 座,编号 90SASM[⑥]。

在库存文物中,我们见到了一件在三个桥墓地附近征集到的陶罐,临时编号为“临 SLSZJ03”,详细征集年代无从得知。

三坎克日墓群:位于鄯善县鲁克沁镇三个桥村南约 800 米处。1978 年,新

---

① 侯灿、吴美琳著:《吐鲁番出土砖志集注》,成都:巴蜀书社,2002 年,前言第 3 页;王素:《吐鲁番出土高昌文献编年》,台北:新文丰出版公司,1997 年,第 232 页,第 624 条。

② 王素:《吐鲁番出土高昌文献编年》,第 169 页,第 372 条。

③ 徐佑成、朱海生:《柳中古城形制初探》,《吐鲁番学研究》2015 年第 1 期,第 93—97 页。

④《吐鲁番地区文物普查资料汇编》,《新疆文物》1988 年第 3 期,第 7 页;《鄯善历史文化论集》,第 153 页。

⑤《吐鲁番地区文物普查资料汇编》,《新疆文物》1988 年第 3 期,第 72 页;《鄯善历史文化论集》,第 222 页。

⑥ 新疆文物考古研究所、新疆大学历史系 88 级考古专业、吐鲁番地区博物馆、鄯善县文化局:《新疆鄯善县三个桥古墓葬的抢救清理发掘》,《新疆文物》1997 年第 2 期,第 1—21 页。

疆维吾尔自治区博物馆考古队曾做过调查[①],称其为伙什江扎。因鲁克沁有两处遗址点名都为伙什江扎,1988年文物普查时候为了避免混淆,进一步规范其译音,更名为三坎克日。该遗址在调查时发现墓葬已被破坏,采集遗物非常少,仅有石球、陶片和骨器[②]。

伙什江扎遗址:位于鄯善县鲁克沁镇土古曼布衣村第四自然村界,在镇北约2.5公里处。1988年文物普查时在该遗址区采集到石制器和陶片,陶片中有一件可复原。采集遗物编号为88SLKH[③]。

吐格曼依墓群:位于鄯善县鲁克沁镇西北约2公里的吐格曼依第一自然村,地处火焰山南面戈壁滩前缘地带。1988年文物普查时,见到墓群已因当地村民取土而遭破坏,挖出许多人骨架、陶器和石球[④]。

布尔土居结木古墓群:位于鄯善县鲁克沁镇吐格曼博依村北火焰山南麓的吐峪沟萨依戈壁滩上。1988年3月31日,在进行文物普查时见有十多座墓葬被盗掘,墓区散见泥质灰陶片和纺轮。采集到灰色墓志残砖一块,呈三角形,上有楷体墨书"武威""□丑"字样[⑤]。

一棵桑墓地:位于鄯善县鲁克沁镇迪汗苏村哈萨克买来支边小队北1公里处,1976—1978年,新疆博物馆考古队在王炳华带领下调查时发现。1978年进行抢救性清理墓葬9座,出土遗物50余件[⑥]。2008年11月,新疆文物考古研究所对该墓地3座被盗墓葬进行了抢救性发掘清理[⑦]。

---

① 陈戈:《略论新疆彩陶》,《新疆社会科学》1982年第2期,第79页;陈戈:《吐鲁番地区的史前文化》,收入敦煌吐鲁番学新疆研究资料中心编:《吐鲁番学研究专集》,乌鲁木齐:乌鲁木齐县印刷厂,1990年,第24—25页附表。

②《吐鲁番地区文物普查资料汇编》,《新疆文物》1988年第3期,第30页。

③《吐鲁番地区文物普查资料汇编》,《新疆文物》1988年第3期,第24页。

④《吐鲁番地区文物普查资料汇编》,《新疆文物》1988年第3期,第36页。

⑤《吐鲁番地区文物普查资料汇编》,《新疆文物》1988年第3期,第76页。

⑥ 新疆文物考古研究所:《新疆鄯善县一棵桑墓地考古发掘简报》,《新疆考古》(第1辑),北京:科学出版社,2021年,第303—320页。

⑦ 新疆文物考古研究所:《鄯善县一棵桑墓地考古发掘报告》,《新疆文物》2011年第2期,第121—126页。

五、其他遗址点

杨家沟墓地:2018 年 3 月,在鄯善县东巴扎乡乡政府南侧 100 米处的台地上,发现一座斜坡道洞室墓。2020 年 4 月,因东巴扎乡棚户区改造配套设施施工,发现古墓葬 2 座。2020 年 7 月,由新疆文物考古研究所和吐鲁番学研究院对墓葬进行抢救性发掘工作,共发掘墓葬 9 座[①],编号为 2020TSY。

拜什塔木遗址:位于鄯善县达浪坎乡拜什塔木村西南。2015 年 8 月,吐鲁番学研究院与新疆文物考古研究所在鄯善县联合调查时新发现该遗址, 在该遗址区采集到的文物编号为 2015SBC[②]。

阿合特提日墓葬群:位于鄯善县达浪坎乡拜什塔木村西南约 10 公里处。1988 年,文物普查时见到墓葬被盗掘严重,地表仅遗留有几片夹砂红陶[③]。

阿萨协亥尔烽燧遗址:该遗址又称为大阿萨故城,位于鄯善县达浪坎乡拜什塔木村西南约 10 公里处。1988 年,文物普查工作人员在该遗址区采集到了一枚锈蚀的“成平元宝”铜币和一些铜盘碎片[④]。在吐鲁番市第一次全国可移动文物普查工作中,我们见到了 1987SDASD:3 的编号,该文物采集于该遗址。

克其克阿萨佛教遗址:即小阿萨佛教遗址,位于鄯善县达浪坎乡拜什塔木村西南约 8 公里处。1988 年,文物普查时在地表采集到的遗物有陶片和木器[⑤]。

达浪坎墓地:在吐鲁番市第一次全国可移动文物普查工作中,见到了 87CDASP 和 87CDT 的编号,说明 1987 年在达浪坎乡出土过文物。但我们能见到的仅有 3 件,此编号无“M”字样,可能为墓地采集文物,在库房原始记录中为“达浪坎墓地”。

---

① 新疆文物考古研究所、吐鲁番学研究院:《新疆鄯善县杨家沟墓地发掘简报》,《吐鲁番学研究》2021 年第 1 期,第 1—14 页。

② 吐鲁番学研究院、新疆文物考古研究所:《拜什塔木遗址调查简报》,《吐鲁番学研究》2016 年第 1 期,第 1—7 页。

③《吐鲁番地区文物普查资料汇编》,《新疆文物》1988 年第 3 期,第 73 页。

④《吐鲁番地区文物普查资料汇编》,《新疆文物》1988 年第 3 期,第 56 页。

⑤《吐鲁番地区文物普查资料汇编》,《新疆文物》1988 年第 3 期,第 61 页。

奇格曼古墓群:位于鄯善县连木沁乡火焰山北麓的山前坡地上。1988 年,文物普查时见到墓地遭盗掘严重,被破坏的墓近二百座,在地表采集 113 件(片),主要有陶器、木器、角器和纺织品,遗物编号为 88SLQ(M)[①]。

墩买来遗址:位于鄯善县连木沁乡墩买来村东南约 1 公里处,遗址西北的小河北岸附近为墩买来古墓群。1988 年,文物普查时在该遗址采集到的遗物中陶片均破碎,石制品 21 件,铜簇 1 件,编号为 88SLD(Y)[②]。

墩买来古墓群:位于鄯善县连木沁乡墩买来村南 250 米处的河沟北岸上。1988 年,文物普查时见整个墓地已毁,仅采集到陶片,编号为 88SLD(M)[③]。

克孜勒库木石器遗址:位于鄯善县连木沁乡丘旺克尔村尤吐克西南约 3 公里。1988 年,文物普查时在该遗址采集到的遗物主要是石制品,多数为石片,成形的石器和石核均未采集到。石器编号为 88SLK[④]。

耶特克孜玛扎墓群:位于鄯善县连木沁乡丘旺克尔村尤吐克南约 700 米处,虽局部有所破坏,但总体上保存较完整。1988 年,文物普查工作人员在该遗址封石碓上采集到 1 个石球[⑤]。

哈日土甫勒格唐墓群:位于鄯善县连木沁乡丘旺克尔村尤吐克自然村西南约 1.5 公里。墓地已经被人盗掘,1988 年,文物普查时见到有 10 座墓[⑥]。

汉墩霍加木阿勒迪古墓群:位于鄯善县连木沁乡汉墩村霍加木阿勒迪自然村西北约 1 公里,"霍加木"又被写作"果加木"。1988 年,文物普查时见到墓葬已被盗墓者破坏,有 21 座,在墓地做了一般性采集,有骨器、石器、陶片和毛织物,编号为 88SLHH(M)[⑦]。

果佳木阿勒迪麻扎牲畜坑:位于鄯善县连木沁乡汉墩村霍加木阿勒迪自

① 《吐鲁番地区文物普查资料汇编》,《新疆文物》1988 年第 3 期,第 5 页。
② 《吐鲁番地区文物普查资料汇编》,《新疆文物》1988 年第 3 期,第 25 页。
③ 《吐鲁番地区文物普查资料汇编》,《新疆文物》1988 年第 3 期,第 43 页。
④ 《吐鲁番地区文物普查资料汇编》,《新疆文物》1988 年第 3 期,第 30 页。
⑤ 《吐鲁番地区文物普查资料汇编》,《新疆文物》1988 年第 3 期,第 37 页。注:标本 33 的编号为 88SLC(M):33,怀疑"C"为"Q"印刷之误。
⑥ 《吐鲁番地区文物普查资料汇编》,《新疆文物》1988 年第 3 期,第 71 页。
⑦ 《吐鲁番地区文物普查资料汇编》,《新疆文物》1988 年第 3 期,第 71 页。

然村东北一高土台上。1988 年,文物普查时在一座牲畜坑骨骼上采集到 1 件铜扣饰[①]。

二塘沟墓地:位于鄯善县连木沁镇汗都坎村二塘沟东的二级台地上。2011年 11 月,为配合二塘沟水利工程建设,新疆文物考古研究所会同吐鲁番地区文物局、鄯善县旅游文物局对该墓地进行了抢救性考古发掘,共发掘墓葬20座[②]。2009 年第三次文物普查时,在二塘沟三岔口东南 2 公里处发现一片墓地,面积约 8 平方米,其中有一座已被盗掘,该墓地命名为二塘沟东南墓地。同年,在二塘沟三岔口处发现 32 余座石堆墓,面积约 26163 平方米,该墓地命名为二塘沟三岔口墓地。

阿克提热克石器时代遗址:位于鄯善县辟展乡开其克村东南约 800 米,附近有唐墓,名阿克提热克墓区。1988 年,文物普查时在该遗址区采集石制品 59 件,编号为 88SPA[③]。

阿克提热克墓群:位于鄯善县辟展乡开其克村南约 150 米高的沉积台地上。据看守人员描述,在 1980 年,吐鲁番地区文管所到此做过调查,并清理了几座墓葬;1986 年前后,有人私自盗掘,有 24 座墓被挖。1988 年,文物普查时见到有不少墓葬被盗,在地表采集到打制石器、陶器残片、丝织品碎片和微黄色无文印或有使用痕迹的纸片[④]。

小苏巴什古墓群:位于鄯善县城附近的西河坝东西两岸的黄土台地上,1988 年 3 月被发现。已有近 40 座墓被盗掘,在西岸墓葬区中部采集的标本有木片、纺轮、海具、碗、钵、陶器底部及陶片等,编号为 SPS(M)C[⑤]。

二村石器遗址:位于鄯善县东巴扎回族乡二村,在乡政府东南约 1 公里处,二村又称为“阔什土尔”。1988 年文物普查时,在该遗址区采集到的遗物有

---

① 《吐鲁番地区文物普查资料汇编》,《新疆文物》1988 年第 3 期,第 76 页。

② 新疆文物考古研究所:《鄯善县二塘沟墓地考古发掘简报》,《新疆文物》2012 年第 1 期, 第 92—99 页。

③ 《吐鲁番地区文物普查资料汇编》,《新疆文物》1988 年第 3 期,第 9 页。

④ 《吐鲁番地区文物普查资料汇编》,《新疆文物》1988 年第 3 期,第 74 页。

⑤ 《吐鲁番地区文物普查资料汇编》,《新疆文物》1988 年第 3 期,第 75 页。

陶片28块，石制品6件，编号为88SDR[①]。

东巴扎遗址：位于鄯善县东巴扎回族乡小学后面耕地上，与东巴扎古城遗址同处一地。1988年文物普查时，在该区域采集到石磨盘、羊下颌骨、大动物骨和少量陶片，属于新石期时代[②]。

东湖烽火台：位于鄯善县东巴扎回族乡前街村洪屯尔色孜耶沙山脚下，地处沙山和绿洲的交界。2015年8月，吐鲁番学研究院与新疆文物考古研究所对其进行了联合调查发掘，编号为2015TSDH[③]。

七克台乡古城遗址：位于鄯善县七克台乡南湖村南面约5公里处的一道东西向小山上。1982年10月，村民在该遗址附近劳动时，发现一批文书，有汉文也有回鹘文佛经。古城北墙中部墙基内侧有一口深60米~70米的井，根据当地村民描述，此井为1987年从吐鲁番（即今高昌区）来寻宝的人所挖掘。古城西墙向西50米处有一土梁，土梁南侧为墓葬区，有几处墓葬已被盗掘。1988年，文物普查工作人员在墓葬区采集到少量标本，编号为88SQYC[④]。

飞跃车站：位于鄯善县飞跃火车站桃树园子组。1993年1月，在兰新铁路复线建设中，于飞跃车站附近开山修筑铁路路基时发现了一些动物化石。1993年6月至1994年8月，新疆文物考古研究所对其进行了发掘，累积获得比较完整的巨犀化石骨架一具及与巨犀化石共生的比较完整的第三纪龟鳖类化石。巨犀骨架编号TP9401[⑤]。

苏贝希石窟：位于鄯善县吐峪沟乡吐峪沟河西陡壁上，其岸上为苏贝希居住遗址。1988年文物普查时将石窟由北向南编为1—5号，窟内无壁画，窟底被

---

① 《吐鲁番地区文物普查资料汇编》，《新疆文物》1988年第3期，第10页。

② 《吐鲁番地区文物普查资料汇编》，《新疆文物》1988年第3期，第23页。

③ 吐鲁番学研究院、新疆文物考古研究所：《吐鲁番市鄯善县东湖烽火台发掘简报》，《吐鲁番学研究》2016年第2期，第1—9页。

④ 《吐鲁番地区文物普查资料汇编》，《新疆文物》1988年第3期，第53页。1982年发现的回鹘文佛经中有两件有相关研究，见卡哈尔·巴拉提：《两件回鹘文文书》，《新疆文物》（维吾尔文版）1986年第1期。

⑤ 张川、伊弟利斯·阿不都热苏勒、刘国瑞、柳洪亮：《吐鲁番盆地的一具巨犀化石骨架》，《新疆文物考古新收获》（续）（1990—1996年），乌鲁木齐：新疆美术摄影出版社，1997年，第18—28页。

淘金者挖得高低不平，窟顶倒塌严重[①]。2009 年 1 月，吐鲁番地区第三次全国文物普查队对该石窟进行了复核[②]。2021 年因全国石窟寺调查，吐鲁番学研究院石窟调查小组对该石窟进行了系统调查[③]。

迪坎尔石器遗址：“迪坎尔”又译“迪尕尔”，位于鄯善县迪坎尔乡迪坎尔村东南约 800 米处，1988 年文物普查时在地表采集石器达数百件，编号为 88SDK[④]。

洋海阿斯喀勒买来石器遗址：位于鄯善县吐峪沟乡洋海阿斯喀勒买来村西北约 3 公里的戈壁滩上。1988 年文物普查时，在该遗址采集到石器共 29件，其中有石核、尖状器、刮削器和斧形器等，编号 88STYA[⑤]。

洋海厄格勒塔木戍堡：位于鄯善县吐峪沟乡洋海阿斯喀勒买亥来村附近。

第三节 托克逊县

阿拉沟：1976—1978 年间，新疆博物馆考古队在阿拉沟东口、鱼儿沟车站地区先后清理、发掘了古代少数民族墓葬 85 座。其中 1976—1977 年在鱼儿沟车站东、阿拉沟河谷西岸发掘的 4 座竖穴木椁墓，其墓葬形制、葬式、随葬文物均自成风格、别具特点，与该地其他墓葬不同，编号为 76WYM18、76WYM19、77WYM30、77WYM31[⑥]。1984 年，在阿拉沟内东风机器厂墓地发掘墓葬 36 座，地表有石碓或石围标记，竖穴石室，流行多人合葬，有个别的墓埋葬多达二十

① 《吐鲁番地区文物普查资料汇编》，《新疆文物》1988 年第 3 期，第 61 页。

② 新疆维吾尔自治区文物局编：《新疆维吾尔自治区第三次全国可移动文物普查资料汇编·鄯善县不可移动文物》，第 940—941 页。

③ 仵婷：《新疆吐鲁番鄯善县苏贝希石窟 2021 年调查简报》，《丝绸之路研究集刊》（第八辑），北京：社会科学文献出版社，2022 年，第 36—44 页。

④ 《吐鲁番地区文物普查资料汇编》，《新疆文物》1988 年第 3 期，第 3 页。

⑤ 《吐鲁番地区文物普查资料汇编》，《新疆文物》1988 年第 3 期，第 6 页。

⑥ 新疆社会科学院考古研究所：《新疆阿拉沟竖穴木椁墓发掘简报》，《文物》1981 年第 1 期，第 18—22 页。

余人，少数墓葬为单人葬，一次葬，也有二次葬[①]。1986 年，在阿拉沟水管站附近即巩乃斯河西岸进行建筑施工时，推土机推出了动物骨骼，当地民众又进行了挖掘。吐鲁番地区文管所接到消息，于当年 7 月中旬到达现场。墓葬已被破坏，共清理 3 座，编号 86TOAM[②]。1996 年 4—5 月间，文物工作者王炳华先生对阿拉沟沟口古堡内一间废屋及古堡东墙外空旷地段以探沟形式进行了试掘[③]。

英亚依拉克古墓群：1983 年 4 月下旬，托克逊县文化馆反映有人在喀格恰克大队英亚依拉克居民点附近乱挖古墓。吐鲁番地区文管所到达现场，采集了墓坑周边遗物，并对整个墓群做了调查编号，在墓坑中收集遗物 7 件[④]。

喀格恰克古墓群：1983 年 4 月下旬，托克逊县喀格恰克大队附近墓葬群受到不同程度的破坏，吐鲁番地区文管所于 5 月 24 日至 6 月 8 日对其进行了清理，共清理 18 座墓葬，其中 3 座已被彻底扰乱，15 座基本完好，编号 83TOHM1-15[⑤]。

在吐鲁番市第一次全国可移动文物普查工作中，我们见到了编号 83TOHW：6-1 和 83TOHW：6-2，著录信息为“皮制品”，出土地点为“托克逊喀格恰克”。核对文物图版，此两件文物当为一件，给了两个总账号；在《托克逊县喀格恰克古墓群清理简报》中未见到相关皮制品的记载；根据编号原则，此件文物当为被盗墓葬或地面采集，无具体墓号；简报中所记录的一件编号为 83TOHM：1 的人像木俑就是“墓群被破坏时掘出”。我们怀疑 83TOHW 中的 W 为 M 的误写，此处存疑。

小草湖遗址：1985 年春天，吐鲁番地区文管所在托克逊县的小草湖发现一

---

① 引自于《新疆洋海墓地》第一章《绪论》第二节《以往的考古工作》，第 5 页。

② 吐鲁番地区文管所：《阿拉沟竖穴木棺墓清理简报》，《新疆文物》1991 年第 2 期，第 18—20 页。因为此次是对已破坏墓葬进行清理，故仅对采集到的文物进行了序列编号，没有墓葬编号。在第一次全国可移动文物普查工作中，我们注意到，信息表中存在 9 个 86TDAM 的编号，经过与《清理简报》上所列文物器物名称及描述的比对，同时也比对文物照片与原始账本，得知这 9 个 86TDAM 当为 86TOAM 之误。

③ 王炳华：《阿拉沟古堡及其出土唐代文书残纸》，荣新江主编：《唐研究》第八卷，北京：北京大学出版社，2002 年，第 324 页。黄楼：《唐代西州鸜鹆镇文书研究》，《西域研究》2019 年第 1 期，第 51—67 页。

④ 吐鲁番地区文管所：《新疆托克逊县英亚依拉克古墓群调查》，《考古》1985 年第 5 期，第 478 页。

⑤ 吐鲁番地区文物保管所：《托克逊县喀格恰克古墓群清理简报》，《考古》1987 年第 7 期，第 597—603 页。

处新石器时代遗址[①]。1994 年 4—6 月，为配合昌吉州米泉县大黄山至吐鲁番地区高等级公路建设，新疆文物考古研究所对小草湖遗址进行了清理。该遗址位于托克逊县城以北 37 公里处，清理面积达 2000 余平方米，发掘墓葬 2 座，均为竖穴土坑墓，时代约在早期铁器时代[②]。

博斯坦：吐鲁番博物馆库存文物编号存 87TBM，说明 1987 年在托克逊博斯坦乡某地出土了一批文物，有木质、陶质、角质、皮质品，至少 15 件。根据仅见编号 M1，可知这批文物出自一个墓葬；另外也有墓葬外采集文物，可知墓葬已被盗，这是一次抢救性清理工作，惜未见相关简报或报告。

克尔碱镇：吐鲁番博物馆库存文物编号存 88TKR，22 件均为陶器，有杯、罐、壶、碗、钵、纺轮等。这批文物是 1988 年 5 月对克尔碱镇新建政府办公场所发现古墓后收集所得文物[③]。

大墩：吐鲁番博物馆库存文物编号存 89TTD，说明 1989 年在大墩出土一批文物，计 9 件，均为陶器，有杯、罐、碗、纺轮等。关于其中一件彩陶罐的研究见张统亮《吐鲁番大墩子出土陶器探析》[④]一文。

鱼儿沟：2008 年 2 月 21 日—3 月 21 日，对托克逊县鱼儿沟遗址进行了发掘，同时对鱼儿沟内的 3 座被盗墓葬进行了清理[⑤]。

苏巴什沟：1991 年 6 月至 1992 年 6 月，为配合国道314 线干沟段改线工程，新疆文物考古研究所对苏巴什沟内的文物遗址状况进行了考古调查。苏巴什沟位于托克逊县城西南，长 37 公里，沿线调查到遗址 7 处，墓地 1 处，抢救性发掘了其中涉及公路必经路线的 3 处遗址，1 座墓葬。遗址出土文物属于清

---

① 《托克逊县喀格恰克古墓群清理简报》注释 4 言“资料尚在整理中”；《吐鲁番地区文物普查资料》（《新疆文物》1988 年第 3 期）第 14 页为调查资料。

② 赵静：《1990—1996 年新疆考古发掘与调查记事》，《新疆文物考古新收获》（续）（1990—1996），乌鲁木齐：新疆美术摄影出版社，1997 年，第 751 页。注：昌吉州米泉县现行政归属为乌鲁木齐市，为米东区。

③ 马丽平：《1988 年托克逊县克尔碱镇墓地采集器物》，《吐鲁番学研究》2020 年第 2 期，第 77—80 页。

④ 张统亮：《吐鲁番大墩子出土陶器探析》，《鸭绿江》（下半月版）2014 年第 6 期，第 300 页。注：该文中误将文物出土地写为“鄯善”。

⑤ 新疆文物考古研究所：《托克逊县鱼儿沟遗址、墓地考古发掘报告》，《新疆文物》2011 年第 2 期，第 92—120 页。

乾隆八年(1743)至1950年间的遗物,古墓葬则是战国至汉代时期的遗存[①]。

伊拉湖乡:在托克逊县七大队八小队,库存文物总账号TLF01693,单耳陶罐,来源只写明出自伊拉湖乡,其他信息不明。

托克逊二中:库存文物总账号为TLF01699,陶壶,其他信息不明。

第四节　出土信息不详

1950—1959年,由新疆维吾尔自治区博物馆征集所得出自吐鲁番的砖志有10方,编号为LI(新疆维吾尔自治区博物馆库藏编号),但其中含有已知的李帆群1947年9月所掘得的1方[②]。

1977年,在吐鲁番发掘了一批墓葬,编号为77TAYM,但未见相关发掘简报与报告[③]。

2001年,香港克里斯蒂(佳士得)拍卖行日本印制的拍卖品图录中刊布了3件吐鲁番出土的契券文书。2002年年底,关尾史郎撰文《トゥルファン将来"五胡"时代契约文书简介》(原名《トゥルファン、高台出土五胡时代契约文书简介》),于2003年1月11日在"内陆アジア出土古文献研究会"的例会演讲中首次对这三件文书及其价值进行了评述,之后王素撰文对其进行了相关研究[④]。

2006年,由一位收藏家向吐鲁番博物馆捐赠三双纸鞋及百余件文书残片,

---

① 张铁男:《托克逊县苏巴什沟古墓葬》,《中国考古学年鉴·1993》,北京:文物出版社,1995年,第263页;赵静:《1990—1996年新疆考古发掘与调查记事》,《新疆文物考古新收获》(续)(1990—1996年),乌鲁木齐:新疆美术摄影出版社,1997年,第748页。

② 侯灿、吴美琳:《吐鲁番出土砖志及其研究综述》,载《吐鲁番出土砖志集注》,成都:巴蜀书社,2002年,第3页。

③ 马丽平:《吐鲁番博物馆馆藏未刊钱币》,《新疆钱币》2016年第2期,第5页。文中将该编号定为"阿斯塔那墓地",存疑。事实上,在我们参与吐鲁番市第一次全国可移动文物普查的时候,见到库存有很多编号为77TAYM的文物,但都没有写明发掘地点。当时询问了一些年纪较大的考古工作参与者及库房管理人员,都不记得此编号。故而此处地点存疑。

④ *Christie's:Fine Classical Chinese Paintings and Calligraphy*,*Hong Kong*,2001,pp.24(释文)—25(图版)。王素:《略谈香港新出吐鲁番契券的意义——〈高昌史稿·统治编〉续论之一》,《文物》2003年第10期,第73—76页、第96页。

经过整理,编号为 2006TZJI[①]。

2009 年,新疆维吾尔自治区博物馆征集到一批纸质文献和简牍,编号为 09ZJ,其中高昌国和唐代的汉文文书,经整理拼合为 36 件[②]。

2010 年,由国家文物局主办的全疆纺织品修复培训班上,吐鲁番学研究院及吐鲁番博物馆的专业技术人员修复了一双唐西州时期的麻线鞋,出土时间、地点不详[③]。

2014 年,我们见到一组文书照片,文书原始形态明确,当拆自 4 只纸鞋。闻言这 4 只纸鞋为某私人收藏者所有,在拆揭之前进行了简单拍摄,拆揭出的文书残片无编号,拆揭之后是否对文书进行清洗不得而知。这批文书无论从纸鞋的外观形态或所拆揭出的文书残片上看,均与吐鲁番盆地晋唐时期墓葬所出纸鞋、拆揭文书高度相似;且文书的很多内容与之前所见文书有相似性。因此,我们判定其出自吐鲁番某古墓葬,或许为历史时期盗墓所得。我们对这批文书进行初步整理,编号为 2014TSR,于笔者博士学位论文中进行录文与图版公布[④]。

2017 年,吐鲁番学研究院技术保护研究所修复了一件鸡鸣枕的文物,详细出土时间、地点不详,目前所拥有的编号为 1992 年吐鲁番博物馆保管部整理文物库房时对未编号文物重新登记所使用[⑤]。

2022 年年初,某收藏家欲将一件正面有"酒泉城"字样的文书赠予酒泉市博物馆。在辨别文书真伪及性质时我们见到了照片,经确认,文书正面之"酒泉城"当为唐西州高昌县之酒泉城,且时间明确,为唐咸亨五年(674)。该文书出自吐鲁番当无疑问。

---

① 荣新江、李肖、孟宪实主编:《新获吐鲁番出土文献》,北京:中华书局,2008 年,第 271 页。

② 刘绍刚、侯世新主编:《新疆博物馆新获文书研究》,北京:中华书局,2013 年。

③ 路莹、陈玉珍、热米娜·克衣木:《吐鲁番博物馆馆藏麻线鞋的保护修复与工艺研究》,《吐鲁番学研究》2019 年第 2 期,第 146—152 页。

④ 李亚栋:《吐鲁番晋唐墓葬出土文书形态诸问题研究》,武汉:武汉大学博士学位论文,2021 年,第 193—215 页。

⑤ 陈玉珍、赵静、路莹:《浅谈吐鲁番博物馆藏鸡鸣枕的保护与修复》,《龟兹研究》2017 年第 1 期,第 122—128 页。

第二章　文物编号信息校对及个案研究

第一节　第一次全国可移动文物普查所见部分文物编号订正

2013年开始的全国第一次可移动文物普查工作，是第一次对国内各机构所藏可移动文物进行的一次大规模成系统的普查工作。至2017年结束时，取得了巨大的成果。吐鲁番盆地历史时期处于丝绸之路中西交通要道上，具有丰富的地上地下文化遗存。近代以来，外国探险家多次光临，发掘了很多遗址点，并将许多珍贵的文物带出国门。中华人民共和国成立以后，由于各种原因，吐鲁番所出文物，特别是阿斯塔那古墓群和哈拉和卓古墓群所出文物散藏于各个文博机构，且因简报及报告撰写不及时、不详尽等原因，导致很多文物处于库存状态而不为外界所知。所以，可移动文物普查工作是每个文博机构进行摸家底的工作，也是对长时期以来人员更替、工作衔接的必要补充。

在吐鲁番市第一次全国可移动文物普查工作中，我们对库存文物进行了逐件清理、登记，且核对账本信息，同时参考已经公开出版的发掘简报（报告）、相关学者的研究成果，在遇到有些疑惑的情况下，还参考了吐鲁番学研究院资料部门所藏原始发掘记录及档案，对其进行核查考证。

在具体工作中，校正了一些错误信息，并及时补正一些出版物中因年代原因或资料不足而出现的缺憾和疏漏。具体表现在以下几个方面。

一、以库存文物信息补充、校正出版物中的文物信息

在《吐鲁番文物精粹》一书中刊有一件回鹘高昌时期的木质梳子[①],该梳一端为篦,存35齿;另一端为梳,存15齿。木质坚硬,磨制光滑。《吐鲁番文物精粹》中说明出土于哈拉和卓古墓。但是,在可移动文物普查中见到该文物,其出土地为柏孜克里克石窟。1978年至1981年,吐鲁番地区文管所在对柏孜克里克石窟进行考古调查、清理崖前积土时,确实出土了一件梳篦一体的文物,年代为高昌回鹘时代。并且在《柏孜克里克千佛洞遗址清理简记》中附有该梳篦的黑白图版[②],经过比对我们可以得知,该梳篦出自柏孜克里克石窟(图1),而非哈拉和卓古墓。

图1 吐鲁番柏孜克里克石窟出土篦梳

(左图引自《吐鲁番文物精粹》,右图引自《柏孜克里克石窟遗址清理简记》)

1985年12月中旬,吐鲁番文管所在哈拉和卓抢救性发掘过一座竖穴木棺墓,但是简报中未曾提及此墓编号[③]。在可移动文物普查工作中,吐鲁番博物馆

① 李肖主编:《吐鲁番文物精粹》,上海:上海辞书出版社,2006年,第193页。
② 吐鲁番地区文物管理所:《柏孜克里克千佛洞遗址清理简记》,《文物》1985年第8期,第64页。
③ 吐鲁番地区文管所:《吐鲁番哈拉和卓乡竖穴木棺墓发掘简报》,《新疆文物》1986年第2期,第48—50页。

库存文物有5件，分别为木箭、织绣囊、弓箭箙、“非”字形木梳篦、羽毛。“非”字形木梳篦极具特色，左梳右篦，梳12齿，篦35齿（图2），与发掘报告中对器物的描述、线描图完全一致，器物上附有编号85TKM384：9；弓箭箙及七支箭目前在吐鲁番博物馆通史展厅展出，仔细查看，在弓箭箙尾部破裂处内壁写有编号85TKM384：2；织绣囊也在吐鲁番博物馆通史展厅展出，其编号为85TKM384：8。经过对比可知，1985在哈拉和卓墓地所发掘墓葬编号即为85TKM384[①]，可作补充。2017年，吐鲁番学研究院技术保护研究所完成了一件棉布袋的修复工作，经当事人回忆，其出土于哈拉和卓384号墓[②]。

在第一次可移动文物普查工作中，我们见到了编号为88TAM392的文物多件，这表明阿斯塔那古墓区编号为392号的墓葬在1988年既已发掘。但是2004年3月，吐鲁番地区文物局对阿斯塔那墓地西区南边的9座遭水淹塌的墓葬进行了抢救性清理，编号2004TAM392—2004TAM400[③]。查《吐鲁番阿斯塔

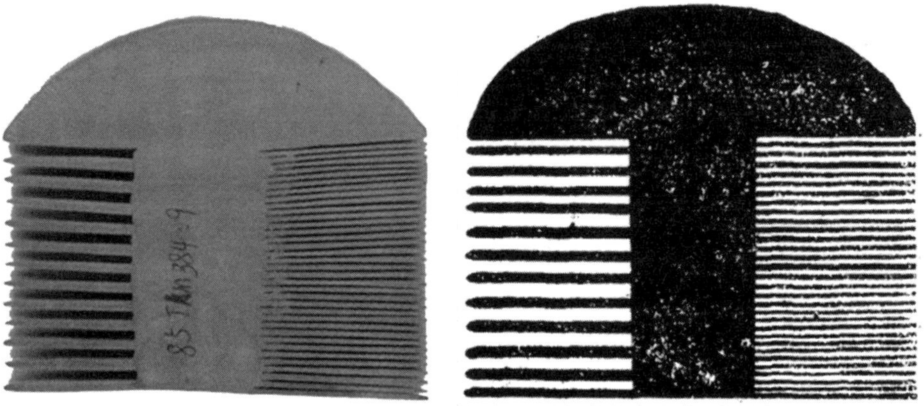

图2 吐鲁番哈拉和卓384号墓出土篦梳

（左图摄自吐鲁番博物馆，右图引自《吐鲁番哈拉和卓乡竖穴木棺墓发掘简报》）

---

① 李亚栋：《阿斯塔那古墓群发掘简况及墓葬编号——以可移动文物普查与国保档案为中心》，《丝绸之路研究集刊》第一辑，北京：商务印书馆，2017年，第318—327页。

② 陈玉珍、徐东良、赵静、徐静：《哈拉和卓三八四号墓出土棉布袋修复研究》，《新博文苑》2017年第1期，第85—90页。注：关于哈拉和卓384号墓出土棉布袋的修复彩版图见《吐鲁番学研究》2017年第1期，图版肆。

③ 吐鲁番学研究院：《新疆吐鲁番阿斯塔那墓地西区2004年发掘简报》，《文物》2014年第7期，第31—53页。

那古墓群发掘区平面图》[1],其所列墓号止于391号。而根据发掘简报,391号墓发掘于1986年9月22日至10月5日期间,发掘区域在今阿斯塔那墓地西区西南方位棉花加工厂一带[2]。所以,392号墓发掘于1988年在时间先后顺序上是合理的。因其发掘后未出相关简报,故而外界不知。在2004年对阿斯塔那古墓区西区南部边缘靠近水渠位置的9座墓葬进行发掘时,从392开始编号,以接续16年前的391号墓。如此导致392号被编了两次[3]。

二、以出版物中已发表信息补充校正库房账本信息,进而完善可移动文物普查信息登录平台

在整理关于阿斯塔那墓地的全国重点文物保护单位档案时,我们见到了2004年阿斯塔那墓地1—9号墓的发掘资料,编号"04TAM1—M9"。同样,在可移动文物普查中,出现了编号为"2004TAM6:2"的文物,注明其出土地为"阿斯塔那古墓"。查看相关考古报告,2004年的发掘有3次,3月抢救性清理9座墓,编号2004TAM392—2004TAM400[4];5月抢救清理7座墓,编号2004TAM-401—2004TAM407[5];6—7月清理了一座被盗、一座坍塌的墓葬,编号为2004TAM408、2004TAM409[6]。且6—7月的清理墓葬工作是对5月份抢救性发掘工作的继续,故亦为9座墓。这其中并无M1—M9的编号。经过对比档案资料中的器物线描图与记录卡,与3月抢救清理的9座墓完全一致,即M1—M9

---

① 新疆文物考古研究所:《吐鲁番阿斯塔那古墓群发掘区平面图》,《新疆文物》2000年第3—4期合刊。

② 吐鲁番地区文管所:《1986年新疆吐鲁番阿斯塔那古墓群发掘简报》,《考古》1992年第2期,第143—156页。

③ 因为2004TAM392已经公开,而88TAM392为2013—2017年吐鲁番市第一次全国可移动文物普查期间新发现,对于这种情况,为了学界研究的便利,我们将两个编号都保留,仅以发掘年代作为区分。

④ 吐鲁番学研究院:《新疆吐鲁番阿斯塔那墓地西区2004年发掘简报》,《文物》2014年第7期,第31—53页。

⑤ 转引自吐鲁番地区文物局《吐鲁番阿斯塔那古墓群西区408、409墓清理简报》(《吐鲁番学研究》2004年第2期,第1页)中叙述文字。

⑥《吐鲁番阿斯塔那古墓群西区408、409墓清理简报》,第1—12页;吐鲁番地区文物局:《新疆吐鲁番地区阿斯塔那古墓群西区408、409号墓》,《考古》2006年第12期,第3—11页。

后来被编号为2004TAM392—2004TAM400。“04TAM1—M9”“2004TAM6∶2”属于最原始的编号,在文物入库时登录了原始编号。

前文所述柏孜克里克石窟出土篦梳，账本中所记录其编号为81TBI∶4,但是《柏孜克里克千佛洞遗址清理简记》其编号为80TBI1∶3,且出现两次[①],当不至为误,应该属于库房账本错误。产生这种疏误的原因在于字母“I”和数字“1”形近而夺,“80”误为“81”的原因是当时也有1981年出土文物,因而致混淆。细读《清理简记》,此次发掘清理文物的编号规则为:“80”表示1980年,“81”表示1981年,“T”表示吐鲁番,“B”表示柏孜克里克石窟,“I”表示1980年清理的崖前堆积,“a”表示出土文书的正面,“b”表示背面。这次清理中所出文书大部分为从崖前堆积虚土中筛出(即1980年出土的804件,编号为80TBI),少量为洞窟清理所出(即1981年在10号窟内出土14件,编号为81TB10;1981年65号窟内出土8件,编号为81TB65)。故而文书的编号与其他所出文物的编号方式不同。在“清理时由南向北依次划分为七区”[②],查看《清理简记》第50页图二可知,在发掘清理的7个区域(即今柏孜克里克石窟第三层台地)的上层台地处,即今柏孜克里克石窟二层台地处,还有第八个清理区域。在这8个区域内出土文物,都会在“TBI”后面加上具体区域数字。

三、以原始发掘日志档案等校正补充库房账本信息

2014年,吐鲁番地区第一次全国可移动文物普查工作进入第二阶段,在进行数据录入时,遇到了两条TQM的信息,编号为“2004TQM1∶1”“2004TQM1∶2”。因为当时基础账本中有很多资料不完备，所以对于这两件文物的详细出土地点和其他信息无从知晓。2015年10月,在参与整理吐鲁番全国重点文物保护单位档案补充工作的时候,见到两个档案袋,里面装有2004年的考古线描图和

① 吐鲁番地区文物管理所:《柏孜克里克千佛洞遗址清理简记》,《文物》1985年第8期,第60、64页。
② 吐鲁番地区文物管理所:《柏孜克里克千佛洞遗址清理简记》,《文物》1985年第8期,第49页。

器物登记表。

档案资料显示，这是2004年3月吐鲁番学研究院考古工作者对被盗扰的两座墓葬进行的一次抢救性清理，出土铜钱一枚、小陶碗一个。发掘记录表表头文字为"阿斯塔那二区墓葬发掘登记表"，现场测绘图上标明了当时测绘的经纬度和海拔，器物标本卡上写的地点为七泉湖。根据第二次文物普查资料，七泉湖萨依古墓群的地理坐标为43°4~5′N、89°24~25′E，海拔498米。这个数据与现场勘测的42°56′N、89°35′E，海拔142米相差非常大，因此不太可能是同一个地方。经过经纬度比对，我们发现七康湖古墓群的地理位置（42°57~58′N、89°35~36′E，海拔182米）[①]与此接近。因为七康湖和七泉湖都位于高昌区胜金乡内，所以我们认为器物标本卡上的"七泉湖"当为"七康湖"。至于发掘记录表表头文字为何是阿斯塔那二区，因当时正在对阿斯塔那墓地西区（即二区）南边的9座遭水淹塌的墓葬进行抢救性清理[②]，接到七康湖古墓群被盗的消息，工作人员从阿斯塔那墓地出发，因而使用了该登记表。

四、以账本记录补充出版物中信息

在《吐鲁番出土文书》（图录本）第肆卷中刊布了1965年发掘的阿斯塔那341号墓所出文书，墓葬编号为65TAM341。《新获吐鲁番出土文献》刊布了吐鲁番学研究院技术修复人员从该墓所出俑胳膊上拆出纸质文书，编为77与78号[③]。查关于该墓的发掘信息，只有新疆博物馆鲁礼鹏先生《吐鲁番哈拉和卓古

① 七泉湖古墓群与七康湖古墓群的地理坐标资料见《吐鲁番地区文物普查资料·七泉湖萨依古墓群/胜金乡七康湖古墓群》，《新疆文物》1988年第3期，第68、69页。

② 吐鲁番学研究院：《新疆吐鲁番阿斯塔那墓地西区2004年发掘简报》，《文物》2014年第7期，第31—53页。

③ 中国文物研究所、新疆维吾尔自治区博物馆、武汉大学历史系编，唐长孺主编：《吐鲁番出土文书》图录本第肆卷，北京：文物出版社，1996年12月，第54—64页；荣新江、李肖、孟宪实主编：《新获吐鲁番出土文献》，北京：中华书局，2008年，第54—55页。

墓群发掘墓葬登记表》中有记录，但在表格中注明“缺档案”[①]。经过吐鲁番市第一次全国可移动文物普查，我们得知该墓当时所出文物留在吐鲁番，现保存于吐鲁番博物馆，而出土文书因为整理需要被调往新疆博物馆。

吐鲁番博物馆库存文物编号有“66TKM303”“66TKM304”“66TKM305”，注明出土地为“哈拉和卓古墓”，查历年考古报告及各处所辑录资料，均无相关资料可证明1966年对哈拉和卓第303、304、305号墓进行发掘。但《高昌重光四年（623）傅僧邴墓表》和《高昌延昌四十年（600）傅之友墓表》的文物编号分别为“66TKM301：1”“66TKM306：1”[②]。《吐鲁番哈拉和卓古墓群发掘墓葬登记表》中登记有66TKM301、66TKM306，吐鲁番博物馆库存66TKM303、66TKM304、66TKM305，两相结合，尽管目前我们未见编号为66TKM302的文物，但似乎可以为我们提供一条信息，即1966年至少发掘了哈拉和卓第301—306号墓。另外，吐鲁番博物馆库存文物编号中还出现了“68TKM303：12”“66TMTAM303：19”的编号方式，出土地同样为“哈拉和卓古墓”。我们怀疑“68”为“66”之误，“TMTAM”为“TAM”之误。

同样，吐鲁番博物馆库存编号为72TKM308：1—72TKM308：9的9件文物，全部为木器，且前3件为国家三级文物，其出土信息注明为“哈拉和卓古墓”。说明在1972年发掘或清理了哈拉和卓第308号墓。那么，中间所缺为307号墓，暂时未见相关信息。

1968年，在交河故城遗址废墟中出土了一件文书，经比对，该文书为《孝经》残卷[③]。吐鲁番地区文管所柳洪亮先生对此进行了研究，但是在研究文章中没有提到该文书的编号。我们在整理资料的时候见到该文书的照片，下面附有编号68TGI：1（图3，彩版壹）。

---

① 鲁礼鹏：《吐鲁番阿斯塔那古墓群墓葬登记表》，载《新疆文物》2000年第3—4期合刊，第215—237页。

② 鲁礼鹏：《吐鲁番哈拉和卓古墓群发掘墓葬登记表》，第250页。

③ 柳洪亮：《交河故城出土唐写本〈孝经〉残卷跋》，《新疆文物》1994年第4期。该文后收入氏著《新出吐鲁番文书及其研究》（乌鲁木齐：新疆人民出版社，1997年，第382、470页）一书，且附有图版。

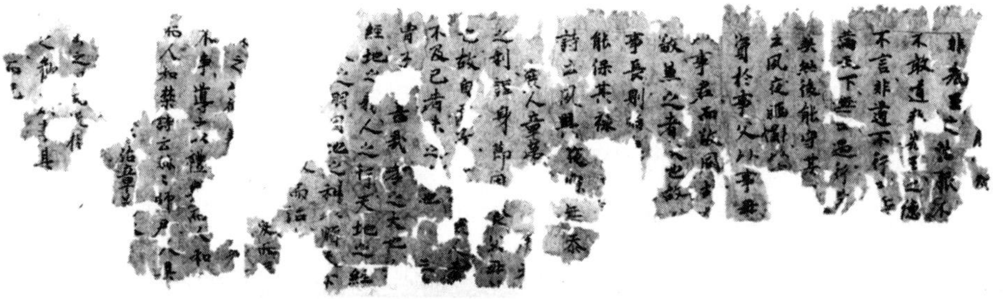

图 3 吐鲁番交河故城出土《孝经》残卷

五、出版物相互之间的信息订正

《阿斯塔那古墓群第十次发掘简报》中记录《六屏式花鸟图》:“《六屏式花鸟图》,72TAM217。壁画绘于墓室后壁。约高 150 厘米、长 375 厘米。6 幅并列,以红色边框相隔。内容为山水花鸟。自左向右依次为:第 1 幅卧鸭,第 2、6 幅为野鸡(雉);3、4 幅为鸳鸯,第 5 幅为一对野鸭。画面下部绘花草,有兰花、百合等。远景绘流云、山峦和飞燕。”[①]此次发掘发现同样在墓室后壁绘有六屏图的还有第 216 号墓,第 216 号墓所绘为《六屏式鉴戒图》。今阿斯塔那墓地中墓室后壁绘有《六屏式花鸟图》和《六屏式鉴戒图》的墓葬已经对外开放,在绘有《六屏式花鸟图》的墓葬墓道入口处有大理石碑简介,编为 215 号,与发掘报告上所记不同[②]。该刊附有《吐鲁番阿斯塔那古墓群发掘区平面图》,图上第 215 号与第 216 号墓墓口都朝东且平行,而第 217 号墓在第 216 号墓东南方位稍远处。第 215 号、第 216 号墓位于今阿斯塔那墓地一区开放区域凉亭西边十米方位内,而第 217 号墓位于今凉亭东南方位。第 216 号墓位置确定无疑,根据《吐鲁番阿斯塔那古墓群发掘区平面图》,该墓南边平行墓道应该为第 215 号

① 《新疆文物》2000 年第 3、4 期合刊,第 123 页。
② 此编号信息承单爱美先生提示,特此致谢。

墓,而非第 217 号墓,发掘报告记录错误[①]。

另外,该刊第 234 页表格中列第 215 号、第 216 号墓发掘年代为 1973 年。查《吐鲁番出土文书》(图录本)第肆卷第 227 页,72TAM216 : 012/8(a)文书中图版上小标签清晰可见年代为 1972 年,非 1973 年。可证 1973 年信息错误。

1973 年春,新疆博物馆考古队考古训练班学员 9 人在阿斯塔那古墓群东南区张氏茔区进行了第 11 次考古发掘,共发掘墓葬 20 座,编号为 73TAM116、TAM191—193、TAM196—199、TAM207、TAM208、TAM211—214、TAM221、TAM-222、TAM232、TAM236—238[②]。查看该发掘简报可知,第 199 号墓为当年斯坦因存放墓志的两个墓之一,该墓为张阿质夫妇合葬墓,墓中所出其他文物编号均为73TAM199,唯独《高昌延昌卌一年(601)张阿质妻麴氏墓表》的编号为72TAM199 : 9[③]。如果不是编号记录错误,则该墓志为 1972 年发现,于 1973 年对墓葬进行了发掘。

结 语

早在 2003 年,著名吐鲁番学研究专家陈国灿教授即提出,"在进入新世纪后,吐鲁番学面临的研究课题非常之多……在基础建设方面,吐鲁番学至今还缺乏几本大账",这几本大账即 19 世纪末叶以来外国探险家们来吐鲁番次数的大账、吐鲁番出土文书总目录的统计与编制的大账、中华人民共和国成立以来吐鲁番古墓葬发掘考古报告的大账、吐鲁番盆地内现存古遗址详情登录的大账等[④]。吐鲁番考古,是中华人民共和国考古事业的重要组成部分,对于资料

① 如《中国美术分类全集·绘画编 12·墓室壁画》(宿白主编,北京:文物出版社,1989 年,图版 134,图版第 50 页)、《唐代墓室壁画研究》(李星明,东南大学博士学位论文,2004 年,第 44 页,第 320 页;西安:陕西人民美术出版社,2005 年,第 119 页)、《冥心净域——敬陵石椁花鸟人物图像内涵试释》(《唐研究》第二十三卷,北京:北京大学出版社,2017 年,第 404 页)等论著中引用此壁画所出墓号即沿用致误。

② 新疆文物考古研究所:《阿斯塔那古墓群第十一次发掘简报》,《新疆文物》2000 年第 3—4 期合刊,第 168—214 页。

③ 新疆文物考古研究所:《阿斯塔那古墓群第十一次发掘简报》,第 174 页。

④ 陈国灿:《吐鲁番学研究和发展刍议》,《吐鲁番学研究》2003 年第 1 期,第 2—10 页;《西域研究》2003 年第 3 期,第 1—8 页。

获取、知识储备、人才培养、学科构建，乃至农田水利建设、社会生产发展等都起到重要作用。如何完整地认识以往的发掘工作及取得的成绩？如何与近代以来外国探险家的工作相衔接？如何有序地开展陈先生提出的这几本大账的整理工作？这些都与可移动文物普查有着密切的关系。因此，构建完整或较为完整的考古发掘史就显得非常有必要、有意义。

可移动文物的编号即其出土信息，是文物本身的身份证。让每一件文物都有其明确的、固定的出土编号，尽可能恢复几十年前因各种原因而失载的信息，使其发挥更大的历史作用和文物作用。构建完整而科学的考古发掘体系，从考古学史的角度对以往发掘进行细致的整理与研究，并对发掘历史进行必要的反思。

第二节 《吐鲁番柏孜克里克石窟出土汉文佛教典籍》误漏数则

1980 年 10 月至 1981 年 7 月，吐鲁番地区文物保护管理所对柏孜克里克石窟崖前积土和部分洞窟进行了清理、维修，清理出了一些文物及近千件古代文书，其中很大部分属于汉文佛经残片，也有部分其他民族文字的写本和印本文书，还有一些世俗文书。

这批文书中的汉文佛经残片从 1982 年开始整理，一直到 2007 年出版《吐鲁番柏孜克里克石窟出土汉文佛教典籍》（新疆维吾尔自治区吐鲁番学研究院、武汉大学中国三至九世纪研究所编著，北京：文物出版社。以下简称《典籍》）一书，前后经历了很长的时间，整理组的各位专家付出了很大的心血。

2014 年 5 月，吐鲁番地区第一次全国可移动文物普查小组开始进行第二阶段的工作，即可移动文物数据录入及文物信息平台上传工作。在对柏孜克里克石窟出土的文书进行信息录入过程中，《典籍》一书成为我们重要的参考资料。

本着遵循可移动文物普查信息上传照片高质量的要求，对于这批文书进行了重新拍摄，在将照片进行定名及与文物信息核对的过程中，按号索检，逐图对照，发现了该书的一些误漏之处，具体如下：

1.《典籍》第117页，根据第一七三条编号及注释，知80TBI：498号文书共18个残片，只有一面，故而不分正背；但该书第436页对其中12个残片标号为80TBI：498a，似乎应该还有b面。在吐鲁番地区第一次全国可移动文物普查过程中，经核对原件，知该件文书背面无字迹，故而不应标示出“a”。该件文书各残片所在《典籍》页码，列表校正如下：

文书编号	已定名图版录文页码	未定名残片图版页码	定名一览表页码	未定名一览表页码	在《典籍》中序列号	校正
80TBI：498a-1		436		531	未定名二三三	80TBI：498-1
80TBI：498a-2		436		531		80TBI：498-2
80TBI：498-3	200		482		定名三一六	
80TBI：498-4	214		485		定名三三九	
80TBI：498a-5		436		531	未定名二三三	80TBI：498-5
80TBI：498a-6		436		531		80TBI：498-6
80TBI：498a-7		436		531		80TBI：498-7
80TBI：498a-8		436		531		80TBI：498-8
80TBI：498a-9		436		531		80TBI：498-9
80TBI：498-10	151		473		定名二二八	
80TBI：498-11	180		478		定名二七九	
80TBI：498-12	204		483		定名三二四	
80TBI：498a-13		436		531	未定名二三三	80TBI：498-13
80TBI：498a-14		436		531		80TBI：498-14
80TBI：498a-15		436		531		80TBI：498-15
80TBI：498a-16		436		531		80TBI：498-16
80TBI：498a-17		436		531		80TBI：498-17
80TBI：498-18	117		467		定名一七三	

2.《典籍》第126页“一八九”条注释一中“80TBI：481”当删。

该件文书残片编号为80TBI：411，可与80TBI：373、80TBI：103、80TBI：116

三片拼接，拼合图编号二二，在第 349 页。拼合图中亦详细标注各拼合残片编号，无 80TBI∶481；且第一九〇条、第一九一条、第一九二条注释中均无。

80TBI∶481 为拼合图二三之一部分，其与 80TBI∶175、80TBI∶441、80TBI∶471、80TBI∶052 可拼合，详见该书定名图版录文第一九三、一九四、一九五、一九六、一九八条。

该书书末《吐鲁番柏孜克里克石窟出土汉文佛教典籍定名一览表》第 469 页亦可证，文书之拼合无 80TBI∶481 号。

3.《典籍》第 205 页第三二六条注释一中提及"80TBI∶756a-2 未定名，参见未定名列表序号三四〇"，然未定名列表序号止于二五五，无"三四〇"。经核对，该处"三四〇"当为"二四〇"，同书第 440 页、第 531 页可证。

4.《典籍》第 211 页第三三四条注释一中提及"80TBI∶505-1 未定名，参见未定名列表序号二四三"，经核对，知"二四三"当为"二四二"，同书第 440 页、第 532 页可证。

5.《典籍》第 226 页第三五六条注释二言 80TBI∶374a 之"背面即 80TBI∶374b 未定名，参见未定名列表二二一"。经核对原图，知"二二一"当为"二二〇"，同书第 432 页可证。《定名一览表》第 487 页备注中亦为"二二〇"。

6.《典籍》第 267 页第四一七条注释一言 80TBI∶752a 之"背面即 80TBI∶752b 未定名，参见未定名列表二二三"。根据比对图上文书形状、残缘、比例大小及编号，知第 433 页下图即为 80TBI∶752b，又由书末《未定名佛经残片》第 530 页第二二二条知，第 267 页之"二二三"当为"二二二"，第 433 页下图比例尺前当加标"二二二"字样。

7.《典籍》第 287 页第四四九条注释三言"80TBI∶506 共四片，其中80TBI∶506-1、3、4 未定名。参见未定名列表序号二四六"。在未定名列表序号二四六即该书第 442 页仅见标出文书编号"80TBI∶506-1"，经核对吐鲁番博物馆藏该文书原件，知第 287 页之图为两碎片之组合，第 442 页中图为另外两碎片之组合。

依据《典籍》，第 287 页第四四九条图中右边残片即上有文字"熏小兒復用"者为 80TBI∶506-2；第 442 页二四六条图中右边残片即上有文字"疾患"者为

80TBI∶506–1；又吐鲁番博物馆藏原件将第287页图中左边残片即上有文字“野”“二”“合”“鉢”者定编号为80TBI∶506–3,则我们可以将第442页第二四六条图中左边残片即上有文字“囉”“嚩”者定编号为80TBI∶506–4(图4)。

4　1　3　2

图4　80TBI∶506的四块残片

故,第287页图左下应加标编号“80TBI∶506–3”,且注释三应注明该件为组合件,第三片已定名;第442页二四六条图左边下加标编号80TBI∶506–4;第499页第四四九条后当加对于80TBI∶506–3残片之列表,且“备注”栏中说明第三片已定名,“残片行数”栏中“八行”改为“五行”,增加第四五〇80TBI∶506–3行数为三行;第532页第二四六条列表“出土编号”栏中当删去“3”,且“备注”栏中增加“3”为定名文书残片。

8.《典籍》第357页上部为文书80TBI∶745a与80TBI∶661a的拼合图,该书第160页第二四六条为80TBI∶745a的图版及录文，其注释一言该件文书“背面即80TBI∶745b为汉文、回鹘文两种文字写本”;第161页为80TBI∶661a的图版及录文,其注释一言其“背面即80TBI∶661b为回鹘文写本”。经核对吐鲁番博物馆藏两件文书原件,可知两件文书背面均为汉文、回鹘文两种文字书写。故而第161注释一中“回鹘文写本”当改为“汉文、回鹘文两种文字写本”。

9.《典籍》第400页之80TBI∶166a与第410页之80TBI∶166b为同一张照

片。经与吐鲁番博物馆藏该文书原件核对,两处所刊布均为该件文书之 a 面,其 b 面字迹漫漶不清,似为纸张渗透的墨迹(图 5)。

图 5 80TBI∶166b

10.《典籍》第 423 页第一八〇条有编号“80TB10∶04B”,与其他编号方式不一致。《柏孜克里克千佛洞遗址清理简记》(柳洪亮:《新出吐鲁番文书及其研究》,乌鲁木齐:新疆人民出版社,1997 年,第 231 页注释十六)中对于这批出土文书的编号进行了说明:“80”表示 1980 年,“T”表示吐鲁番,“B”表示柏孜克里克石窟,“I”表示 1980 年清理的崖前堆积,“a”表示出土文书的正面,“b”表示背面。据此表示,1981 年 10 号洞窟出土的第四件文书的背面应该用“81TB10∶04b”。

该书所收录文书主要有 1967 年出土于柏孜克里克石窟的四件文书(分别编号为 67TB∶1-1、67TB∶1-2-1、67TB∶1-2-2、67TB∶1-2-3、67TB∶1-2-4、67TB∶1-3、67TB∶1-4)、1980 年出土的文书 804 件(编号为 80TBI)、1981 年第 10 号窟内出土的 14 件(编号为 81TB10)、1981 年 65 号窟内出土的 8 件(编号为 81TB65)、1981 年吐峪沟石窟出土的 6 件(编号为 81SAT)。

由此可知,编号“80TB10∶04B”错误,当为“81TB10∶04b”,同书第 302 页注释二“本片背面即 81TB10∶04b,未定名,参见未定名列表序号一八〇”可证,《定名一览表》第 526 页第一八〇号亦为“81TB10∶04b”。

11.《典籍》第427页第二〇四条为80TBI：050a之图版(图6)，同书第528页第二〇四条“备注”栏言该件“背面即80TBI：050b为回鹘文写本”。因该书为汉文佛教典籍，故而回鹘文写本没有收入。经与吐鲁番博物馆藏该文书原件核对，其背面有汉字，似为“江陵”，左上角残存似为回鹘文(图7)。故而第528页的备注栏“回鹘文写本”当改为“汉文、回鹘文两种文字写本”。

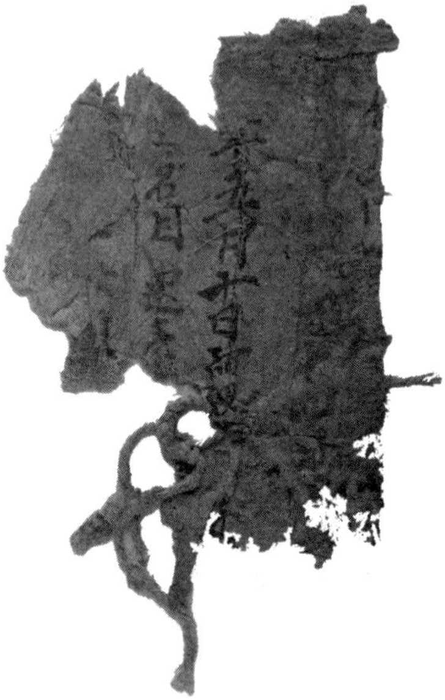

图6 80TBI：050a

图7 80TBI：050b

12.《典籍》第444页第二五五号的文书编号“80TB10：03a”当为“81TB10：03a”，同书第421页第一七一条的文书形状、残缘、比例大小与之同，当为同一文书残片之正背面，可证其为1981年出土；而第421页的文书残片编号中“B”当为“b”，即其编号为“81TB10：03b”。同书第525页第一七一条、第533页第二五五条可证，但两处“备注”栏中“80”均当改为“81”。吐鲁番博物馆藏该件文书原件编号亦为“81TB10：03a、b”。

13.《典籍》第449页第二九条提及文书编号为“80TBI：286”，可与文书80TBI：385拼接，“见拼合图四”。在该书第336、337页间有插页，上有拼合图四，其上同一片文书编号却是80TBI：288。

将吐鲁番博物馆馆藏文书原件与《典籍》第 387 页的图版、第 514 页的尺寸(5.9 厘米×5.6 厘米)对比,可知 80TBI:286 号文书为未定名佛经残片,目前尚未与某一文书残片拼合。由拼合图四可知,能够与 80TBI:385 号文书进行拼接的是 80TBI:288 号文书,两者尺寸近似,且与第 449 页的尺寸符合,也与吐鲁番博物馆馆藏文书原件符合。所以,第 18 页第二八条注释一中"80TBI:286"应改为"80TBI:288";第 18 页第二九条图版中"80TBI:286"应改为"80TBI:288";第 449 页第二九条"80TBI:286"应改为"80TBI:288"。

14.《典籍》第 470 页第二〇八条《备注》栏"回鹘文书写"应改为"回鹘文写本",可与全书体例一致,且同书第 138 页注释一中为"回鹘文写本"。

15.《典籍》第 477 页第二七八条所列文书编号为 80TBI:376a,而同书第 179 页第二七七条注释二、第 179 页第二七八条图版显示编号、第 361 页拼合图三七均为 80TBI:376。且 80TBI:376 与 80TBI:683 可拼合,文书 80TBI:683 正面为汉文,背面为草书回鹘文。经与吐鲁番博物馆馆藏文书原件核对,知 80TBI:683 为双面有文字,80TBI:376 仅正面有文字,背面无。所以,第 477 页第二七八条所列文书编号应当为 80TBI:376,其备注栏"其背面为回鹘文写本"应该改为"80TBI:683a 背面为回鹘文写本"。

第三节 吐鲁番柏孜克里克石窟 1980 年出土佛经残片整理订补

1980—1981 年,吐鲁番地区的文物工作者对柏孜克里克石窟崖前积土和部分洞窟进行了清理和维修,所得古文书近千件,大部分为佛经残片。因为这批文书数量大、残破情况严重,因而对残片的编号与出版时有一些编号不一致[①];另有一些残片漏刊,本文对这批文书进行编号校补,另将《典籍》漏刊文书

① 李亚栋:《〈吐鲁番柏孜克里克石窟出土汉文佛教典籍〉误漏数则》,《吐鲁番学研究》2014 年第 2 期,第 48—51 页。

残片予以刊布且录文，对部分文书重新录文。

一、编号订补

1. 80TBI∶036 分 a、b 两面，a 面碎为四块，b 面仅一碎片上有文字。通过核对原件，《典籍》第 169 页所标 80TBI∶036–1 实为两碎片的拼合图，应将上部文字较多即有“说微妙法持此法华者悉”等字的一片定为 80TBI∶036–1a，将下部文字较少即有“皆得闻”字者定为 80TBI∶036–2a。第 168 页二五八条注释一所列、第 169 页二六〇条注释一所列、第 170 页二六一条注释一所列、第 358 页拼合图三四中所标编号、第 476 页二五九条序号及备注、第 529 页二一五条序号及备注同改。

第 431 页所标 80TBI∶036–2 碎片，文书上无文字，但仔细比对文书残片边缘及页面中间残片形状，其与《典籍》第 169 页所标 80TBI∶036–1 实为同一残片左右翻转的背、正面，故当定为 80TBI∶036–1b、80TBI∶036–2b。

第 431 页所标 80TBI∶036–3 与 80TBI∶036–4 实为同一小残片左右翻转的正、背面，因图版处理中出现失误，将 80TBI∶036–4 文书面上的两处残缺消除了，故而让人误以为是两个不同的碎片。核对文书原件，在“性”字“忄”左侧有一竖长小残破，右侧为“人”字形残破，正好与 80TBI∶036–3 小片面上残破处相对应。现将《典籍》所标 80TBI∶036–3 定为 80TBI∶036–3a，将所标 80TBI∶036–4 定为 80TBI∶036–3b（图 8）。该件文书第四小片极为残碎，存汉字笔画，《典籍》未刊布。

2. 经核对库存文书原件，80TBI∶176 分 a、b 面，背面为回鹘文残笔画。故《典籍》第 187、479 页二九四条 80TBI∶176 当补为 80TBI∶176a。

3. 经核对库存文书原件，80TBI∶261 背面有两处文字残笔画，故而该件文书当分 a、b 面计。《典籍》第 415、524 页一五五条 80TBI∶261 当补为 80TBI∶261a。

4. 经核对库存文书原件，80TBI∶406 碎为 6 片，分 a、b 面。正面即《典籍》第 384 页所刊，6 块残片上有完整汉字或残缺字迹；背面其中两片有完整汉字，其

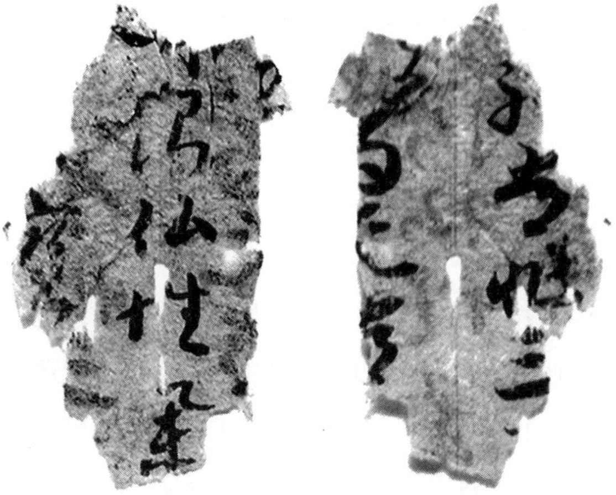

图 8 80TBI∶036-3a、b

余 4 片或有残字迹，或无（图 9）。据文书判断，正、背面均为佛经。故《典籍》第 384、513 页二九条 80TBI∶406 当补为 80TBI∶406a。

5.《典籍》第 399、519 页收录有 80TBI∶494-2，则当有编号为 80TBI∶494-1 之文书残片。查阅《典籍》，未收刊。经核查吐鲁番博物馆库存柏孜克里克石窟所出文书，确有该残片（图 10），刻本，上有“中阿含经卷”五字，当为该经题头；该五字左右两侧存细划线界栏；残片右侧似为“護”字残笔画“言”字旁；残笔画与“中阿含经卷”五字之间以粗界栏隔开，似为分卷标志。柏孜克里克石窟所出刻本佛经中似未见如此宽粗的分界栏。

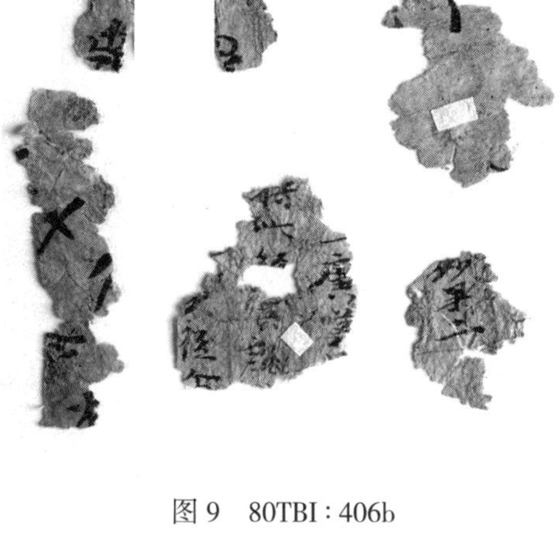

图 9 80TBI∶406b

图 10 80TBI∶494-1

印本文书残片 80TBI：500a-1《中阿含经卷二二秽品经第一》(《典籍》第210 页)中有一完整的“護”字,可与该残片中残存笔画对比,极为相似。

80TBI：494-2 有 11 个残片,其中一片出自《中阿含经卷第四十九》,为“彼住無事處山**林樹下**。**或居高**岩。寂無音聲。远离。無恶。无有**人民**。**隨**顺宴坐”。行 18 字。

80TBI：494-2 有 11 个残片,其中一片出自《中阿含经卷第四十九》,为“不住不解**於内空也**。阿难。若比丘观时。则知念内空。其**心移動**”。行 17 字。

80TBI：494-2 有 11 个残片,其中一片出自《中阿含经卷第四十九》,为“卻行弄舞。迴旋**而去**。若世尊令彼獼猴見世尊取蜜鉢已。欢喜**踊躍**”。行 18 字。

6. 80TBI：492 为“宙”字号《大般若波罗蜜多经卷五一初分大乘铠品第十四之三》[1],刻本残片,金藏。《典籍》未收录(图 11)。

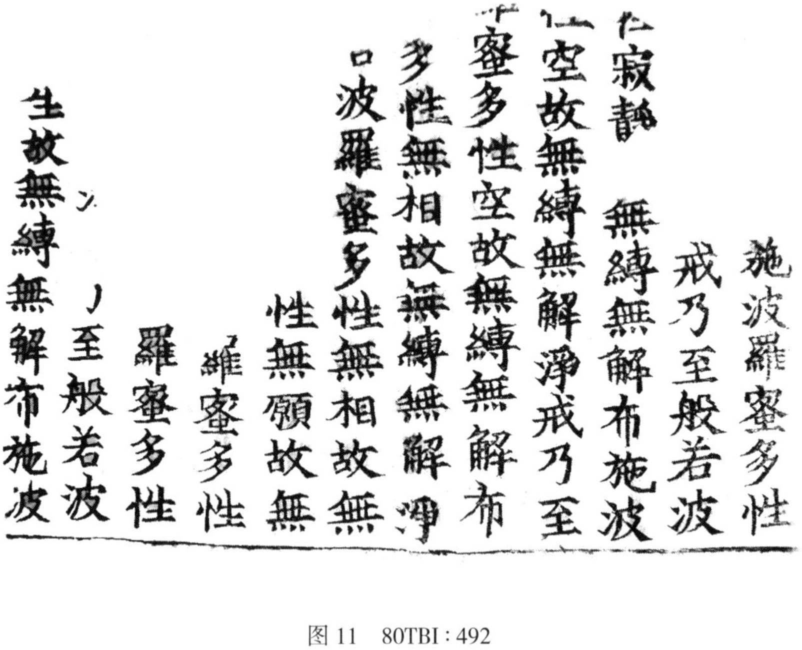

图 11　80TBI：492

① 吐鲁番地区文物管理所:《柏孜克里克千佛洞遗址清理简记》,《文物》1985 年第 8 期,第 55 页;文书图版见图版壹,2。王素:《吉光片羽,功德无量——〈吐鲁番柏孜克里克石窟出土汉文佛教典籍〉述评》,《吐鲁番学研究》2008 年第 2 期,第 141 页。

7.《典籍》第 242 页第三八二条 80TBI∶517 分 a、b 面，库存文书原件将《优波离问佛经》面定为背面，在左下角附有编号 80TBI∶517b。该文书实为上下两片拼合，故当分开定编号；上残存 7 行者编为 80TBI∶517-1b，下残存 8 行者编为 80TBI∶517-2b。所以，该页面文书右下角的编号 80TBI∶517-1 当改为 80TBI∶517-(1、2)b。

第 369 页拼合图四九为《优波离问佛经》的拼合图，是将第 242 页第三八一条与第三八二条拼合。该拼合并非与往常文书残片拼合一样用平面平移就可拼合，细查该件文书，实为双层纸张，第三八一条 80TBI∶038 拼合于第三八二条新定编号 80TBI∶517-(1、2)b 右下部位时，需将后者右下角宽约 2 厘米的一纸条遮压，如此文字才可严丝合缝，且纸张的色度、材质、字体、字号均同，佛经文字亦可连缀。拼合图中该件文书又被编号为 80TBI∶517a，与第 242 页第三八二条 80TBI∶517-1 相异，现统一为 80TBI∶517-(1、2)b。

第 206 页所刊为 80TBI∶517 拼合图背面上部，为《中阿含经(卷一八)长寿王品天经第二》，该页所标编号 80TBI∶517-2 当补为 80TBI∶517-2a。

80TBI∶517-1a 面无文字，见图 12。经核实库存文书原件，可知此两件文书为两张纸粘压在一起，因历经千年，纸张异常脆薄，无法剥离，故导致第 242 与第 369 页文书轮廓及残缺边缘略有差异。同时也出现了 80TBI∶517-1a 面无文字的现象，原因在于 80TBI∶517-1a 面的文字面被剥离，所存实为纸张背面。但这两件文书因纸张粘压，实不能相互作为正背面。从文书中“寧”字残破处可知另一纸张背面有文字(图 13)。而从文书正面可揭开小片处看到实为两张纸(图14)。

根据对纸张色度、材质、字体、字号及佛经内容比对可知，80TBI∶517-2a 与 80TBI∶497-21 属于同一佛经页面右上左下内容，无法直接拼合连接。故第 364 页 80TBI∶517b 改为 80TBI∶517-2a。

每件文书后注释、书后定名表依次改、补。

8. 第 299 页，录文第 1 行下面部分，缺文符号应当变为两条窄行，因为“為”字下左右两侧残笔画之间间隔太大，无法构成一个字，故而定为双行小字

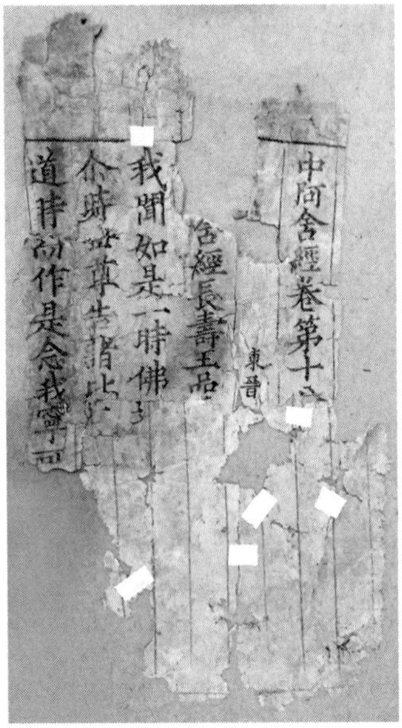

图 12　文书下部无文字部分为 80TBI : 517-1a

图13　“寧”字残破处可知另一张纸背面有文字

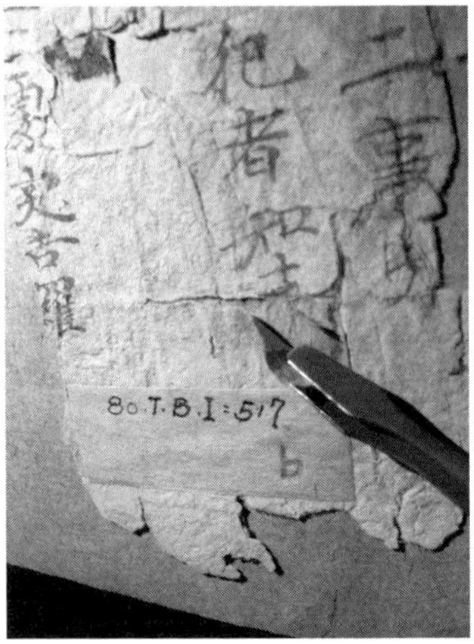

图 14　从文书正面可揭开小片处看到其实为两张纸

注。郑阿财《从单注到合注》[①]一文表格中直接说明该佛经第 1 行下面部分为双行小字注，虽未言明原因，但判断不误。

① 郑阿财：《从单注到合注：中古丝绸之路上〈注维摩诘经〉写本研究》，《唐研究》第二十二卷，北京：北京大学出版社，2016 年，第 3 页。

二、《典籍》未收刊文书

1. 80TBI∶664 分 a、b 面，正面为汉文佛经（图 15），背面为回鹘文。《典籍》未收录。残片有界栏，两纸粘接，存经文 5 行。现对 80TBI∶664a 录文如下：

（前缺）

1 [　　][佛][　　]

2 [　　]佛　　阿閦毗歡[佛][　　]

…………………………………………………………（纸缝）

3 [　　]□光佛　　山海慧自在通[王][　　]

4 　　　　三十五佛[　　]

5 [　　][光][佛]□[　　]

（後缺）

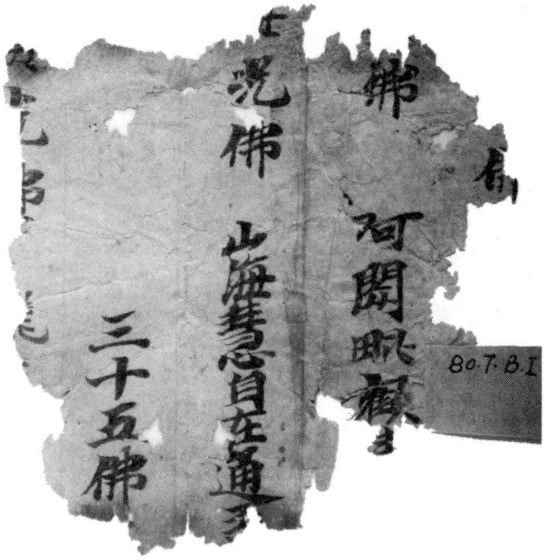

图 15　80TBI∶664a

2. 80TBI∶676 分 a、b 面，正面为汉文佛经（图 16），背面似为回鹘文。《典籍》未收录。残片有界栏，存经文 7 行，可见“以是義”“當爲汝説”“樂欲聞佛言此”“輪如此國土”“聖”等完整字迹。经查阅，当为《大方广十轮经卷第二发问本业断结品第三》：

為回諸帝王使不墮惡道。欲令十方世界三寶熾盛諸法久住。以是義故問於如來。善男子汝今諦聽諦聽。當為汝說。地藏菩薩白佛言。唯然世尊。願樂欲聞。佛言。此是如來過去本誓願力成就十輪。如此國土有五濁惡世。一切淨法皆悉損減。離聖七財遠諸智人。為斷常網之所覆障。載惡道車不畏後世。

因“是”“爲”“聞”“如”四字，核对该写本行 17 字无误。则可比对复原残存笔画文字。

现对 80TBI∶676a《大方广十轮经卷第二发问本业断结品第三》录文如下：

（前缺）

1 ______不墜惡______

2 ______以是義______

3 ______當為汝說______

4 ______樂欲聞佛言此______

5 ______十輪如此國土______

6 ______滅離聖七______

7 ______車不______

（後缺）

3. 80TBI∶680 分 a、b 面，正面为汉文佛经（图 17），背面为回鹘文。《典籍》未收录。残片为佛典页面下部，有界栏，存地脚，存经文 2 行。现对 80TBI∶680a

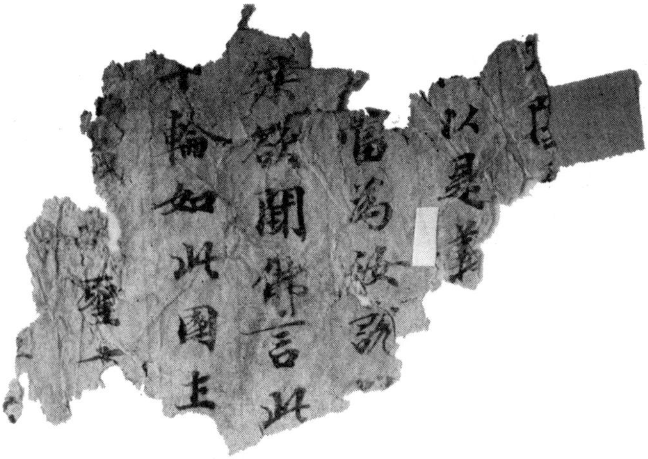

图 16　80TBI：676a

录文如下：

（前缺）

1　［　　　　］□極位

2　［　　　　］□

（後缺）

图 17　80TBI：680a

4. 80TBI : 696 分 a、b 面，正面为汉文佛经（图 18），背面为回鹘文。《典籍》未收录。残片有界栏，存经文 7 行。现对 80TBI : 696a 录文如下：

（前缺）

1 ［　　］□［　　］
2 ［　　］若異生在欲界□［　　］
3 ［　　］隨增六垢所染［　　］
4 ［　　］[十]六結所繫□縛[所]［　　］
5 ［　　］染二經所經若聖者□［　　］
6 ［　　］諸經□經□□［　　］
7 ［　　］□［　　］

（後缺）

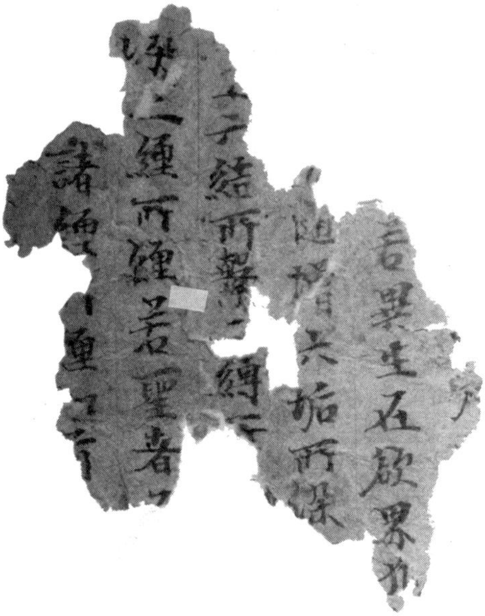

图 18　80TBI : 696a

5. 80TBI : 712 分 a、b 面，正面为汉文佛经（图 19），背面为回鹘文。《典籍》

未收录。残片无界栏,存经文4行。现对80TBI:712a录文如下:

（前缺）

1 [　　　]□[　　　]

2 [　　　][得][　　　]

3 [　　　]□是[趺][　　　]

4 [　　　]□師時□[　　　]

（後缺）

图19　80TBI:712a

6. 80TBI:731分a、b面,正面为汉文佛经(图20),背面为回鹘文。《典籍》未收录。残片有界栏,存地脚,存经文4行。现对80TBI:731a录文如下:

（前缺）

1 [　　　]不思

2 [　　　]□界

3 [　　　]□及我界即

4 [　　　]□不□□提

（後缺）

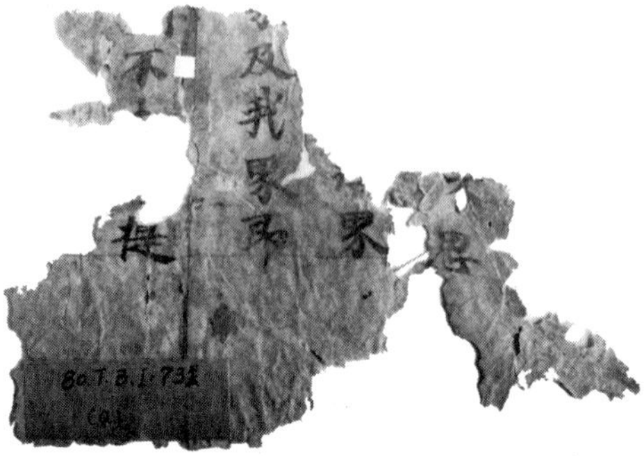

图 20　80TBI∶731a

7. 80TBI∶744 分 a、b 面，正面为汉文回鹘文夹杂书写(图 21)，背面为回鹘文。《典籍》未收录。残为 2 片，一片残存 4 行，一片残存 3 行。回鹘文在原卷汉文左侧对译夹写，紧贴而书。赵洋定名为《众经目录》卷三①。

现对该件 2 残片录文如下：

80TBI∶744-1a

(前缺)

1 [　　] 子 [　　]

2 [　　] 百 [　　]

3 [　　] 審裸形子 [　　]

4 [　　] 光華梵 [　　]

(後缺)

80TBI∶744-2a

(前缺)

1 [　　] 心經一 [　　]

① 赵洋：《柏孜克里克石窟出土吐鲁番文献拾遗》，“吐鲁番学的回顾与展望”学术研讨会会议交流材料，湖北：武汉，2023 年，第 232—233 页。

2 ______[前]世諍女經一[卷]______

3 ______[珠]海水中經一[卷]______

（後缺）

图 21　80TBI：744-1a、2a

8. 80TBI：749 分 a、b 面，正面为回鹘文，背面为汉文回鹘文(图 22)。汉文字体非常拙劣，当为回鹘人练习书写汉字。《典籍》未收录。

现对 80TBI：749b 录文如下：

1 □禮莊嚴□袁生

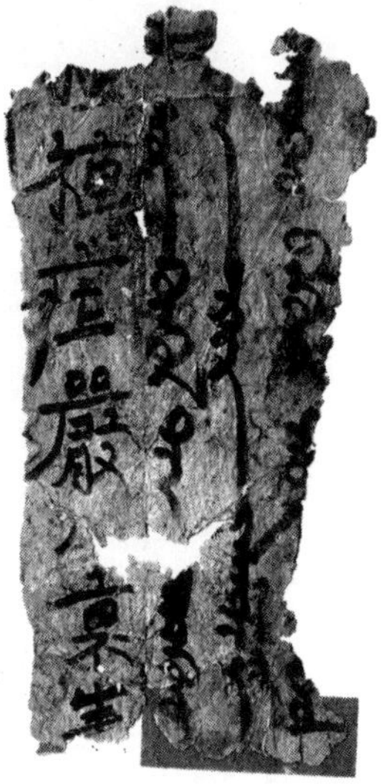

图 22　80TBI：749b

9. 80TBI：757 分 a、b 面，正面为汉文佛经（图 23），存文字 4 行，存地脚，无界栏。陈耕《刀笔殊途》[①]一文中刊有旅顺博物馆藏出土于吐鲁番的印本中有“清净”字样（图 24），经对比，此两字与印本中一致，与手书完全不同，因此可判定为印本。背面为回鹘文。《典籍》未收录。

现对 80TBI：757a 录文如下：

1 □清淨故[水]

2 [清]淨故一[切]

3 [水]火風[空]

4 [無]別□

图 23　80TBI：757a

图 24　左为 LM20-1459-37-01 写本
右为 LM20-1487-15-03 印本

① 陈耕：《刀笔殊途——旅顺博物馆藏新疆出土佛经“单刻本”实为写本考论》，载王振芬、荣新江主编《丝绸之路与新疆出土文献》，北京：中华书局，2019 年，第 345 页。

三、重新录文文书

1. 80TBI∶642,《典籍》未刊①。正面为汉文(图 25,彩版贰),存天头、地脚,单线墨色栏框,无行间界栏,存文字 23 行,首行为题名,行 16~18 字。两纸粘接,第 12 行为纸张粘接处,在背面清晰可见。背面为回鹘文,存天头、地脚,单线红色栏框,首行为红色书写,另有墨书回鹘文 19 行。文书背面右上角附整理者所帖标签 80TBI∶642b。

文书正面内容定名为《广弘明集卷第五辩惑篇第二序》,现对 80TBI∶642a 录文如下:

1 □□[篇]第二
2 □□[惑]者大略有二。初惑佛為幻偽善誘人心。
3 [二]惑因果沈寘(冥)保重身世。且佛名大覺照極
4 機初。[審][性]欲之多方。[練][病][藥]之權道。故能俯
5 [见(现)]金姿。垂丈六之偉質。流光遍燭。通大千而闡
6 化。致使[受][其]□□[獲]證塵砂。内傾十使之[纏]。
7 外蕩八□□□。故能履水火而無礙。攝龍鬼
8 而怡神。三[明]□[通]。暢靈襟之妙術。四辯八解。演
9 被物之康衢。其理(道)顯然差難備敘。至於李
10 叟稱道纔闡二篇。名位周之史臣。門學周之
11 [一]吏。生於厲鄉死於槐里。莊生可為實錄。秦
12 ……□誠非妄論。而史遷褒之乃云。西[遁]流[砂]。漢……(紙縫)

① 《吐鲁番柏孜克里克石窟出土汉文佛教典籍·前言》第三页提及“80TBI∶642 号是唐释道宣《广弘明集》卷五辩惑篇第二序文的抄本,反映了中原文化思想在这里的传播”。柳洪亮《新出吐鲁番文书及其研究》(乌鲁木齐:新疆人民出版社,1997 年)第 129—130 页有录文,第 475 页黑白图版。

13 景信之。方開東夏道學。尔後宗緒漸布。終
14 淪滯於神州。絕智守雌。全未聞於寰海。蒙
15 俗信度飾詐揚真。乃造老子化胡等經。比擬
16 佛法四果十□□數周循。結土為人觀音侍老。
17 黄書度□□□厭祝。斯言孟浪無足可稱。方
18 欲陵佛而跨法僧矯俗而為尊極。通鑒遠識
19 者自絕生常。瑣學迷津者或同墜溺。且道
20 德二篇涓子所說。伯陽為尹而傳是則述而不
21 作。至於四果以下。全非道流。斯乃後學門人廣
22 □□術。言輒引類番(翻)累本宗。故神仙傳云。無識
23 □□□傳。老子代代爲國師者濫也。葛洪

图 25　80TBI：642a

说明:3行"冥"俗化书写;5行"见"通"现";6行"缠"简化书写;9行"道"作"理";13行"爾"俗写作"尔";22行"翻"作"番","神"补写于"故"字右下角。

2. 80TBI:003《高昌建昌五年(559)写〈妙法莲华经〉卷七〈观世音菩萨普门品第二五〉尾记》,本件前部残,存经文41行,五百余字。起于"应以辟支佛身得度者,即现辟支佛身而为说法"的"而"字,止于该品末句"皆法无等等阿耨多罗三藐三菩提心"的"心"字。经文末尾有写经题记5行。柳洪亮《新出吐鲁番文书及其研究》刊载,《典籍》收该件文书,有录文,有彩色照片[①]。但彼此录文不同,此重新录文。

1 ______寂位超形之表,至道虚疑,躰越心行之外,故能有

2 ______教二六,是以白衣弟子康得受自維積善弘生,處像末

3 ______如來正化之輿,维得人身,衆惡纏集,故自割感身口

4 ______一卷。以此功德,七世[②]父母、内外宗親、恒沙衆生、高會道

5 ______常樂。　建昌五年巳卯歲八月十五日記寫比丘義導書寫

第四节　交河故城出土68TGI:1《孝经》文书录文及订补

1968年,在交河故城遗址废墟中出土了一件《孝经》残卷文书,编号为68TGI:1,残高18厘米,残长65厘米,上面有墨书汉字30行。文书的上部基本完整,有一道乌丝栏,文书下部残缺[③](彩版壹)。

---

① 柳洪亮:《新出吐鲁番文书及其研究》,录文见该书第128页,黑白图版见该书第474页;《吐鲁番柏孜克里克石窟出土汉文佛教典籍》,第180—181页。

② 原文写作"世七",旁有符号"√",以示倒乙。

③ 柳洪亮:《交河故城出土唐写本〈孝经〉残卷跋》,《新疆文物》1994年第4期。

一、《孝经》(68TGI：1)文书录文

（前缺）

1 兢如临深渊，如履薄冰。卿大夫章第四

2 非先王之法服不敢服，非先王之法言

3 不敢道，非先王之德行不敢行。是故非法

4 不言，非道不行；口无择言，身无择行。言

5 满天下无口过，行满天下无怨恶。三者备

6 矣，然后能守其宗庙。盖卿、大夫之孝也。《诗》

7 云："夙夜匪懈，以事一人。"士章第五

8 资于事父以事母，而爱同；资于事父

9 以事君，而敬同。故母取其爱，而君取其

10 敬，兼之者父也。故以孝事君则忠，以敬

11 事长则顺。忠顺不失，以事其上，然后

12 能保其禄位，而守其祭祀。盖士之孝也。

13 《诗》云："夙兴夜寐，无忝尔所生。"

14 庶人章第六 用天之道，分地

15 之利，谨身节用，以养父母，此庶人之孝

16 也。故自天子至于庶人，孝无终始，而患

17 不及己者，未之有也。三才章第七

18 曾子曰："甚哉，孝之大也！"子曰："夫孝，天之

19 经，地之义，人之行。天地之经，而民是则之。

20 则天之明，因地之利，以顺天下。是

21 严而治。

22 博爱，而民莫遗其亲，

23 陈之以德义，而□

24 不争；导之以礼乐，而人和睦；示之以好恶，

25 而人知禁。《诗》云：‘赫々师尹，人具尔瞻。’”

26 孝治章第八□

27 □

28 □国之□，而况于公□

29 □之欢心，以事其先□

30 □寡，而况于□

（后缺）

二、注　解

1行，“如”与2行“法服”之“服”字位置略同；“如”上残缺两字，第一字残存字体左侧“氵”旁，第二字残存字体左上角一点，此两字可与“深”“渊”两字对应；依14行“庶人章第六”例，1行行末可补入“卿大夫章第四”6字，“如”后可补“履薄冰”3字；以每行15字计，“深渊”前可补入“兢如临”3字。

以2行、3行起首字及每行15字计，2行行末可补入“敢服非先王之法言”8字。

3行“非”字残，缺右下角，可辨识；依例行末可补入“行不敢行是故非法”8字。

4行“口无”二字各残缺右半部，可辨识；依例行末可补入“择言身无择行言”7字。

5行“行”后“满”字残，余字体中部及右上，略可辨识；依6行“矣”字可在该行行末补入“天下无怨恶三者备”8字。该行16字。

6行依7行“云”字，可在该行行末补入“宗庙盖卿大夫之孝也诗”10字。该行16字。

7行“事”字残，存字体头部，可补入“事一人”三字；依14行“庶人章第六”例，该行行末可补入“士章第五”4字。“云”字柳洪亮录文为“雲”，误。

因9行“事”字前“以”残，存字体下部，故可推知8行共14字，则该行可补入“而爱同资于事父”7字。

9行“故”字残，存左边“古”字及右边“攵”第一笔；“母”字残存字体左上部，可与8行“母”字比观；依例该行可补入“取其爱而君取其”7字。

10行“父”字稍残，可辨识；“以”字残，存字头笔画；依例可补入“孝事君则忠以敬”7字。

11行“顺”字残，可辨识；“忠”字残存“中”之右上部分，略可辨识；依12行“能”字该行可补入“忠顺不失以事其上然后”10字。该行14字。

依13行首字“诗”字，12行可补入“位而守其祭祀盖士之孝也”11字；根据字体疏密，可推知13行“寐”字右侧为12行的“而”字残存笔画；13行“无”字右侧为12行的“守”字残存笔画。

13行“寐”字残，可辨识；依14行“庶人章”起首，知《士》章于此行终结，故可补入“尔所生”3字。“云”字柳洪亮录文为“雲”，误。

14行“庶”字与13行“云”“夙”二字中间平行，上部空出；“六”字不可见；“用”字笔画残缺，可辨识；“天”字残存字体左半部，略可辨；依15行“之”字，该行可补“用天之道分地”6字。

15行“用”“养”两字残，可辨识；中间可补“以”字；“此”残存头部笔画；据下行首“也”字，此行末可补“此庶人之孝”5字。

16行“天”字残存左半部，“子”字存；“庶”字残存右下部；中间可补“至于”；据下行首“不”字，此行末可补“无终始而患”5字。

17行“己”字十三经无；“未”“之”两字有残缺，可辨识；“之”下可补“有”字；据下行首“曾”字，此行末可补“才章第七”4字。

18行“曾子”后可补“曰”；“甚”字残缺头部；据下行首“经”字，此行末可补“子曰夫孝天之”6字。

19行“义”字残缺右上部；“民”作“人”字，避唐讳；因20行首缺一字，可补为“则”字;故 19 行末可补“而民是则之”5 字。20 行“因”字稍残,可辨识;“天下”残,可辨识,后可补“是”字;21 行残存“而治”二字及“严”字右下部一笔画;22 行残存“爱而”及“民”字右上部笔画,未避唐讳。故 20~21 行间可补“是以其教不肃而成其政不严”12 字,21~22 行间可补 “先王见教之可以化民也是故先之以博”16 字,从何处断开皆不得而知。“可以化民”或作“可以化人”,不知此处是否避讳。

25 行“而”字上为天头,故知其为该行首字;则 24 行同样位置之“不”字亦为首字;故 23 行“之”字以上同样位置可补“陈”字。因而 22 行“民”字后可补“莫遗其亲”4 字。

23 行“以德义”三字残存左半边,略可辨识,后可补“而民兴行先之以敬让而民”11 字,其中“民”或为“人”字。

24 行“乐”字残缺右半部,可辨识;“民”作“人”,避唐讳;“和”字后可补“睦示之以好恶”6 字。

25 行两处“民”皆作“人”字,避唐讳;“赫”字稍残,可辨识;第二个“赫”字用重文符号;“具”后可补“尔瞻”2 字。满行 14 字,当不至于有多余字写入下行。

26 行为重起段落写新的一章,“治”字上可补“孝”;“治”未避高宗讳,该写本书写当在高宗前;“第”字残存头部笔画,后可补“八”字;“八”字后是否有文字不得而知,如无,至 28 行“之臣”处共残缺 18 字,以每行 14~16 字计,27 行全行及 28 行上部足可容纳;如有,亦可容纳。

27 行残缺。

28 行“之”上“国”字残存下部笔画,可补;“之”下一字残存头部笔画,不可辨识,为“臣”字;“而况于”三字残存笔画,可辨识,可补;“于”下可补“公”字。

29 行“之欢”“以事”四字残存笔画,可辨识,中可补“心”字;“其”字存,下可补“先”字。

30 行“而”上当有字,可补“寡”;“而”下“况”字残存右半部,略可辨识;“况”下可补“于”字。

三、交河故城遗址出土《孝经》的文献校勘价值

《周书》记载："（高昌）文字亦同华夏，兼用胡书。有《毛诗》《论语》《孝经》，置学官子弟，以相教授。"[①]在这里提到了《毛诗》《论语》《孝经》三种经典。根据庄兵的分析研究，吐鲁番出土的《孝经》相关文书合计20号[②]。详列如下：

白文《孝经》4号4件：黄文弼发掘本（《开宗明义》）[③]、交河故城1968年出土本（《诸侯》——《孝治》）、72TAM169：26a（《开宗明义》——《圣治》）[④]、72TAM169：84[⑤]。

郑玄《孝经注》3号3件：黄文弼发掘本（《三才》）[⑥]、66TAM67：15-1及66TAM67：15-2（《感应》——《丧亲》）[⑦]、国图00109（《卿大夫章》）。

唐玄宗《孝经注》3号3件：大谷5417（A）（《广至德》）[⑧]、大谷3279v（《圣治》）[⑨]、Ch2547r（《五刑》）[⑩]。

《孝经解》1号1件：60TAM313：07/3（高昌抄本《孝经解》）[⑪]。

《孝经义》1号1件：97TSYM1：12p（《序》）[⑫]。

考试时学生所答策问卷8号8件：Peald7a、Peald7d、Peald7k（2）、Peald7m、

---

① [唐]令狐德棻等撰：《周书》（点校本二十四史修订本）卷五〇，北京：中华书局，2022年，第993页。

② 庄兵：《敦煌吐鲁番出土〈孝经〉研究论介》，《出土文献研究视野与方法》第5辑，2014年，第275—309页；《敦煌吐鲁番文献展现的〈孝经〉今古文》，《政大中文学报》，2017年第27期，第231—278页。

③ 黄文弼：《吐鲁番考古记》，中国科学院考古研究所编：《考古学特刊》第3号，北京：中国科学院，1954年，第22页。

④ 唐长孺主编：《吐鲁番出土文书》（图录本）第壹卷，北京：文物出版社，1992年，第230—232页。

⑤ 唐长孺主编：《吐鲁番出土文书》（图录本）第壹卷，北京：文物出版社，1992年，第236页。

⑥ 黄文弼：《吐鲁番考古记》，第21页。

⑦ 唐长孺主编：《吐鲁番出土文书》（图录本）第叁卷，北京：文物出版社，1996年，第444页。

⑧ 陈国灿、刘安志主编：《吐鲁番文书总目》（日本收藏卷），武汉：武汉大学出版社，2005年，第353页。

⑨ 《吐鲁番文书总目》（日本收藏卷），第158页。

⑩ 荣新江主编：《吐鲁番文书总目》（欧美收藏卷），武汉：武汉大学出版社，2007年，第209页。

⑪ 唐长孺主编：《吐鲁番出土文书》（图录本）第壹卷，北京：文物出版社，1992年，第290页。

⑫ 荣新江、李肖、孟宪实主编：《新获吐鲁番出土文献》，北京：中华书局，2008年，第167页。

Peald7o、Peald7r、Peald11a、Peald11d(《孝经》策问卷)[①]。

经过阅读比对,交河故城遗址出土《孝经》文字起于《诸侯章第三》末尾“如履薄冰”的“如”字,止于《孝治章第八》“治国者,不敢侮于鳏寡,而况于士民乎”句的“况”字。校对《十三经注疏》本,该文书无注无疏,正文文字稍有差异。行楷书写,与吐鲁番其他地方出土的大量文书相比较,呈现出唐代书法特点。在写本中,可以见到的“民”字写成“人”字,避唐讳。但是经过与其他《孝经》文本对照可知,该文书第22行残存“民”字右上部笔画,可辨识,未避唐讳。

《孝经》传至唐初,原来的注颇遭非议。《唐会要》记载:“开元十年六月,上注《孝经》颁天下及国子学。天宝二年五月,上重注亦颁天下。”[②]《唐会要》卷三五《经籍》云:“(天宝三载)十二月敕:自今已后,宜令天下家藏《孝经》一本。精致教习。学校之中,倍加传授。州县长官,明申劝课焉。”[③]唐贞观十四年(640)平高昌置西州,设交河县。交河抄本无注无疏,考之历史背景,其抄写年代可推定在贞观十四年至开元十年之间。该文书第26行“治”字未避唐高宗讳,其书写当在高宗前。

据柳洪亮先生言,该文书非常明显的一个写本学特点就是采用顿句法。顿号出现两次,第一次为黑色,第二次为红色,覆在黑色顿号之上。黑色顿号标点明显有错误之处,如第2~3行“非先王之法服,不敢服;非先王之法言,不敢道;非先王之德行,不敢行”,该写本在“非先王”之下点了顿号,这样明显就是断句错误。其次,有些应该断句的地方却没有断开。第二次红色标点断句时,在漏断的地方补了顿号,如《诗》云:“夙夜匪懈,以事一人”(第7行),“诗云”之下,第一次没有加点断开,但在第二次断句时补加了红色顿号。然而,对于第一次断错的地方并未改正过来,而是继续断错,如第2行,第二次标点时在“非先王”之下,黑色顿号上又覆盖了红色顿号。第一次标点很可能是在抄写过程中同时完成的,第二次红色标点则是反复进行断句基础训练所留下的痕迹。

---

① 刘波:《普林斯顿大学东亚图书馆藏吐鲁番文书唐写本经义策残卷之整理与研究》,《文献》2011年第3期,第10—23页。

② [宋]王溥撰:《唐会要》卷三六《修撰》,北京:中华书局,1955年,第658页。

③ [宋]王溥撰:《唐会要》卷三五《经籍》,北京:中华书局,1955年,第645页。

阮刻《十三经注疏》本作："故自天子至于庶人，孝无始终，而患不及者，未之有也。"历代儒学大师解释此句，勉人行孝的意义一致，但有两种不同的说法。一种认为，尽孝是人人都能够做到的，担心自己做不到的人从来没有过；第二种是就封建社会礼不下庶人的信条而言，强调尊卑不同而孝道是一样的，由于自身微贱担心孝道礼仪涉及不到自己的人从来没有过。前者可说是患不及，后者则是患不及身。交河抄本多一"己"字，明谓"而患不及己者"，可证第二种解释更为妥帖。阮刻《十三经注疏》本或由于传抄脱落，师承相沿，逐渐生出两种解释来[①]。另外，敦煌出土的几个相关《孝经》写本中也有"己"字，清代以来学者多指责唐玄宗《御注》删除了经文中的"己"字，严可均辑佚《郑注》对校经文，明言"明皇本无'己'字，盖臆删耳"[②]。学者支持严说，研判唐玄宗删除"己"字几成学术定案[③]。因而，该文书在校勘学上具有非常重要的意义。

南宋刻版元泰定三年(1326)递修本《孝经注疏》是现存最早的《孝经》注疏合刻本，保存了其初刻的面貌，甚为珍贵。其《三才章》曰："夫孝，天之经也，地之义也，民之行也。"[④]与交河故城出土《孝经》残卷第19行相比，多出了三个"也"字。即，《孝经》文本最初是没有这三个"也"字的，但在后世流传文本中出现了。这体现出该文书在校勘学上也有非常重要的意义。

阿斯塔那古墓、洋海墓地、交河故城出土的《孝经》写本说明吐鲁番盆地和内地儒学文化交流的历史非常悠久，高昌文化本身就是中国传统文化不可分割的一部分。并且，吐鲁番由于特殊的自然地理环境，保存了很多内地没有保存下来的文献，这些写本文献在一定程度上保留着最原始的面貌，没有经过刻本时代传刻的影响，所以，在校勘学上有着极为重要的价值。唐代西州百姓也有陪葬《孝经》等儒家典籍的习俗[⑤]。

---

① 柳洪亮：《交河故城出土唐写本〈孝经〉残卷跋》。

② [清]严可均：《孝经郑注》，北京：商务印书馆，1959年，第4页。

③ 张涌泉主编，许建平撰：《敦煌经部文献合集》第4册，北京：中华书局，2008年，第1942页；陈壁生：《明皇改经与〈孝经〉学的转折》，《中国哲学史》2012年第2期，第50页。

④ [唐]李隆基注，[宋]邢昺疏：《元本孝经注疏》，北京：国家图书馆出版社，2018年，第60页。

⑤ 董永强：《唐代西州百姓陪葬〈孝经〉习俗考论》，《西北大学学报》(哲学社会科学版)2015年第2期，第15—21页。

第五节 哈拉和卓一号墓出土文物再探索

哈拉和卓一号墓发掘于1964年,编号为64TKM1①。该墓为斜坡墓道洞室墓,经过盗扰,没有出土墓志和随葬衣物疏。墓室里埋葬有一女性,仰身直肢,年龄约30岁,尸体保存较好,头发经过修饰,口内含圆形金币,身上覆盖伏羲女娲绢画,脚上穿着纸鞋②。根据发掘报告记录,墓中发掘有草俑一件③,该草俑用芦苇草束捆扎成人形,头、颈、腰部、四肢及脚部保留着捆扎、缠绕的麻绳或麻束。头部包裹一张纸,其上用墨色绘出头发,用红色勾勒出"国"字形脸面,脖颈以两道粗笔红色横线绘画。长眉呈倒"八"字,细目,长鼻,为男性模样。脸颊涂红,似为特意突出;眉宇间绘红、墨两色同心圆。

该墓所出文物众多,但在2018年之前,所出文物长期不得为外人所知。仅有从女尸脚上所穿纸鞋拆揭下来的文书得到了较为充分的研究。随着哈拉和卓墓地发掘报告《吐鲁番阿斯塔那—哈拉和卓墓地:哈拉和卓卷》(以下简称《报告》)的公开出版,我们得以结合藏于新疆文物考古研究所的文物和藏于新疆博物馆的文书进而对该墓有较为系统的认识。然而,吐鲁番阿斯塔那墓地和哈拉和卓墓地很多墓葬的发掘存在一个共同点就是,同一个墓葬出土文物分

① 按照吐鲁番阿斯塔那—哈拉和卓墓地的考古发掘编号原则,"T"代表吐鲁番,是当时的县级吐鲁番市,特指今天的高昌区范围。因为在2015年4月之前,吐鲁番盆地的行政建制为吐鲁番地区,下辖县级吐鲁番市和鄯善县、托克逊县。撤地设市以后,原来的吐鲁番地区设置为地级吐鲁番市,原来的县级吐鲁番市更名为高昌区。所以在1964年的时候,"吐鲁番市"为县级行政机构。"K"为哈拉和卓的简称,是"kh"的读音翻译,"k"不发音。"M"代表墓葬。在这三个字母前面书写两位数字表示发掘年份。在2000年以前,书写的数字都是两位数。进入21世纪,考虑到未来的考古发掘编号,如果继续书写两位数,会造成数字的重复。所以,21世纪以来的考古发掘编号在字母前都书写四位数字,如2004年发掘的巴达木墓地,墓葬编号为2004TBM。

② 新疆维吾尔自治区博物馆:《吐鲁番县阿斯塔那—哈拉和卓古墓群发掘简报(1963—1965)》,《文物》1973年第10期,第7—27页;中国文物研究所、新疆维吾尔自治区博物馆、武汉大学历史系编,唐长孺主编:《吐鲁番出土文书》(图录本)第贰卷,北京:文物出版社,1994年9月,第5—19页;鲁礼鹏:《吐鲁番哈拉和卓古墓群发掘墓葬登记表》,《新疆文物》2000年第3—4期合刊,第238页;新疆文物考古研究所编著:《吐鲁番阿斯塔那—哈拉和卓墓地:哈拉和卓卷》,北京:文物出版社,2018年,第5—17页。

③《吐鲁番阿斯塔那—哈拉和卓墓地:哈拉和卓卷》,第9页。

藏于多地多机构的现象，使得研究认知并不充分，并且资料公布并不同时且不完整。经查，吐鲁番博物馆也藏有该墓所出的一件文物，且该墓所出文书有待于我们重新认识。

一、哈拉和卓一号墓出土文物

根据发掘报告及其他相关资料的记录，我们现将该墓出土的有明确编号的文物（器物类）及线描图、彩版出处列于下表（表一）。

表一：哈拉和卓一号墓出土文物与线描图、彩版对照表

文物编号	名称	线描图出处	彩版出处
64TKM1：1	木豆	《报告》p8	《新疆文物古迹大观》[①]p139
64TKM1：2	木罐	《报告》p7	《报告》图版三，3
64TKM1：3	木罐	《报告》p7	《报告》图版三，4
64TKM1：4	木碗	《报告》p7	《报告》图版三，1
64TKM1：5	木碗	《报告》p5	《报告》图版三，2
64TKM1：6[②]	羊骨（肉）		
64TKM1：7	木罐	《报告》p7	《报告》图版三，5
64TKM1：9	木碗	《报告》p7	《报告》图版一，2
64TKM1：10	木碗	《报告》p7	《报告》图版一，3
64TKM1：12	木碗	《报告》p7	《报告》图版一，4
64TKM1：13	铅枕饰	《报告》p6	《报告》图版二，3
64TKM1：14	木梳	《报告》p8	《报告》图版四，3
64TKM1：16	红陶	《报告》p5	《报告》图版一，1
64TKM1：17	绢枕残片		
64TKM1：18	握木	《报告》p8	《报告》图版四，4

① 新疆文物局等主编：《新疆文物古迹大观》，乌鲁木齐：新疆美术摄影出版社，1999 年。
②《吐鲁番阿斯塔那—哈拉和卓墓地：哈拉和桌卷》第 225 页 M1“随葬品”栏中“羊肉”当补充为“羊骨（肉）1”。

续表

文物编号	名称	线描图出处	彩版出处
64TKM1:19	U形双股式钗	《报告》p6	《报告》图版二,1
64TKM1:20	木楔钉	《报告》p9	《报告》图版四,2
64TKM1:22	木哑铃状器	《报告》p8	《报告》图版四,1
64TKM1:24	伏羲女娲绢画	《报告》p8	
64TKM1:25 64TKM1:25-1	丝织品		
64TKM1:26	木案	《报告》p9	《报告》图版五,1
64TKM1:27	丝织品		
64TKM1:39	铁钗	《报告》p6	《报告》图版二,2
64TKM1:40	草俑	《报告》p10	《报告》图版五,2

《报告》第5页记载,女性干尸口内含圆形金币,但是发掘报告中没有见到实物,因而无编号。不知目前所缺的编号中哪一个是圆形金币的编号。同样,《报告》第8页记载,在木豆内盛放有葫芦片114枚,象征铜钱,但是未见编号。

按照考古过程中的文物提取与编号原则,该墓葬在发掘中,总共提取到了40件文物,41以后的编号均为文书。而在前40号中,有28、29、30、31、32、33、34、36、37、38号也是文书。现将该墓出土文书作一列表(表二)。

表二:哈拉和卓一号墓出土文书拼合情况及黑白、彩色图版对照表

文书编号	黑白图版出处	彩版出处
64TKM1:28(a)+31(a)+37/2(a)	《吐鲁番出土文书》第贰卷 p7	《报告》图版七
64TKM1:28(b)+31(b)+37/2(b)	《吐鲁番出土文书》第贰卷 p11 《新疆出土文物》p66	
64TKM1:29(a)+30(a)	《吐鲁番出土文书》第贰卷 p9	
64TKM1:32(a)+36(a)	《吐鲁番出土文书》第贰卷 p18	
64TKM1:33(a)+34(a)	《吐鲁番出土文书》第贰卷 p5-p6	
64TKM1:33(b)+34(b)+32(b)+36(b)	《吐鲁番出土文书》第贰卷 p10	《报告》图版八
64TKM1:37/1	《吐鲁番出土文书》第贰卷 p8	

续表

文书编号	黑白图版出处	彩版出处
64TKM1：38/1(a) 64TKM1：38/2(a)①	《吐鲁番出土文书》第贰卷 p6	
64TKM1：38/1(b) 64TKM1：38/2(b) 64TKM1：38/3-5	《吐鲁番出土文书》第贰卷 p19	
64TKM1：42+47	《吐鲁番出土文书》第贰卷 p15	《报告》图版九，右
64TKM1：44+43+46	《吐鲁番出土文书》第贰卷 p16	《报告》图版一〇
64TKM1：45+41	《吐鲁番出土文书》第贰卷 p16	《报告》图版九，左
64TKM1：48	《吐鲁番出土文书》第贰卷 p12	
64TKM1：49+52	《吐鲁番出土文书》第贰卷 p13-p14	
64TKM1：50	《吐鲁番出土文书》第贰卷 p14	
64TKM1：51	《吐鲁番出土文书》第贰卷 p17	《报告》图版一一，右
64TKM1：53	《吐鲁番出土文书》第贰卷 p17	《报告》图版一一，左
64TKM1：54	《吐鲁番出土文书》第贰卷 p14	

在发掘报告中，我们见到有 64TKM1：8、64TKM1：11、64TKM1：15、64TKM1：21、64TKM1：23、64TKM1：35 六个号空缺。其中 64TKM1：8 与 64TKM1：11 两个号前后编号者均为木器，或许这两个编号的文物也是木器。而 64TKM1：35 的前后均为文书，其或许也是文书。64TKM1：29 与 64TKM1：30 可以拼合为一件文书，在《吐鲁番出土文书》中分别标有 a，表明其有背面，但目前我们没有见到其背面文书的刊布。

《吐鲁番出土文书》第贰卷第 5 页所刊 64TKM1：33(a)+34(a)的文书黑白照片中显示文书上贴有编号小纸片模糊不清，但在《报告》图版六中于 64TKM1：34(a)下清晰可见"：35"，与上一行之"(a)"为另一种颜色书写。因不知整片文书

① 《报告》第 11 页将其编号列为 64TKM1：38/1、64TKM1：38/2，误。《吐鲁番出土文书》中列出该文书正背面，且《报告》第 17 页列出该文书的背面。

如何区分,且在整理过程中未出现35的编号,本文暂不作讨论。

经过查找,64TKM1∶15为木鸭,现藏吐鲁番博物馆①。可知其并非缺号,而是藏地不同。该木鸭总长13.5厘米、宽5.1厘米、高5.2厘米。由圆木砍削而成,舟底形卧腹,胸圆尾尖,鸭脚处凸出,翅背部稍平,周身彩绘红黑二色斜线,以示羽翼翅尾,现红色稍淡;前中部砍削出鸭头,棱角分明,喙向前伸,脖子后伸,长嘴处涂红;现无法看出是否绘有眼睛,但长嘴上以锥刺戳出鼻孔(图26、图27)。

图26

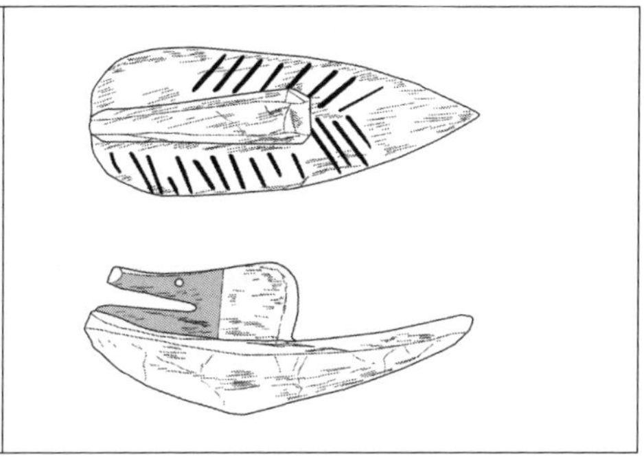

图27

二、哈拉和卓一号墓出土文书再整理与研究

哈拉和卓一号墓所出文书既有麴氏高昌时期的,也有唐西州时期的,兼而有之。有纪年的文书,最早为高昌延寿十六年(639),最晚为唐贞观十四年(640)。

1. 随葬草俑为该墓女性墓主之夫

在墓葬中如果随葬多件俑,特别是仪仗俑、武士俑等,则是对墓主人身份地位的象征。如果在单人墓葬中仅随葬一木俑、泥俑、草俑或纸人,一般都是墓主配偶的替代品。所以,有墓葬中出现以俑代替夫或妻陪葬的现象存在,但并不是所有的俑都是用来代替夫或妻陪葬的。

在阿斯塔那墓葬中出现了很多以俑或纸人代替缺失的夫或妻陪葬的现

① 仵婷:《新出三种吐鲁番考古发掘报告介评》,《吐鲁番学研究》2019年第2期,第103页。

象。如阿斯塔那156号墓以纸人陪葬用以代替夫或妻[①];阿斯塔那4号墓左憧憙墓中出土一泥俑(64TAM4 : 23),在其背面墨书“妻合端身”[②];阿斯塔那518号墓墓主为女性,以草俑代替其夫随葬[③],草俑身上所穿衣服为纸张裁剪。衣服上书写醮辞“莫使杞(犯)人,生死路别,不得相因”。在纸张另一面书写“天”“地”二字,以此祭奠天地诸方鬼神,请求“速摄囚……照垂”。醮辞所在纸片边缘被裁剪出弧形,或许为草俑衣服的下摆。在另一大片文书中上部(73TAM518 : 2/4-1、2/4-2)有一直径约5厘米的圆形空缺,我们认为是草俑衣服上头部穿过的位置,整片文书为草俑衣服。

另外,阿斯塔那24号墓也是以草俑代替女性墓主之夫而形成的夫妻合葬墓,草俑外缝麻布,与成人躯体大小相等,且草俑着纸鞋,纸鞋上拆出32—35号文书。这些文书被裁剪为鞋面、鞋帮及鞋底样式。鞋底宽度仅5厘米,鞋面较大。这说明草俑的脚也是草做的,虽然模仿真人,但其脚毕竟较真人的脚为小。《发掘简报》认为草俑应为该墓女主之夫,这是夫亡尸体无存招魂合葬的习俗[④]。

哈拉和卓一号墓墓主为女性,随葬草俑较大,编号为40,且墓中只葬有一具女性,随葬草俑也只有一具,应当是女性墓主之夫。

2. 编号41号以后的文书拆自草俑

细查该墓所出文书,多为鞋底、鞋面、鞋帮样式。经过对文书残片编号的分析及残片样式来看,该墓所出文书或许并非全部拆自女尸纸鞋。只有编号为28—38号的文书样式明确,拆自于女尸纸鞋当无疑问。编号为41—59(中缺55—58)号的文书残片、碎片较多,但另有几张纸幅较大的整片方形文书,并非鞋底、鞋面、鞋帮样式。经过对其形态样式的分析,我们认为这几件文书拆自于该墓随葬的草俑身上。

---

① 新疆文物考古研究所:《阿斯塔那古墓群第十次发掘简报》,《新疆文物》2000年第3、4期合刊,第127页。

② 新疆维吾尔自治区博物馆:《吐鲁番县阿斯塔那—哈拉和卓古墓群发掘简报(1963—1965)》,《文物》1973年第10期,第11、21页。

③ 鲁礼鹏:《吐鲁番阿斯塔那古墓群发掘墓葬登记表》,《新疆文物》2000年3、4期合刊,第236页。

④ 唐长孺主编:《吐鲁番出土文书》(图录本)第贰卷,第168—178页。新疆维吾尔自治区博物馆:《吐鲁番县阿斯塔那—哈拉和卓古墓群发掘简报(1963—1965)》,《文物》1973年第10期,第11、14页。

我们之所以认定这些文书拆自于草俑，原因有三：第一，该草俑的编号为40，那么从其身上拆出的文书自41号开始编号，符合一般的文书整理编号原则。第二，文书《唐西州张庆贞等勘田簿》[1]（64TKM1：51、53）上有红色线条所绘网状纹样，或为铠甲；文书《唐西州高昌县顺义等乡勘田簿》[2]（64TKM1：48、49+52）有两个拼合后的残片，每片上各有两个直径约3厘米的孔洞，应为草俑胳膊穿过的地方。第三，草俑高50厘米、宽20厘米、厚7厘米。在41至59号之间的文书尺寸均未超过该范围。

3. 不同于一般裁剪方式的鞋底样式及整理编号

吐鲁番出土文书中有很大一部分是由墓葬所出纸鞋拆揭而来，所以可以清晰辨别出纸鞋鞋底、鞋帮、鞋面样式，且一般情况下每个纸鞋鞋底相对独立，鞋面和鞋帮有的分开，有的连接在一起，但一个完整的鞋帮、鞋面与另一个鞋帮、鞋面则是完全分开的。经过仔细辨别文书样式、区分文书内容，我们认为哈拉和卓一号墓出土纸鞋的鞋底裁剪方式不同于以往所见纸鞋鞋底的裁剪，并且在文书整理编号方面有待进一步完善。

64TKM1：32b　　64TKM1：33b

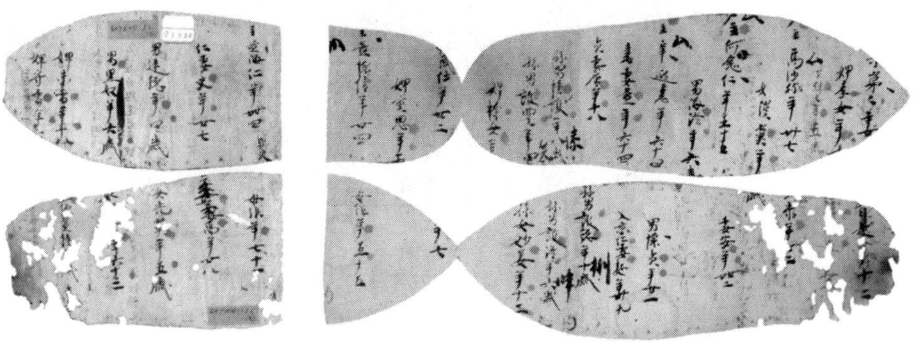

64TKM1：36b　　64TKM1：34b

图28

① 唐长孺主编：《吐鲁番出土文书》（图录本）第贰卷，北京：文物出版社，1994年，第17页；该件文书彩版见《吐鲁番阿斯塔那—哈拉和卓墓地：哈拉和卓卷》，图版一一。

② 唐长孺主编：《吐鲁番出土文书》（图录本）第贰卷，北京：文物出版社，1994年，第12—14页。

该墓所出文书《唐西州高沙弥等户家口籍》[1]由四个残片构成，即 64TKM1：33b+34b+32b+36b（图 28），也就是由四个鞋底的样式上下左右拼合而成。但是其正面却根据内容被整理为三件文书：《高昌延寿十六年（639）至延寿十七年（640）虎保等入剂俗钱叠条记》《唐贞观十四年（640）氾欢□赁舍契》《唐仓曹地子麦粟帐》[2]。其中，《唐仓曹地子麦粟帐》的编号为 64TKM1：32a+36a，是由两个并不完整的鞋底样式文书残片上下拼合而成。这两个鞋底一个缺鞋跟，一个缺鞋尖（图 29）。由此可见，在构成完整的鞋底的情况下，目前鞋底 32a 与 36a 所缺部分应当单独存在或连接在另外两个鞋底上。经查找，34a 与 33a 鞋底所构成的残片正好为两个完整的鞋底样式与两个鞋底部分残片的拼合。

根据文书 64TKM1：32a+36a 的拼合样式可知，这张纸因上下翻转而形成正背面。因此，文书《虎保等入剂俗钱叠条记》的编号应该为 64TKM1：34a+33a，具

图 29

① 唐长孺主编：《吐鲁番出土文书》（图录本）第贰卷，北京：文物出版社，1994 年，第 10—11 页。
② 唐长孺主编：《吐鲁番出土文书》（图录本）第贰卷，北京：文物出版社，1994 年，第 5—6、18 页。新疆文物考古研究所编著：《吐鲁番阿斯塔那—哈拉和卓墓地：哈拉和卓卷》，北京：文物出版社，2018 年 10 月，第 1、10—11 页，图版六、七。

体指上下拼合的两个鞋底的右半部分；文书《氾欢□赁舍契》的编号也应该是64TKM1∶34a+33a，具体指上下拼合的两个鞋底的左半部分及两个鞋底的鞋尖、鞋跟部分。如此，两件整理后的文书编号重复了。所以，按照整理原则，应该给这两件文书的编号下进行小号区分，即《虎保等入剂俗钱叠条记》的编号应该为64TKM1∶34-1a+33-1a，《氾欢□赁舍契》的编号应该为64TKM1∶34-2a+33-2a（图30，彩版叁）。

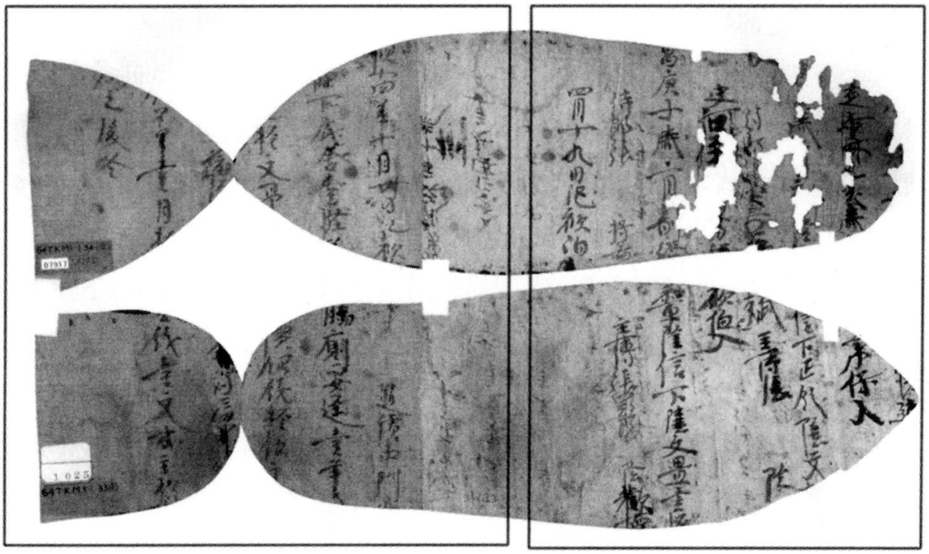

64TKM1∶34-2a+33-2a　　64TKM1∶34-1a+33-1a

图30

所以，《报告》第10至11页（1）和（2）文书名称后面的编号是不完全的，如依此表述，则会让人误解为《虎保等入剂俗钱叠条记》的编号为64TKM1∶34（a），《氾欢□赁舍契》的编号为64TKM1∶33（a）。同样，《报告》图版六下的文字解说也不完备。《吐鲁番出土文书》（图录本）第贰卷第5页黑白图版下的题名也不完备。

4. 文书彩版可补黑白图版上不见之写本学信息

文书64TKM1∶28（b）+31（b）+37/2（b）《唐何好忍等匠人名籍》共18行，在《吐鲁番出土文书》（图录本）第贰卷第11页刊有该文书的黑白图版；在《新疆出土文物》第 66 页刊有该文书之一即编号为 64TKM1：31(b)的图版，为文书录文的第 4—12 行内容，64TKM1：31(b)尺寸为“残长 20.5 厘米，宽 28.1 厘米”。依据该件文书的部分正面彩版，可确定该文书第 2 行处可补充纸张粘接缝的虚线，与正面文书第 10 行在同一位置。正面文书第 5—6 行间的纸张粘接缝的虚线在背面的位置不详。

前文提及《唐西州高沙弥等户家口籍》由四个残片构成，即 64TKM1：33b+34b+32b+36b，《吐鲁番出土文书》(图录本）第贰卷第 10 页所刊黑白照片上无法显示文书上的红色痕迹，因而需要在文字中进行说明。一般情况下对于文书上不同颜色字迹的说明方式有三种：一为于文书录文之前的题解中说明；一为文书录文之中加注释进行说明；一为以不同字体书写作区别。本件文书在整理过程中使用了前两种方式。在录文前的题解中说明“本件有朱墨点记多处”，于正文3、4、6、8、16、17 行人名的相应位置作注释说明为“墨勾”“朱墨二色点”“墨点”。《报告》图版八刊有该文书的彩版，经仔细核对彩版，在文书写本学信息方面有以下收获：

第 2 行下半“□鼠□史□廿一”为红色字体，录文中未做说明。

第 3 行“女殊殊年五岁”为红色字体，录文中未做说明。

第 9 行“入京仁妻麴年卅九”句中“仁”当为“怀仁”，由第 8 行同户之“男怀贞年廿一”可知“仁”为“怀仁”的双名单称，其全名当为“辛怀仁”。该户户主辛延熹及妻孟氏年龄均为 64 岁，延熹至少有二子，年纪较小的儿子辛怀贞21 岁，妻子康氏 18 岁；年纪较大的儿子辛怀仁在该《家口籍》上未出现，但是其妻麴氏出现，麴氏年龄卅九。在麴氏夫前写有“入京”二字，则表示麴氏属于该户一员，但在唐灭高昌后奉唐太宗旨意到了内地去。辛怀仁之妻当为麴氏王族成员，故而随同麴王及原高昌国高级官员被一同迁往内地[①]。

第 11 行人名“幢护”为户主辛延熹之孙。由上下文知，辛延熹有 4 个孙子，

① 陈国灿：《吐鲁番所出唐代来自长安、洛阳的文书》，《陈国灿吐鲁番敦煌出土文献史事论集》，上海：上海古籍出版社，2012 年，第 136—157 页；朱雷：《龙门石窟高昌张安题记与唐太宗对麴朝大族之政策》，原载黄约瑟、刘建明编《隋唐史论集》，香港：香港大学亚洲研究中心，1993 年，第 49—53 页；后收入氏著：《敦煌吐鲁番文书论丛》，兰州：甘肃人民出版社，2000 年，第 89—96 页。刘安志：《唐初西州的人口迁移》，载氏著《敦煌吐鲁番文书与唐代西域史研究》，北京：商务印书馆，2010 年，第 24—43 页。

一个孙女。4个孙子名为“护德”“幢护”“护隆”“护丰”。故知辛氏孙辈排行之字，即姓名地字格当为“护”字，所以“幢护”有可能是“护幢”之误。查验彩版文书，在“幢护”二字右边确有一折，当为倒乙符号。

第11行“孙男护幢年八岁”，在“八”字旁边有粗笔迹写“漆”字，当为“七”之数字繁化写作。在进行人口统计时，对数字繁化书写可起避免篡改年龄之效。该墓出土文书时代最晚为唐贞观十四年(640)，应为唐灭高昌当年就进行的户口统计。在书写之后用朱、墨两色笔进行反复查验，逐人点验，且对不符合的数据进行校改，如护德兄弟四人的年龄最初分别写为十岁、八岁、六岁、四岁，但是查验后分别在这4个数字右侧改为“捌”“漆”“肆”“叁”，都是为防止篡改的繁化数字书写。

第18行“高年廿八”前有一“妻”字被圈掉，在“妻”上又粗笔写有一“妾”字。孟海仁妻史氏年27岁，已经在该行记录，紧接着又写一妻高氏，若非前妻亡故或休妻，同时书写二妻显然不合情理，故而在造作《家口籍》反复查验中确认高氏为妾，非妻。黑白图版中圈掉的“妻”字稍显模糊，但是文书整理者释文正确。在彩版文书中清晰可见被圈掉之痕迹。

三、对哈拉和卓一号墓的考古学信息补充与认识

1963年12月至1965年，新疆维吾尔自治区博物馆对阿斯塔那—哈拉和卓两墓地进行了发掘，所发掘阿斯塔那墓葬的编号为63TAM1—63TAM3、64TAM4—64TAM37、64TKM1—64TKM14、65TAM38—65TAM42[①]。由李征先生执笔的发掘简报刊于《文物》1973年第10期。据此发掘信息可知，该墓葬为中华人民共和国成立以来文物考古工作者在哈拉和卓墓地进行发掘的第一座墓葬。我们推测，成立于1963年的吐鲁番文物保护管理所[②]工作人员参加了

① 新疆维吾尔自治区博物馆:《吐鲁番县阿斯塔那—哈拉和卓古墓群发掘简报(1963—1965)》,《文物》1973年第10期,第7—27页。

② 岳峰:《新疆文物事业五十年》,载新疆文物局等主编《新疆文物古迹大观》,乌鲁木齐:新疆美术摄影出版社,1999年,第11页。

图 31

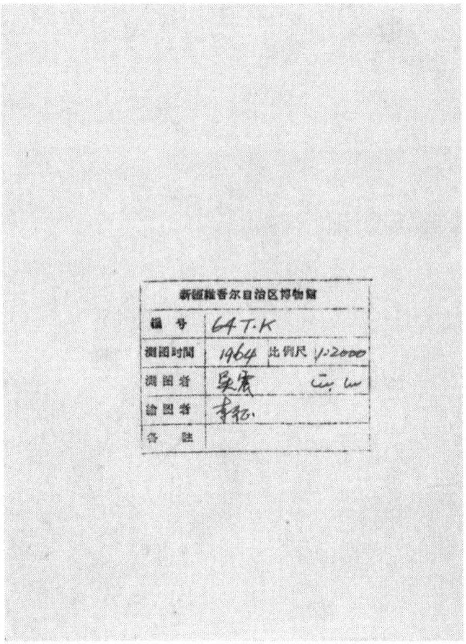

图 32

1963—1965 年的发掘工作，因而在发掘工作结束后将一部分出土文物留在了吐鲁番,本墓出土的木鸭当为其中之一。

吐鲁番学研究院资料信息中心现藏有 1964 年测绘的哈拉和卓墓地平面图一张(图 31,彩版肆;图 32),比例尺为 1∶2000，测图者为吴震和沙比提(名称为维吾尔语书写),绘图者为李征。该图即为 1964 年墓地发掘时所测绘，在发掘简报中刊出,但是极为模糊①。

---

① 新疆维吾尔自治区博物馆:《吐鲁番县阿斯塔那—哈拉和卓古墓群发掘简报(1963—1965)》,《文物》1973 年第 10 期,第 8 页。

该墓虽然经过盗扰，没有出土墓志和随葬衣物疏，但墓室中女尸保存较好，口含圆形金币，身上覆盖伏羲女娲绢画，脚上所着纸鞋较完整，随葬草俑身上的纸张也未遭破坏。1964年之前，哈拉和卓一号墓被盗扰，或许盗墓者将兴趣放在墓室内有可能存放的金银器、墓志[①]以及能说明墓主人身份的、置于死者头部或胸前或衣服口袋内的随葬衣物疏（并不是每个墓葬中都有墓志和随葬衣物疏）方面。在吐鲁番文书被整理之前，这些墓葬中尸体所着纸鞋、纸冠（帽）、纸衾以及纸棺等的价值并未得到充分认识，只有在文书被整理之后，凸显出了巨大的社会历史意义，因而为盗墓者所青睐。就算是20世纪中期的文化人韩乐然同志，在对阿斯塔那墓地进行挖掘的时候，也是将注意力集中于墓志的挖掘，“雇了工人，只为找墓志，挖了十余墓道口（每挖至5尺长，3尺深的处所，左壁上，镶砌着一块墓志[墓道约长三丈由线伸进主墓门，深约两丈]每块方砖上用红色写着死者姓名、籍贯、年龄、官阶及年月日），挖得高昌年号中的延昌、延和（延和墓志是平民的墓志，所以在一土坯上刻着年月日姓名之外无略历）及唐贞观、乾封、咸亨、开耀、开元等八块（有一墓是夫妇葬在一起的，所以一墓中得到两块墓志）”，当然他也获得了文书[②]。女尸口含金币未被盗取，可能是当时盗墓者并不知晓或疏忽所致。

四、结　语

王素先生曾说：“这种同一墓葬出土的文物和文献分属两国和两馆的情况，对于研究工作无疑十分不利……可以将阿斯塔那墓葬出土的文物和文献结合起来，通过相关综合研究和墓葬出土文物和文献复原，按单个墓葬编撰发掘报告。这个工作如果能够做好，一定会成为学术界的福音，并推动吐鲁番学

① 吐鲁番地区所出砖志（墓志），有的置于墓道入口处侧壁上，文字向内；有的置于墓室之中。

② 韩乐然：《新疆文化宝库之新发现——古高昌龟兹艺术探古记（一）》，《新疆日报》1946年7月18日。转引自刘志华：《甘肃省博物馆藏韩乐然获吐鲁番文物及相关问题》，《吐鲁番学研究》2019年第2期，第118页。

的发展。”[①]在针对阿斯塔那墓地、哈拉和卓墓地墓葬的抢救性发掘工作中，因为墓葬数量少，考古工作者即采用了这种方法，按照单个墓葬编撰了发掘简报/报告[②]。也有在后期整理工作中，对于大规模发掘的墓葬中的某个墓编撰简报/报告的情况[③]。但是，目前这种方法并未得到有效推广。随着哈拉和卓墓地考古发掘报告的出版，阿斯塔那墓地的考古发掘报告也临近出版，加之吐鲁番博物馆所藏发掘自阿斯塔那、哈拉和卓墓地的文物，相互结合研究，定会取得新的研究成果。

在吐鲁番出土文书的整理工作中，因为早期发掘记录的缺失或记录不详，导致我们对文书的原始形态大多无从得知。《吐鲁番出土文书》中每个墓葬或每件文书前的题解中有的对文书形态进行了说明，有的则没有说明。拆自于纸鞋的文书因为样式明确，一般不会出现差错。对于本墓所出文书一部分拆自于草俑身上的认知，是我们在探究过程中的一个新发现。草俑为墓主陪葬之配偶代替，这种文化现象在吐鲁番晋—唐时代的古墓葬中比较常见。拆揭自纸鞋鞋底的文书样式不同于一般所见纸鞋鞋底样式，对于已有的文书编号与整理方式有所补充。彩版文书上的一些写本学信息同样有助于文书的再整理与研究。

哈拉和卓一号墓虽经盗扰，但所出文物依然众多。五十多年来，资料未得

---

① 王素：《印度新德里国立博物馆藏敦煌吐鲁番等地文物》，《敦煌吐鲁番研究》第十四卷，上海：上海古籍出版社，2014 年，第 221、222 页。

② 新疆维吾尔自治区博物馆：《吐鲁番阿斯塔那 363 号墓发掘简报》，《文物》1972 年第 2 期，第 7—12 页；新疆吐鲁番地区文管所：《吐鲁番出土十六国时期的文书——吐鲁番阿斯塔那 382 号墓清理简报》，《文物》1983 年第 1 期，第 19—25 页；吐鲁番地区文管所：《吐鲁番北凉武宣王沮渠蒙逊夫人彭氏墓》，《文物》1994 年第 9 期，第 75—81 页；新疆吐鲁番学研究院：《2009 年吐鲁番阿斯塔那古墓群 1 区 410 号墓葬清理简报》，《吐鲁番学研究》2010 年第 1 期，第 1—5 页；吐鲁番学研究院考古研究所：《吐鲁番阿斯塔那古墓群 Ⅱ 区 M411 的抢救性发掘简报》，《吐鲁番学研究》2014 年第 2 期，第 1—5 页；新疆吐鲁番学研究院、新疆维吾尔自治区博物馆：《2006 年阿斯塔那古墓 Ⅱ 区 607 号墓清理简报》，《吐鲁番学研究》2010 年第 2 期，第 3—6 页；吐鲁番地区文管所：《唐北庭副都护高耀墓发掘简报》，《新疆社会科学》1985 年第 4 期，第 60—68 页；吐鲁番地区文管所：《吐鲁番哈拉和卓乡竖穴木棺墓发掘简报》，《新疆文物》1986 年第 2 期，第 48—50 页。

③ 新疆社会科学院考古研究所编，侯灿执笔：《吐鲁番阿斯塔那古墓区 65TAM39 墓清理简报》，《考古与文物》1983 年第 4 期，第 34—38 页；柳洪亮：《吐鲁番阿斯塔那古墓群 360 号墓出土文书》，《考古》1991 年第 1 期，第 33—37 页；文欣：《吐鲁番阿斯塔那 501 号墓所出军事文书的整理——兼论府兵番代文书的运行及垂拱战时的西州前庭府》，《敦煌吐鲁番研究》第十卷，上海：上海古籍出版社，2007 年，第 165—206 页；鲁礼鹏：《吐鲁番阿斯塔那墓地 M336 年代及相关问题探析》，《新博文苑》2016 年第 1 期，第 15—23 页。

到及时公布，人们只对其中文书进行研究。在哈拉和卓墓地的报告出版以后，我们经过对比得知，吐鲁番博物馆也收藏有一件出自该墓的文物。但是目前该墓所出文物依然不齐全，还有几个编号不知为何种文物，还有文物如口含金币、葫芦片等未见编号。

第六节 对73TAM519：19/2-1文书中两个残缺县城名的考证

1973年，新疆维吾尔自治区博物馆与西北大学历史系考古专业共同组织了考古发掘队，从9月21日至11月18日共发掘墓葬38座[①]。其中519号墓出土一枚“高昌吉利”铜钱，出土时压于墓主尸体之下，说明该墓葬未被盗扰[②]。该墓出《唐贞观十六年(642)四月廿三日张隆悦妻麹文姿墓表》[③]一方，出文书《高昌延寿十七年(640)屯田下交河郡、南平郡及永安等县符为遣麹文玉等勘青苗事》[④](以下简称《勘青苗事》)及《高昌麹季悦等三人辞为请授官阶事》两件。

为行文方便，现将《勘青苗事》文书录文如下：

1 令 勑交河郡、南平郡、永安县、安乐县、洿林县、龙泉[县]、安昌县、□□□、□

2 昌县，郡县司马主者：彼郡县，今遣麹郎文玉、高

① 新疆维吾尔自治区博物馆、西北大学历史系考古专业：《1973年吐鲁番阿斯塔那古墓群发掘简报》，《文物》1975年第7期，第8页。

② 新疆维吾尔自治区博物馆、西北大学历史系考古专业：《1973年吐鲁番阿斯塔那古墓群发掘简报》，《文物》1975年第7期，第17页。

③ 侯灿：《解放后新出吐鲁番墓志录》，载《敦煌吐鲁番文献研究论集》第五辑，北京：北京大学出版社，1990年，第590页，录注85。

④ 《吐鲁番出土文书》(图录本)第贰卷，北京：文物出版社，1994年，第71页；《吐鲁番出土文书》(录文本)第四册，北京：文物出版社，1983年，第124—125页。

3　　　青苗去，符到奉□

4　　　　　　　　威远将军门下校郎麹□□

5　延寿十七年庚子岁四月九日　起

6　　　　　　　　虎贲将军屯田□□高□□

7　　　　　　　　屯　田　司　马司空□□

8　　　　　　　　虎贲将军中兵校郎张世隆

《勘青苗事》文书时间为高昌国延寿十七年，即唐贞观十四年(640)，唐灭高昌，此为高昌王国最后一年的一件文书。在文书中，郡、县并列，郡、县的司马主者同时接受高昌王的符令①，表明了郡、县之间互不统属，且这种行政体制一直延续到王国统治结束②。根据文书《高昌延寿十五年(638)罽人袁蟲子上启为乞入老免役事》(06TAM601：24/2-2)③第6行"威远将军门下校郎臣麹仕瑞传"可知，《勘青苗事》文书第4行末尾可补"仕瑞"二字。

吴震先生对该文书解读时言"第六县名全残，似可补'盐城县'"，进而根据文书《高昌章和十一年(541)都官下柳婆、无半、盐城、始昌四县司马主者符为检校失奴事》④解释道："'盐城'下接'始昌'，上亦当补一'始'字。"⑤这种结论虽不失合理性，但推测的成分很大。现在我们反过来，先确定始昌县，根据始昌县推测前面空缺一县名及范围。

① 王素：《高昌王令形制综论》，《西域研究》2019年第1期，第91页。文章指出，该件文书虽有"令"字无"传"字，但因有"门下校郎"签署，故属于"传符令"。

② 陈国灿：《对高昌国诸城"丁输木薪额"文书的研究——兼论高昌国早期的诸城分布》，《吐鲁番学研究》2015年第1期，第14—22页。

③ 朱雷著；新疆维吾尔自治区博物馆编：《吐鲁番出土文书补编》，成都：巴蜀书社，2022年，第15页。

④ 唐长孺主编：《吐鲁番出土文书》(图录本)第壹卷，北京：文物出版社，1992年，第128页；《吐鲁番出土文书》(录文本)第二册，北京：文物出版社，1981年，第29页。

⑤ 吴震：《吐鲁番出土文书中的交河》，载《吴震敦煌吐鲁番文书研究论集》，上海：上海古籍出版社，2009年，第345页。

一、《勘青苗事》文书中"始昌县"城名的确定

《勘青苗事》文书第1行"安昌县"后面一个县的名字残缺，最后一个县名首字残，下连一"昌"字。学者们推测"昌"字前当为"始"字[①]。查吐鲁番出土文献，地名中带"昌"字者有五：高昌、安昌、宁昌、永昌、始昌。

高昌作为首都，是向下发行符令之地，不可能列于二郡七县之中，更不可能位列龙泉、安昌等县之后，故排除其可能性。

"安昌"在该文书中已经出现，故排除。

"宁昌"为唐代高昌县下辖之一乡，即其以乡的行政级别出现。另有"宁□乡"[②]，怀疑也是"宁昌乡"，但不在此"□昌县"论述之列。此文书为高昌王国时代，故而排除"宁昌"的可能性。

陈国灿先生《对高昌国诸城"丁输木薪额"文书的研究——兼论高昌国早期的诸城分布》一文根据阿斯塔那48号墓出土的5件丁输木薪额文书残片，将其做了复原，得出"在书写诸城的先后序列上，基本遵循的是由东向西的顺序接写"的结论[③]。由此推断，"丁输木薪额"文书第4行之前的7个城(即白芳、高宁、横截、威神、临川、永昌、宁戎)都位于盆地东边，从第5行"交何(交河)"开始往后的5个城(即交河、永安、安乐、洿林、盐城)位于盆地西边。第3行之"永昌"，经王素先生依据《张武孝墓表》[④]判定，永昌位于今"高昌故城以北偏东约12公里处"之乌尔塘[⑤]。第4行之"宁戎"，根据钱伯泉先生研究，其在木头沟

① 吴震：《吐鲁番出土文书中的交河》，载《交河故城保护与研究》，乌鲁木齐：新疆人民出版社，1999年，第339—352页；后收入《吴震敦煌吐鲁番文书研究论集》，上海：上海古籍出版社，2009年，第345页。王素：《高昌史稿》(交通编)，北京：文物出版社，2000年，第55页。

② 李方、王素：《吐鲁番出土文书人名地名索引》，北京：文物出版社，1996年，第439页。

③ 陈国灿：《对高昌国诸城"丁输木薪额"文书的研究——兼论高昌国早期的诸城分布》，载《吐鲁番学研究》2015年第1期，第17页。

④ 新疆吐鲁番地区文管所：《高昌墓砖拾遗》，载《敦煌吐鲁番文献研究论集》第三辑，北京：北京大学出版社，1986年，第591页。

⑤ 《高昌史稿》(交通编)，第70页。

外，即今七泉湖附近[①]；但陈国灿先生经过比对位置，认为其在宁戎谷北口，即今木头沟柏孜克里克石窟西北的乌江布拉克遗址，其位于盆地东边，不属于西边。故而"□昌县"为"永昌县"的可能性排除。因为《勘青苗事》文书所涉及郡县(名称可见者)均位在盆地西边。

综上，该文书中最后一个县名即"□昌县"为"始昌县"确定无疑。

二、《勘青苗事》文书中残缺城名的范围限定

《旧唐书·高昌传》云："(侯)君集分兵掠地，下其三郡、五县、二十二城。"[②]关于"二十二城"，陈国灿先生认为此数实指延寿末年的十八县城加四个郡城。由于高昌王国时期的郡、县为最基层的行政单位，相对于唐朝的县、乡、里行政系统而言，将这些由天山水源灌溉而形成的二十二片大小绿洲上的居民点称之为城，更加符合实际。所言二十二城并不包括高昌王城，如果计算在内，实为二十三城[③]。故而，陈先生经研究得出，高昌王国末期的城镇为一都(高昌)四郡(田地郡、横截郡、交河郡、南平郡)十八县(白芳、高宁、威神、临川、永昌、宁戎、永安、安乐、洿林、盐城、新兴、始昌、笃进、无半、武城、安昌、酒泉、龙泉)[④]。

森安孝夫言："所谓'二十二城'，我认为只不过是作为一种象征性的表现而固定了的数字，是作为吐鲁番地方的总称乃至雅称而通用的数字。"[⑤]王素先生亦同意此说，故而其在《高昌史稿·交通编》第一章第四节《高昌县城今地考》

---

① 钱伯泉：《高昌国郡县城镇的建制及其地望考实》，《新疆大学学报》1988年第2期，第39页。

② [后晋]刘昫等撰：《旧唐书》卷一九八《高昌传》，北京：中华书局，1975年，第5295页。

③ 重松俊章也认为，历史文献中所说的高昌国"有城十六""有城十八"，乃王城(高昌城)以外的城数。见《佛教史上の高昌国》(上)，《密教》第三卷第4号，1913年，第57页。注：此处转引自王素《高昌史稿·交通编》，第30页。

④ 陈国灿：《高昌王国对郡县的扩建——吐鲁番地名研究之三》，《吐鲁番学研究》2016年第1期，第17—24页。

⑤ [日]森安孝夫撰，陈俊谋译：《敦煌与西回鹘王国——寄自吐鲁番的书信及礼物》，《西北史地》1987年第3期，第121页。付马经过研究认为，回鹘时代高昌地区"二十二城"的叫法并非承自当地的传统，而是根据当时的实际情况产生的，是当时高昌地区城郭数量的确指，至少到高昌回鹘早期(10世纪以前)，高昌地区实际上确有22座城。文见《黄文弼所获文书中的回鹘时代高昌地区城郭名目——兼论回鹘高昌"二十二城"名实》，载荣新江、朱玉麒主编《西域考古·史地·语言研究新视野》，北京：科学出版社，2014年，第311页。

中列出了高昌、田地、交河、横截、南平、武城、白芳、新兴、永昌、威神、宁戎、高宁、酒泉、临川、安乐、龙泉、洿林、永安、柳婆、盐城、无半、安昌、始昌、笃进共计二十四个城①。

两相比较，只多出柳婆一城。荣新江先生《吐鲁番新出送使文书与阚氏高昌王国的郡县城镇》②一文，根据目前所见出土文书和史籍记载中“柳婆”一名的最晚记载和“南平”一名的最早记载，认为“柳婆”“南平”是一个胡语地名的不同音译，即其为同一城。

结合《勘青苗事》文书，推论如下：

《勘青苗事》文书中共出现了交河、南平、永安、安乐、洿林、龙泉、安昌、始昌及另一个缺名的县，总计 9 个郡县，即九个城。在我们研究所得出的高昌王国末期的城市名录中，将文书中出现的 7 个郡县城名及一个推论而确定的始昌城名排除，即首先排除 8 个城；因该文书所显示郡县集中在盆地的西边（大概都在洿林以西），故而可以将目前已经确定方位的位于今鄯善县境内的高昌王国末期的 6 个城排除③，亦可将高昌故城及其附近的 4 个城排除④。如此，则该文书所缺城名有武城、盐城、笃进、无半 4 种可能。

三、结　语

研究者们之前对此文书的解读一直为先设定文书中空缺处为“盐城县”，

---

① 《高昌史稿》（交通编），第 57—84 页。

② 荣新江：《吐鲁番新出送使文书与阚氏高昌王国的郡县城镇》，《敦煌吐鲁番研究》第十卷，上海：上海古籍出版社，2007 年；收入荣新江、李肖、孟宪实主编：《新获吐鲁番出土文献研究论集》，北京：中国人民大学出版社，2010 年，第 150 页。

③ 此六城指田地（即柳中，在今鲁克沁，为柳中古城，位置确定）、白芳（即东镇城，今鄯善县治，位置确定）、高宁（今吐峪沟，位置确定）、威神（在连木沁汉墩马扎村，位置确定）、临川（即今连木沁，在高昌城东北 80 里，位置确定）、酒泉（今洋海下村，位置确定）。

④ 指高昌（今高昌故城，位置确定）、永昌（今乌尔塘，在高昌故城北偏东约 12 公里，由出土墓志确定其位置）、宁戎（在木头沟北，即今之乌江布拉克，位置确定）、新兴（在高昌故城以北 20 里的胜金高潮水库中，位置确定）、横截（今苏巴什村以北台地，位置确定）。以上参考陈国灿：《对高昌东部诸古城遗址的查访——吐鲁番古代地名研究之六》，《吐鲁番学研究》2017 年第 2 期，第 12—21 页；[日]松井太著，杨富学、陈爱峰译：《吐鲁番诸城古回鹘语称谓》，《吐鲁番学研究》2017 年第 1 期，第 95—116 页。

再根据此文书一百年前的文书行文顺序补出“始昌县”。因两件文书之间无必然联系，且时代相隔百年，故而郡县排位顺序不可作为推定的依据标准，这种推论只可作为一定程度的参考，却不具有确定性。所以，我们先用排除法确定一个残缺的名称为“始昌县”，根据始昌县推测另一个空缺的县名或其范围较为合理。

经过对比考证，我们将文书中“□昌县”确定为“始昌县”，另一完全残缺的城名范围可限定在“武城、盐城、笃进、无半”之间。

第七节 敦煌吐鲁番账目契约类文书中数词使用的“繁化”现象
——对与“薪柴”有关的部分文书中数词的考察

在唐五代及宋初的中国西北社会，“柴”普遍使用于社会生活中。敦煌文书中出现了柴、磨柴、茨柴、刺、白刺、刺柴、柽、柽刺、栓、枝、芦、茭、草、木等词汇。在西北出土文献中，“柴”字主要见于敦煌文书中，而吐鲁番出土文书中则多见“薪”字。根据敦煌文书的记载，“柴”的种类主要有“柽”“茨”“茨柴”“刺柴”“磨柴”“芦”“茭”等，常与“木”“草”“薪”等词汇并列。敦煌地区的“柴”，不单单用于烧火，更多地用于水利方面。

在敦煌文书中，“柴”的计量单位是“车”和“束”。作为计量单位，“车”在唐五代及宋初的敦煌地区、吐鲁番地区被普遍使用。

一、“繁化”与“简化”

在敦煌吐鲁番文书里，很多字都使用笔画比较多的字来替代书写，这种现象称之为汉字的“繁化”。“繁化”与“繁体”不同，繁体字是相对于我们今天通用的简体字而言，而敦煌吐鲁番文书中文字的“繁化”是指将某一可能产生歧义或容易被篡改的字体用笔画比较多的、不容易被篡改的字来代替。

汉字的“简化”是随着社会的发展，为了适应当时社会的需要而将某些笔画烦琐的字体用其中一部分或其他笔画比较简单的字体来代替。根据目前能见到的材料，它在敦煌吐鲁番出土文书中就已经存在，主要出现于社会世俗类文书中。一个原因是社会世俗类文书不必像账目类、契约类文书那么正式；另一个原因是当时敦煌、吐鲁番地区真正识字的人在整个社会中所占比例是非常小的，所以不可能有非常严谨的书写规范。汉字的“简化”在中国汉字发展史上一直都存在，但是其大规模简化则是在20世纪中叶以后。

“繁化”可能与文书本身有关，特别是账目、契约类文书，为了防止涂抹伪造，有必要写得繁复一些，这就形成了很有特色的文书文字。无论是数词用字还是行文中可能产生歧义的字词等，通过用笔画比较多的字体代替，尤其是数词和量词，往往追求这一点。久而久之，行文中的其他内容也沾染上这一习惯。繁化大体出现在账目类文书和契约类文书之中[①]。

二、敦煌文书中关于“柴”的数量词的“繁化”

关于唐五代及宋初敦煌地区计量、记录“柴”的文书中，契约类、账目类文书中使用的数字都会被“繁化”，以防止人们随便更改数字。但是在社司转帖等文书中的数字没有被“繁化”，原因在于社司转帖并非正式的文件，只在同社社员之间使用。

在P.6002（1）《辰年某寺诸色入破历算会牒残卷》[②]文书中，出现的有关“柴”的数词以及其他各种物品的数词都使用了一些不容易被篡改的数字的写法，移录文书相关内容于下：

6　　黄麻，叁硕柒生油，茨柴

① 王启涛：《吐鲁番出土文书研究》，成都：巴蜀书社，2005年，第324—325页。

② 唐耕耦、陆宏基编：《敦煌社会经济文献真迹释录》（第三辑），北京：全国图书馆文献缩微复制中心，1990年，第313—315页。

7 叁车,柽两车半,磨柴两
8 车,纸壹帖,布半疋,
9 罗轮子壹,木叁条。
21 买(卖)木叁条麦叁硕肆㪷,柴两车
22 折粟肆硕,麦壹硕伍㪷,以上卯年碓课入
25 㪷壹胜,柽壹车折麦柒石,粟
26 两硕叁㪷,茨柴壹车折麦两硕油樑课入
31 茨柴壹车折麦两硕柒㪷,□□
32 拾束折粟壹硕贰㪷,磨柴两□(车)
33 折麦壹硕贰㪷,粟壹硕贰斗,
34 麦壹硕陆㪷,粟两硕,已上雇车价入。
44 茨柴叁车,柽两车半,
45 布半疋,又布壹丈叁尺,
46 罗轮子壹,木叁条,磨
47 柴两车。

在该件文书中,由于写成“两”字不会轻易被更改为其他数字,而写成“一”“三”等有可能被篡改,所以“一”就被写成了“壹”,“三”被写成了“叁”,“肆”“伍”“柒”等繁化数字的出现也是如此。对于用“柴”类文书,其一般用“车”计量,而“两车”则直接写成“两车”,“一车”则写成“壹车”,“三条”写成“叁条”等,足见对于“柴”这类社会经济必需品的重视。

相对于社司转帖中的“柴”等的数字,其要求则不是很严格,如 P.3211v《社人程平水妻亡转帖抄》[1]记载:“右缘程平水妻亡,准例合有赠送,人各色物一疋,饼廿,□柴一束,粟一斗。”在这里,数词简写,并未繁化。

在唐五代宋初敦煌地区, 数字是否繁化取决于文件是否为政府的正式公

① 宁可、郝春文辑校:《敦煌社邑文书辑校》,南京:江苏古籍出版社,1997 年,第 75 页。

文或者是百姓之间的契约。但是,数字未繁化的文件也在百姓之间使用,关键在于社司转帖等文书本身就不需要将数字繁化,只要方便于人们的正常社会交往交流即可。

三、吐鲁番出土文书中关于“柴”的数量词的“繁化”

吐鲁番出土的社会经济类文书很多是伴随着墓葬的发掘而出现的,是当时的人将已废弃的纸张重新利用,做成死者的纸鞋纸帽等而保存下来的。当然墓葬中的随葬衣物疏是专门记录为死者陪葬物品的清单,不属于废纸。因为是写给死者,记载更多是象征性的、礼节性的,不是正式的文件,更不怕有人篡改[①],故而文中使用的数字一般都简写,并没有繁化。但是,有很多关于“柴”的账目类文书中既出现了数字的繁化现象,也有一些简写的数字。举数例分析如下:

《高昌延昌三十四年(594)调薪文书》[②]包含五片,前三片编号分别为73TAM520:6/2、73TAM520:6/3-2、73TAM520:6/3-3,合为《调薪文书一》,后两片编号为73TAM520:6/4-1、73TAM520:6/4-2,合为《调薪文书二》。文书中所记载的都是某人几“车”,总计多少“车”,其对于“薪”的量词使用是“车”。前一件文书在计量“薪”时将量词“一”繁化为“壹”,第二件在书写时直接使用“一”,未繁化,这在吐鲁番文书中是比较少见的。

编号为66TAM48:24《高昌高宁等城丁输木薪额文书》[③]、66TAM48:43(b)《高昌洿林等城丁输木薪额文书》[④]的两件文书都是关于高昌时期城丁输入木薪的记录簿,两件文书出自同一墓葬,高宁等城的记录簿用数词繁化,较为正式,出现了“壹”“贰”“叁”“肆”“伍”“柒”“捌”“究(玖)”“拾”等字;洿林等城的记录数词简化,不够正式,相对应的数词出现了“二”“三”“四”

① 王启涛:《吐鲁番出土文书研究》,成都:巴蜀书社,2005年,第330页。
② 唐长孺主编:《吐鲁番出土文书》(图录本)第壹卷,北京:文物出版社,1992年,第317—320页。
③《吐鲁番出土文书》(图录本)第壹卷,第347页。
④《吐鲁番出土文书》(图录本)第壹卷,第347页。

"五""六""七""八""九""十",并且"二十"和"廿"同时出现了。从两件文书内容看出,平均两人输一车"薪"。同出一墓的编号为66TAM48:44与66TAM48:52拼合的命名为《高昌临川等城丁输额文书》的文书,行文风格与两件《丁输木薪额文书》极为近似,书写数词繁化,由于残缺不全不知其为丁输入何物之记录簿。但因三件文书中所记录之各城"丁"数目相同且输薪车数相同,故定其为《输木薪额文书》[①]。经过对比,我们知道三件文书记录的是同一件事情,66TAM48:43(b)为正式公文之底稿,修改部分较多,是最初之统计记录,且数字简写,有错误之处;66TAM48:24与66TAM48:44、66TAM48:52两件文书为正式公文,数字繁化,书写规整。

吐鲁番出土文书《唐广德三至四年(765—766)西州高昌县百姓周思温牒》[②]反映的就是税柴折纳的情况。文书录文如下:

1　　刺柴叁拾柒束
2 牒、思温上件柴,被太典张元晖早衙捉将,供使
3 院用。其直未蒙给付,贫下户内,见科行庄,付
4 交无出处,请处分。谨牒。
5　　　广德三年十一月　日百姓周思温牒
6　　　　　　　　　　柴即官捉,目

---

① 阿斯塔那48号墓为一男二女合葬墓,出土了三件有纪年的随葬衣物疏,第二件(66TAM48:1)中随葬有"弓箭",为男尸的随葬衣物疏;第一件和第三件中有"烟枝糊粉(胭脂胡粉)""锦襦黄裙"等物件,故而判定其为女尸随葬衣物疏。又"自男尸纸帽,拆出二五至四一号文书",即该组文书中第五至十二件、第二八件、第二九件文书属于男尸纸帽中拆出;第四件、第十三至二七件出自两具女尸。经过对第一四、一六、一七3件文书内容的比对分析,我们认定这3件文书当拆自同一女尸。比对结果为"□(城)58人,出薪29车;高宁(城)104人,出薪52车;横截(城)40人,出薪20车;威神(城)44人,出薪22车;临川(城)24人,出薪12车;永昌(城)80人,出薪40车;交河(城)38人,出薪19车;宁戎(城)35人,出薪17.5车;安乐(城)65(第一五件文书记录为66)人,出薪33车;洿林(城)28人,出薪14车;盐城75人,出薪37车;永安(城)55人,出薪27.5车"。经陈国灿先生将此三件文书与同墓所出66TAM48:49(b)、51(b)《高昌洿林等城丁输额及将阿勇等所领名人籍》(《吐鲁番出土文书》图录本第壹卷,第349页)比对得知,所缺一个城的名称为"白芳",即"白芳城58人,出薪29车"。详见陈国灿:《对高昌国诸城"丁输木薪额"文书的研究——兼论高昌国早期的诸城分布》,《吐鲁番学研究》2015年第1期。

② 引自[日]池田温:《中国古代籍帐研究》(概观、录文),东京:东京大学东洋文化研究所,1979年,第445页。

下未有价直，
待三五日计会，
罗白。九日。

…………………………（信）…………………………………

刺柴叁拾柒束
右件柴，去年十一月九日，被所由典张元晖捉将，供
曹卿厨。其直不蒙支给，便不敢征理价直。今
大例户各税刺柴，供河西军将厨。今请将前件
柴迴充军将厨户科，公私俱济，谨连前判
命如前，谨处分。
牒 件 状 如 前，谨 牒。
广德四年正月　　日百姓周思温牒
付所由准状折
纳，信 示。
十七日

……………………………（信）……………………………………

周思温纳供使柴叁拾柒束了。四年
正月十八日，典张进抄。

这是唐广德三至四年西州高昌县府为处理百姓周思温 37 束刺柴的一组官府文书[①]。在此文书中，“刺柴”被简称为“柴”。由于这组文书中的三件都是很

① 这组文书包含三件，第一件是周思温于广德三年十一月所上牒，说他的 37 束刺柴之前被衙吏张元晖收去供使院用，未给价钱，现在又要科税交柴，故无法交纳，请衙府解决。第 6—9 行为十一月九日，官员“罗”的判词，大意为官收的柴，目前尚无定价，等三五日刺柴价值定下来以后再算。第二件是周思温于广德四年正月再次上申的牒，说他的 37 束刺柴钱还没有给他，现在又要“户各税刺柴，供河西军将厨”，因此请求将上年所交 37 束柴“迴充”，即折纳为今年的“户科”。正月十七日，由官员“信”判示：有关部门同意折纳。于是就产生了第三件，即十八日由“典”张进出具了一张周思温缴纳了“供使柴叁拾柒束”的收条，完成了这一科柴的迴充征纳。参见陈国灿：《从吐鲁番出土文书看唐前期户税》，《敦煌吐鲁番研究》第四卷，北京：北京大学出版社，1999 年，第 465—475 页。

正式的官府使用文书,因而其中所使用的数字都被繁化,如此则不容易被篡改。

“薪”一词在吐鲁番出土文书中较多,于敦煌文书中则不多见[1]。在吐鲁番出土文书中有较多的《调薪文书》。大概在敦煌地区称作“柴”者,吐鲁番地区称为“薪”[2]。

吐鲁番出土文书编号为67TAM78：20(a)的《高昌传用西北坊鄯海悦等刺薪帐》[3]记载:

1 ［　　　］贰人传用西北坊鄯海悦刺薪壹车,

2 ［　　　］保壹车,刘阿尊壹车,刘济伯壹车,

3 ［　　　］车,刘善庆壹车,左养胡壹车,贾法相[壹]

4 ［　　　］青守壹车,龙德相壹［　　　］

5 ［　　　］相壹车,吕嘿儿壹车,令［　　　］

6 ［　　　］□儿壹［　　　］

（后缺）

该文书说明高昌传用西北坊鄯海悦等人的刺薪, 从现存文书可见有鄯海悦、［　　］保、刘阿尊、刘济伯、［　　］、刘善庆、左养胡、贾法相、□青守、龙德相、［　　］相、吕嘿儿、令［　　］、［　　］儿共14人,他们都属于西北坊,每人需出一车刺薪。此处,“一”都被写作了“壹”。由此我们判断,此件文书为正式传阅公文,即“帐”,而非正式公文的底稿。而另一件《高昌调薪车残文书》[4]残缺很

---

① 如P.2555《窦昊为肃州刺史刘臣壁答南蕃书》提到“陷瓜州黎庶,聚土积薪”,然此处“薪”字乃政府公文中所使用词汇,取对仗意,当与社会经济关系不大。

② 也不完全一定,如前引《唐广德三至四年(765—766)西州高昌县百姓周思温牒》即为吐鲁番地区出现“柴”的名称之例。现藏吐鲁番博物馆的《唐麟德二年(665)西州高昌县付龙朔三年(663)、二年柴抄》(2004TMM102：5)(见荣新江、李肖、孟宪实主编:《新获吐鲁番出土文献》,北京:中华书局,2008年,第113页)亦为一例。注:“TMM”为吐鲁番木纳尔墓地出土文物之编号,吐鲁番博物馆关于木纳尔墓地发掘物的编号为“TMNM”,关于木纳尔墓地的发掘简报亦为“TMNM”(见《吐鲁番学研究》2006年第2期,《考古》2006年第12期)。《新获吐鲁番出土文献》出版时使用“TMM”,此处从《新获吐鲁番出土文献》。

③ 《吐鲁番出土文书》(图录本)第贰卷,北京:文物出版社,1994年,第41页。注:本件上有涂抹字迹。

④ 《吐鲁番出土文书》(图录本)第壹卷,第249—250页。

严重,但从"[高]延伯一车"可大体推测出其为调薪文书,其中的"一"为简写。录文如下:

(一)64TAM18:10/2

(前缺)

1 ______[高]延伯一车______

(后缺)

(二)64TAM18:10/1

(前缺)

1 将文智下______

(后缺)

在72TAM153:43《高昌残券》[①]中提到"______年,年与此(刺)薪二______",其中"二"字后阙文,应当为"二车"。此处"二"也是使用了简写,说明这不是正式公文,仅仅是一件底稿。

在吐鲁番地区,古人在无意识中遗存下来的这些社会经济类文书包含了丰富的信息,对于那些内容相似或相同,且出土于同一地点或相邻近地点的文书,我们可以由文字是否繁化来判断其为正式公文抑或公文的底稿。

四、结 语

李思纯曾经指出:"斯坦因于清光绪中入新疆,劫去魏晋木简及唐代写本公私文牍契约十余纸。其中记载钱谷之数,别用笔画较繁之字为代,与今俗同……陆容《菽园杂记》,以为始自宋人,观斯坦因所盗文牍,则唐人固已有之矣。"[②]这说明,敦煌文书中出现的数词字体的繁化将我国文书数词字体的繁化

① 《吐鲁番出土文书》(图录本)第壹卷,第285页。

② 李思纯:《学海片鳞录·唐代文牍记数与今俗同》,《文史》(第三期),1998年,第97页。

写作历史从宋代提前到了唐代。而吐鲁番出土文书中数词的繁化现象则将此现象提前到了高昌国时代,即公元五六世纪。

对公文文书写作时使用数词“繁化”与“简化”的探讨,我们可以看出古代社会民众法律意识的增强和社会文明的进步。在账目契约类文书中对于数词使用的“繁化”与“简化”情况的探讨,有助于我们认识古代敦煌、吐鲁番地区社会经济发展的总体水平,以及当时人们法律意识的增强,进而认识一个区域性社会逐渐发展完善的过程。

唐五代宋初,社会世俗类文书中数字是否繁化,取决于文件是否为政府的正式公文或者为百姓之间的契约。但是,数字未繁化的文件也在百姓之间使用,关键在于某些文件本身就不需要将数字繁化,只要方便于人们的正常社会交流即可。对于内容相同且出土于同一地点的文书,我们可以由文字是否繁化判断其为正式公文抑或公文的底稿。吐鲁番墓葬伴出随葬衣物疏中的数字因为只针对死者,故而没有必要进行繁化。

第三章　吐鲁番考古学展望

自 2018 年 10 月至 2019 年 7 月,《吐鲁番阿斯塔那—哈拉和卓墓地:哈拉和卓卷》《新疆洋海墓地》《吐鲁番晋唐墓地》三种考古报告相继出版。三者距离墓地最晚发掘时间分别为 43 年、16 年、15 年。这是新疆考古工作迈出的重要一步,也是吐鲁番学考古资料的重大收获。

吐鲁番考古工作直接促成了吐鲁番文书的整理研究。文书整理研究的首要工作即是文字释读,文字释读中对于俗字的辨识尤为重要。《吐鲁番俗字典》一书的出版,展示了吐鲁番考古学在 21 世纪发展的一个侧面。

吐鲁番考古工作是丝绸之路考古的一部分,进入 21 世纪,丝绸之路研究取得了许多重要的新成果。在探索丝绸之路研究学术史的同时,将丝路考古与丝路文献相结合,这是一个全新的视角,是一项重要的探索。《丝绸之路新探索》一书为吐鲁番考古学在 21 世纪的发展打开了新的视野。

第一节　二十世纪下半叶吐鲁番晋—唐墓地考古成就

——以《吐鲁番阿斯塔那—哈拉和卓墓地:哈拉和卓卷》为中心

时隔半个世纪，关于吐鲁番阿斯塔那墓地和哈拉和卓墓地考古发掘报告的整理出版工作终于走出了非常重要的一步——由新疆文物考古研究所编著的《吐鲁番阿斯塔那—哈拉和卓墓地:哈拉和卓卷》(以下简称《哈拉和卓卷》)于2018年10月由文物出版社出版。这是新疆文物考古工作者几代人的梦想,是对文博界和学术科研工作者交出的一份答卷,凝聚了几代人的心血。

一、全书介绍

该书为新疆文物考古研究所丛刊之八。作为该系列重要的学术成果,目前已出版有10部报告,分别为《丹丹乌里克遗址——中日共同考察研究报告》(丛刊之一,北京:文物出版社,2009年11月)、《新疆下坂地墓地》(丛刊之二,北京:文物出版社,2012年11月)、《新疆萨恩萨伊墓地》(丛刊之三,北京:文物出版社,2013年9月)、《新疆昌吉回族自治州考古调查与发掘》(丛刊之四,北京:文物出版社,2015年1月)、《新疆阿勒泰地区考古与历史文集》(丛刊之五,北京:文物出版社,2015年12月)、《高昌故城及其周边地区的考古工作报告:1902—1903年冬季》(丛刊之六,北京:文物出版社,2015年12月)、《新疆莫呼查汗墓地》(丛刊之七,北京:科学出版社,2016年8月)、《新疆洋海墓地》(丛刊之九[①],北京:文物出版社,2019年3月)、《新疆拜其尔墓地——2004—2005年度发掘报告》(丛刊之十,北京:文物出版社,2020年10月)。

该书文字报告部分224页,后附高清彩版共233版,计679张图,刊布了584件文物(文书正反面以1件计),另有2幅墓室后壁的绘画,占两版。附有《吐鲁番哈拉和卓墓葬登记表》《吐鲁番哈拉和卓墓葬出土墓志登记表》《吐鲁番哈拉和卓墓葬出土文书登记表》[②]三表及李晓岑、郑渤秋、王博《吐鲁番哈拉

① 《新疆洋海墓地》亦为吐鲁番学研究丛书甲种本之四,由吐鲁番市文物局、新疆文物考古研究所、吐鲁番学研究院、吐鲁番博物馆共同编著。

② 三表原刊于《新疆文物》2000年第3、4期合刊,较原表信息更为详细。如《吐鲁番哈拉和卓墓葬登记表》中对墓主性别和随葬品数量作了进一步明确,对墓葬尺寸有所显示,且对可以确定的每座墓的时代进行了标注。《吐鲁番哈拉和卓墓葬出土墓志登记表》较《新疆文物》所刊《吐鲁番阿斯塔那古墓群出土墓志(柩铭)表》中哈拉和卓墓志部分在备注栏中增加了墓砖的时代;墓砖尺寸两表稍有差异,但该表中64TKM3:53无尺寸,而《墓志(柩铭)表》中有记录,为“14cm×10cm”。《吐鲁番哈拉和卓墓葬出土文书登记表》将“文书残片”也列入表中,另将原表中《吐鲁番出土文书》录文本改为图录本;75TKM96条又加入了《粟特文残文书》一件。

和卓古墓群出土古纸研究》一文。全书有文物线描图200幅、墓地位置示意图1幅、墓地平面分布图1幅。

该书共公布了69座哈拉和卓墓葬的资料。其中1964年发掘的1—6、8、12共8座，1966年发掘的301、306两座，1969年发掘的15、30、32、33、36—39、42、47—54共17座，1975年发掘的55—61、68—76、78—82、85—99、101—105共41座。另有1975年在墓地采集的《高昌章和八年(538)朱阿定墓表》《高昌章和十三年(543)朱阿定妻杨氏墓表》两块墓砖。根据侯灿先生记录，其采集于同一处①，故将其定为同一墓葬。所以，总计69座墓。

因该书为发掘工作结束约50年后出版的整理报告，因而面临很多资料的缺失、文物散藏于不同机构、发掘工作主持者去世、前后多易人手等原因，编撰者本着实事求是的态度，如“未见实物，仅据照片描述”(第55页)、“发掘记录缺失，性质不明”(第62页)、“整理资料时，未见随葬品”(第111页)、“未见平、剖面图”(第116页)、“据发掘记录，未见图像资料”(第162页)等描述，都体现出其严谨的态度。发掘时，墓葬后壁的壁画因为技术原因而没有揭取，现已无存，但当时对部分壁画进行了拍摄，照片刊布于一些出版物，该书在编撰的时候如实引用，如第181页、183页，说明两幅地主庄园图引自于《中国美术全集》。而该书第3页注释1特别说明书中的《哈拉和卓墓地平面分布图》为“20世纪90年代初补测的，此时地貌已发生变化，有些墓号对不上了”。

对部分器物及其上附着物进行描述与细节研究是该书编撰者作出的一大贡献。如报告对64TKM2∶9灰陶罐颈部所系提梁麻绳的系结方法做了非常仔细的描述与复原研究；对69TKM39∶2鞓带的细部结构及其上附着物进行了非常详细地描述，且从多个方位共绘制12幅线描图；对牛、车两件一组的75TKM96∶11也进行了较为详细地描述；对木牛绘有2幅线描图，对木车从前后左右上下6个视角绘制了6幅线描图。而彩版中用3个版面刊出了3张高

① 侯灿：《高昌章和十三年朱阿定妻杨氏墓表出土时间、地点与有关问题补论》，载氏著：《高昌楼兰研究论集》，乌鲁木齐：新疆人民出版社，1990年，第148页。该文记载，1975年春，哈拉和卓地区为修建水库，新疆博物馆派出穆舜英去察看水库区域内的古墓葬时采集到了《高昌章和十三年(543)朱阿定妻杨氏墓表》，“同时在一处采集的是两方墓砖”，另一方就是《高昌章和八年(538)朱阿定墓表》。

清木牛车的照片,为了完整呈现该件文物,图版一四三将左右两版制为一版。

吐鲁番阿斯塔那和哈拉和卓古墓区墓葬一大特点在于很多都属于某一特定茔区,呈现家族式埋葬。所以,传统的墓葬相对位置的叙述方式在此就显得稍有不便甚至烦琐。针对此问题,编撰者采用注释的方式,一次性将多座墓葬的相对位置进行说明(第112页),以便于正文中不再提及某座墓葬左右前后相邻的墓葬。这是一种非常有效的方法。

对于部分残片较多的文书轮廓进行线描也是该书的一个特色。如图一四八75TKM96∶50、图一六六75TKM98∶30对出土麻纸的轮廓进行线描,这对于内含多个残片但编为一号的文书整理而言是非常有用的方法,可以有效防止文书残片的错位或丢失。出版以后的文书图版和文物库房保藏文书是两种方式,出版以后的文书图版是固定的,如其他学者对于多个残片拼合有不同见解,可以进行商榷;但是文物库房保藏的文书残片因为编为一号且在一个保藏空间内,另外涉及文书正背面文字需要对文书残片进行翻动,如果没有轮廓线描图,很容易发生错位[①]。

该书所刊布彩版图非常精美,配合文字描述,可以直观显示文物的形态。对于一些特别重要、有特色的文物给予局部拍照或整体拍照。彩版文书的刊布,对于吐鲁番出土文书的整理具有重要的作用。近年来,随着荣新江教授、刘安志教授、王启涛教授、伏俊琏教授等先后主持的大型吐鲁番出土文书整理或写本研究项目的立项和运行[②],以及其他学者的相关学术研究,都需从文书原件或高清彩版入手进行细致校核,这是对吐鲁番出土文书整理工作的延续。当时受条件所限,无法刊出全部彩版,现条件成熟可逐步刊出。从文书形态角度

---

① 我们在参加吐鲁番市第一次全国可移动文物普查工作中,对于吐鲁番博物馆库存文书进行普查时,见到工作人员对于一号多件残片的文书单独绘有轮廓线描图,可以很容易对照出是否错位或丢失。

② 由旅顺博物馆、北京大学中国古代史研究中心、中国人民大学国学院合作项目“旅顺博物馆藏新疆出土汉文文书整理与研究”(16JJD770006)于2016年立项。武汉大学刘安志教授主持的国家社科基金重大招标项目“吐鲁番出土文书再整理与研究”(17ZDA183)和西南民族大学王启涛教授主持的国家社科基金重点、重大项目《吐鲁番文献合集·校注·语言文字研究·语料库建设》(17AYY015、17ZDA314)均于2017年立项。西华师范大学伏俊琏教授主持的国家社科基金重大项目“5—11世纪中国文学写本整理、编年与综合研究”(16ZDA175)于2016年立项。

出发，这些彩色图版对于文书文字的重新释读、黑白图版中无法识别的倒乙符号等笔画残迹及无法显示的红蓝墨等多色文书、纸张粘接缝隙位置、纸张墨迹背透情形、废纸利用等有重要的判识意义。如第 13 页《唐西州高沙弥等户家口籍》第 11 行“孙男幢护年八岁”，在“八”字旁边有粗笔迹写“漆”字，当为“七”之数字繁化写作，进行人口统计，可起避免篡改年龄之效。由上下文知，其兄弟名“护德”“护隆”“护丰”，故此人名第二字当为“护”字。查验彩色图版，在“幢护”二字右边确有一折，当为倒乙符号。

在《吐鲁番出土文书》(图录本)第肆卷中收录有编号为 66TAM30 的文书①，即阿斯塔那 30 号墓发掘于 1966 年，但发掘简报②显示该墓发掘于 1964 年。而在 1966—1969 年四次的发掘简报③中出现了 TAM30 出土的“张贤寿墓砖(土坯)”的图片，但正文中并没有出现相关内容。一直以来，研究者将“张贤寿墓砖”认为是出自阿斯塔那墓地，但混淆了准确发掘年代。该书刊出“张贤寿墓砖”的准确编号为 69TKM30∶1，则表明该墓砖出自哈拉和卓墓地。所以，《吐鲁番县阿斯塔那—哈拉和卓古墓群清理简报》正文中没有出现与“张贤寿”相关的发掘信息是正确的，但出现该墓砖照片属于图片误用，且将图注标错。而《吐鲁番出土文书》整理者发现了这张照片出现于 1966—1969 年的清理简报中，故而将阿斯塔那 30 号墓的发掘时间为 1966 年，有误，应为 1964 年。

二、学术研究前景

关于吐鲁番阿斯塔那墓地和哈拉和卓墓地的考古发掘报告，因为时间间隔长，简报发表零散，所以需要一份整体、全面的发掘报告。我们期待阿斯塔那墓地的完整发掘报告的出版。另外，因当时发掘机构不同，文物现藏地不同，导

---

① 《吐鲁番出土文书》(图录本)第肆卷，第 361 页。

② 新疆维吾尔自治区博物馆:《吐鲁番县阿斯塔那—哈拉和卓古墓群发掘简报(1963—1965)》,《文物》1973 年第 10 期，第 7—27 页。

③ 新疆维吾尔自治区博物馆:《吐鲁番县阿斯塔那—哈拉和卓古墓群清理简报》,《文物》1972 年第 1 期，第 14 页。

致现在整理难免会出现困难和缺憾。当时，吐鲁番地区文管所也一直参与发掘,所以有些墓葬资料留在了吐鲁番,现藏于吐鲁番博物馆。阿斯塔那墓地和哈拉和卓墓地的发掘资料出版公开后,吐鲁番博物馆所藏部分可以相对补入,完善其中所缺环节。

该书《绪言》第四节《墓地发现与发掘》中提及中华人民共和国成立后吐鲁番市的主要考古工作,信息较为简略。我们近年因参加吐鲁番市第一次全国可移动文物普查工作而对吐鲁番考古学史多有关注,已撰写相关文章多篇,可参考[①]。另,因该书“主要工作于 2011 年完成”[②],而吐鲁番于 2015 年 4 月撤地设市,即撤销原来的吐鲁番地区,设立地区级的吐鲁番市,原来的县级吐鲁番市更名为高昌区[③]。所以,该书所言吐鲁番市的主要考古发掘工作指的是在今高昌区范围内进行的考古发掘工作。

1. 可以梳理哈拉和卓墓地已编号未发掘的墓葬。

发掘简报《吐鲁番县阿斯塔那—哈拉和卓古墓群发掘简报(1963—1965)》[④]中说道:“(清理)哈拉和卓十四座墓(编号 64TKM1—64TKM14),其中未清理的六座。”经与该书对比可知,给予编号但未做清理的六座墓葬为64TKM7、64TKM9、64TKM10、64TKM11、64TKM13、64TKM14。

吐鲁番博物馆库存哈拉和卓墓地出土文物编号为“66TKM303”“66TKM-

① 李亚栋:《〈吐鲁番柏孜克里克石窟出土汉文佛教典籍〉误漏数则》,《吐鲁番学研究》2014 年第 2 期;仵婷、李亚栋:《1975 年之前阿斯塔那古墓群的十三次发掘及编号系统》,《丝绸之路》2016 年第 18 期;李亚栋:《阿斯塔那古墓群发掘简况及墓葬编号——以可移动文物普查与国保档案为中心》,《丝绸之路研究集刊》第一辑,北京:商务印书馆,2017 年;仵婷、李亚栋:《吐鲁番市第一次全国可移动文物普查所见部分文物编号订正》,《吐鲁番学研究》2018 年第 1 期;李亚栋:《1949 年以后阿斯塔那、哈拉和卓墓葬发掘编号辑考》,《唐史论丛》第二十八辑,西安:三秦出版社,2019 年,第 352 页;仵婷、李亚栋:《1949 年以后新疆吐鲁番鄯善县考古发掘及其编号整理》,《西南民族大学学报》2019 年第 8 期。

② 新疆文物考古研究所编著:《吐鲁番阿斯塔那—哈拉和卓墓地:哈拉和卓卷》,北京:文物出版社,2018 年,第 249 页。

③ 吐鲁番盆地内有多处遗址单位在 1988 年被定为市级文物保护单位,即现在的县级文物保护单位;且 2015 年之前的相关发掘报告及各参考资料中的“吐鲁番市”所指都是今“高昌区”,为避免前后两个不同级别的“吐鲁番市”概念的混淆,特此说明。

④ 新疆维吾尔自治区博物馆:《吐鲁番县阿斯塔那—哈拉和卓古墓群发掘简报(1963—1965)》,《文物》1973 年第 10 期,第 7—27 页。

304”“66TKM305”,结合现所见编号 66TKM301 : 1、66TKM306 : 1[①],尽管目前我们未见编号为 66TKM302 的文物,但似乎可以为我们提示一条信息,即 1966 年至少发掘了哈拉和卓 301—306 号墓。吐鲁番博物馆另存有编号为 72TKM308 : 1—72TKM308 : 9 的 9 件木器,说明在 1972 年发掘或清理了哈拉和卓 308 号墓。那么,中间所缺为 307 号墓,不知何时发掘[②]。

发掘简报《吐鲁番县阿斯塔那—哈拉和卓古墓群清理简报》[③]提到1969 年,新疆博物馆在哈拉和卓以东墓地清理 10 座墓葬,编号为 69TKM15-54,其中未清理有 30 座。结合该书,使用排除法可知,未清理的墓葬编号为69TKM16-29、69TKM31、69TKM34、69TKM35、69TKM40、69TKM41、69TKM43–46 共 23 座,结合 69TKM49“墓室内积满填土,土质坚硬,未彻底清理”(第 68 页)、69TKM54“未清理,只取出墓志”(第 88 页)两座,共 25 座。仔细查看该书,69TKM15、69TKM30、69TKM32、69TKM33、69TKM36、69TKM37、69TKM38 这 7 座墓在“墓葬形制”栏均写为“发掘记录缺失,形制不明”。69TKM33 的随葬品为一只纸鞋,可见当时是进入了墓葬,当不属于“未清理”的 30 座墓葬之一;69TKM36《墓葬出土文物登记表》显示出土文物有多件,说明该墓经过了发掘;69TKM38 随葬品有 5 件,也是经过了发掘的墓葬。通过比较和排除,我们大概可以知道,这些墓葬并非发掘记录缺失,而是当时没有进行发掘或清理。

1975 年春,新疆博物馆考古队发掘哈拉和卓墓地的 51 座古墓(其中 1 座是在 1976 年发掘的),编号为 75TKM55—105。其中 11 座因墓顶严重塌方无法清理,故实际发掘 40 座墓葬。对照该书,所缺的墓葬编号即为未清理的墓葬,有 75TKM62-67、75TKM77、75TKM83、75TKM84、75TKM100,共计 10

① 鲁礼鹏:《吐鲁番哈拉和卓古墓群发掘墓葬登记表》,第 250 页,第 131、132 条。该登记表中无 66TKM303、66TKM304、66TKM305。新疆文物考古研究所编著:《吐鲁番阿斯塔那—哈拉和卓墓地:哈拉和卓卷》,北京:文物出版社,2018 年,第 41—42 页。

② 李亚栋:《1949 年以后阿斯塔那、哈拉和卓墓葬发掘编号辑考》,《唐史论丛》第二十八辑,西安:三秦出版社,2019 年,第 352 页;仵婷、李亚栋:《吐鲁番市第一次全国可移动文物普查所见部分文物编号订正》,《吐鲁番学研究》2018 年第 1 期。

③ 新疆维吾尔自治区博物馆:《吐鲁番县阿斯塔那—哈拉和卓古墓群清理简报》,《文物》1972 年第 1 期,第 9 页。

座。另一座不详,有可能是“因水淹,墓室已坍塌,结构不清”的75TKM76或75TKM78。

2. 跨机构合作,共同钩沉哈拉和卓墓地出土文物。

根据粗略统计,吐鲁番博物馆现藏出土或采集自哈拉和卓墓地的文物至少有49件。303号墓所出文物有联珠天马锦、彩绘木碗、彩绘木罐、木握手、木梳、海贝及波斯银币,共19件;304号墓出土现有登记的彩绘陶碗和握木各2件;308号墓出土文物有木牛俑、女木俑及其他木器残件共9件;301和306号各1件,341号墓1件木碗,346号墓1件木盆,383号墓2件枕上铅饰,384号墓有木箭、木刀套、织绣囊、弓箭箙、“非”字形木篦、羽毛6件。另5件叙述如下:

前述侯灿文提及:“两方墓砖带回地区文管所后,文管所的同志提出要留下一方以供展览”,所以最后带回新疆博物馆的一方为朱阿定的墓表,留在吐鲁番的一方为其妻杨氏墓表。在吐鲁番市第一次可移动文物普查工作中,我们见到了该墓表,现藏吐鲁番博物馆,总账号为TLF14280,录文于《高昌墓砖拾遗》[①]一文可见。该书在整理时将两方墓砖都予以收录,则吐鲁番藏相关哈拉和卓墓葬的资料还可补充进入,有助于进一步钩沉哈拉和卓墓地出土文物,完善考古发掘报告。

吐鲁番博物馆馆藏一木鸭,编号为TKM1:15(TLF00270),哈拉和卓墓地出土。《哈拉和卓卷》记录1号墓随葬品46件,不知是新疆文物考古研究所现存数还是当时发掘记录数字。该卷所列出土随葬品中正好无编号为15者,且编号为14者是一件木梳,编号为16者为一件陶碗。另,该墓随葬品的编号显示出一个特点就是编号数字靠前者多为木器,这也从侧面说明该件木鸭为该墓所出。

木案板编号为64TKM4:2(TLF00459),查该卷所刊出4号墓的文物即新

① 新疆吐鲁番地区文管所:《高昌墓砖拾遗》,载《敦煌吐鲁番文献研究论集》(第三辑),北京:北京大学出版社,1986年。注:该文提及“(《朱阿定妻杨氏墓表》)1983年出土于吐鲁番阿斯塔那古墓区”(第590页),误。

疆文物考古研究所藏该墓文物中没有编号序列为2的随葬品,则此件即是。

木耳杯显示的编号为64TKM∶3(TLF00284)。如此显示可知,该文物出土于1964年,"M"后没有详细数字,要么为书写的过程中丢失,要么为墓地采集文物。与《哈拉和卓卷》所刊出1964年发掘的8座墓葬出土文物比对,所刊1、2、4、5号墓文物中已有编号序列为3者,证明该木耳杯非这4座墓所出;8号墓根据当时的《墓葬出土文物登记表》记载仅有1枚波斯银币,说明不会有木器出土;12号墓未清理,仅有1方墓志;6号墓记载发掘记录缺失,只有1件握木。只有3号墓中没有编号序列为3的。综上比对,如该文物非墓地采集物,则其出土于3号墓的可能性非常大,编号当是在书写过程中少写了一个数字"3"。

《高昌章和八年(538)宋阿虎墓碑》编号为75TKM∶1(TLF14289),或许该墓碑为采集品。但《高昌墓砖拾遗》言出土于五星公社建设大队采坎儿古墓区①,而哈拉和卓墓地当时属于火焰山公社。待考。

3. 各文献图版结合,丰富出土文物图版及线描图信息。

《哈拉和卓卷》所刊75TKM93∶1鸠杖无线描图,亦无彩版图。但查阅该墓地1975年发掘的简报,可于图二六见到鸠杖的黑白图片。可补充。

《新疆文物古迹大观》刊有一木豆,信息为"1964年哈拉和卓1号墓出土,彩色图版,口径20厘米,高18厘米"②。查《哈拉和卓卷》64TKM1∶1,图六为线描图,无彩版。可补充。

《新疆出土文物》刊有一陶釜甑,"高12.5厘米,1964年哈拉和卓出土"③,黑白照片。《新疆文物古迹大观》第137页亦刊有陶釜甑,"高12.5厘米,1964年哈拉和卓3号墓出土",黑白照片。《哈拉和卓卷》正文无陶釜甑,但提及发掘记录有文物64件,整理时存43件。此当为其中一件,可补充。

---

① 新疆吐鲁番地区文管所:《高昌墓砖拾遗》,载《敦煌吐鲁番文献研究论集》(第三辑),北京:北京大学出版社,1986年,第589页。注:该页显示编号"T"后是否为"k",因是手写,无法辨识。

② 新疆文物局等主编:《新疆文物古迹大观》,乌鲁木齐:新疆美术摄影出版社,1999年,第139页。

③ 新疆维吾尔自治区博物馆编:《新疆出土文物》,北京:文物出版社,1975年,第31页。

《新疆出土文物》第66页刊布哈拉和卓1号墓出土文书《工匠名籍》黑白图版，较《吐鲁番出土文书》(第贰卷，第11页)更清晰；详细信息为"残长20.5厘米，宽28.1厘米，1964年哈拉和卓出土"。但所刊仅为该拼合文书中之一残片，即录文第4—12行内容。该书所刊直接标明了文书残片尺寸，《吐鲁番出土文书》则附有比例尺。《哈拉和卓卷》第14页有录文，无图版，但图版七刊有该文书彩版，正面清晰显示有编号，知《新疆出土文物》所刊布为64TKM1:31(b)。

64TKM3:13定名为"敞口壶"，器物描述为"器外壁有轮制痕迹。壶上部为钵形，直口，浅腹，斜弧腹，下腹弧圆，大平底。上腹一周透戳3个小孔，孔径1.5厘米。口径2.7、底径15.8、高22厘米"。《哈拉和卓卷》仅刊其线描图，无彩版。但《丝路瑰宝》[①]一书刊有其彩版，定名为"灰陶灯"，尺寸与该卷稍有异——"高22.4厘米、口径6.9厘米、底径15.7厘米"。未知孰是。

"傅子友墓表"(66TKM306:1)详细信息为"灰砖。朱书。高28厘米、宽36厘米、厚3.3厘米"。该墓志图版在该卷后所附为黑白图版，不甚清晰。但是我们可以从《吐鲁番文物精粹》一书中见到更加清晰的彩版图[②]。在《吐鲁番文物精粹》中，该墓表的详细信息为"青灰方砖，朱砂楷书。长36厘米、高18.7厘米、厚4厘米"。如若按照《吐鲁番文物精粹》所记尺寸，则该墓表长与宽的比例大约2:1，可查看墓表图版及实物，实际并未达到。故而该墓表尺寸以《哈拉和卓卷》所载为准。

75TKM71:19为黄地戴胜鹿联珠纹锦覆面，其上图案为鹿头向右，而另一覆面(75TKM71:18)上鹿头向左，但未见实物，仅据照片描述，该卷刊有两件覆面的彩版照片。同样，我们在阿斯塔那332号墓中也发现了与75TKM71:18近似的戴胜鹿联珠纹锦[③]，鹿头方向一致。这些可作为同类型样式而进行进一步研究。

---

① 新疆维吾尔自治区文物局编：《丝路瑰宝：新疆馆藏文物精品图录》，乌鲁木齐：新疆人民出版社，2010年，第65页。

② 李肖主编：《吐鲁番文物精粹》，上海：上海辞书出版社，2006年，第114页。注：该墓表现在吐鲁番博物馆通史展厅陈展。

③ 新疆维吾尔自治区文物局编：《丝路瑰宝：新疆馆藏文物精品图录》，乌鲁木齐：新疆人民出版社，2010年，第41页。

哈拉和卓墓地出土文物有一些没有详细信息，因而没有收入《哈拉和卓卷》,这些都是极为有用的补充信息,可进一步完善哈拉和卓墓地的出土文物信息。如《丝路瑰宝》第 123 页刊有“卧虎形铜扣饰”,详细信息为“汉代,长 5.9 厘米、宽 3.2 厘米。吐鲁番哈拉和卓采集”。《丝路瑰宝》第 232 页“联珠天马锦”,详细信息为“唐代,残 12 厘米、宽 10.5 厘米。吐鲁番哈拉和卓古墓出土”。这两件文物《哈拉和卓卷》未收录。

因该卷所刊文物截至于 1975 年,故而吐鲁番文管所之后发掘的墓葬文物没有收入。如《吐鲁番文物精粹》第 144 页高耀墓志、第 143 页高耀墓所出彩绘陶罐、第 190 页 384 号墓出土织绣囊(85TKM384：8)等文物,该两座墓分别发掘于 1984 年 12 月、1985 年 12 月,故而未收入。此处附录信息。

三、该书所刊文物信息校补

任何一部优秀的著作都有进一步提升的空间。《哈拉和卓卷》在文物信息刊布方面有待进一步完善提高的地方,我们认为有以下几个方面。

1. 器物描述词汇使用与信息校补方面

文书 75TKM99：7 的描述文字为“出土时卷成条,插于女发中”(第 197页)。但是我们在查阅《吐鲁番哈喇和卓古墓群发掘简报》①时注意到“75TKM99号墓,墓室中有男、女尸各一具,出土了《建平六年张世容随葬衣物疏》,在女尸头部又出土了一张不具年号的《随葬衣物疏》。”本墓共出随葬衣物疏 2 件,一件有“建平六年”的纪年,另一件《苻长资父母墟墓随葬衣物疏》无纪年。《发掘简报》发表于 1975 年抢救性工作结束以后两三年内,是由发掘工作的主持者亲自撰写的,出现错误的可能性不大。1978 年 3 月 16 日,哈拉和卓 99 号墓主要发掘者穆舜英先生给吐鲁番出土文书整理组回信,说明“TKM99 号墓原始田野记录中关于文书出土情况:①建平六年张世容衣物疏(TKM99：7)是卷成条插

① 新疆博物馆考古队:《吐鲁番哈喇和卓古墓群发掘简报》,《文物》1978 年第 6 期,第 1 页。

于女尸头发中。②无年号衣物疏(TKM99 : 16)是在女尸头骨附近”[①]。据此原始发掘记录,知《哈拉和卓卷》记载无误,而《发掘简报》记载文字模糊。另,《吐鲁番出土文书》(图录本,第壹卷,第 91 页)题解《苻长资父母墟墓随葬衣物疏》为“本件为蓝书”。但《哈拉和卓卷》图版一九〇显示该文书为红色墨迹书写。

64TKM2 : 7 为一布袋,描述文字为“缝合处的缘边留得较宽。口袋磨损较甚,可能是盛糜子的粮袋”(第 20 页)。而 64TKM2 : 23 为 1 包谷物,描述“似为糜子”。因该墓出土棉织品布袋仅 1 件,所以谷物应该盛于此袋中。仔细查看二物彩色图版,该布袋应为缝合后外翻,将缘边置于袋内,正文表述中明其内装谷物,而下文谷物条亦可言明装于袋内。

关于墓志 75TKM86 : 1 的时代,该书定名为“唐(武周)证圣元年(695)”(第 125 页)。对于文献中如何处理“唐”与“武周”的关系,吐鲁番出土文献整理的典范之作《吐鲁番出土文书》《吐鲁番出土砖志集注》《新获吐鲁番出土文献》《吐鲁番出土文献散录》《吐鲁番出土文书补编》等均给出了范例,即依据年代顺序列,但直接定名为“周”“武周”“大周”等,而不是“唐”,故而此处先写“唐”,后于括号内注“武周”的方式不恰当。

75TKM94 : 1 木棺头挡的描述文字为“木板锯制。上宽下窄呈倒梯形。表面墨绘田字四出线,上中部分二排共排六墨星……挡板高 36.5 厘米、上宽 33.4 厘米、下宽 41 厘米、厚 3 厘米”(第 162 页)。由线描图与彩图中“上中部分二排共排六墨星”的位置来推断可知此木棺头挡为“上窄下宽呈梯形”,且从文字叙述中即可得知,上宽明显短于下宽。此乃文字描述之误。

第 218 页泥罐的编号错误,使用的是陶罐的编号(75TKM104 : 12)。该墓所出陶罐器型完整,且罐口蒙有双层白色泛黄纤维纸(75TKM104 : 5、75TKM104 : 11)。而泥罐为残片,不知其编号为何。

《结语》部分(第 223 页)在叙述哈拉和卓墓葬所分三个时期中属于唐西州时期的墓葬特点时说道:“还有铜眼罩、银簪、开元通宝、乾元通宝及仿制的东

① 王素:《〈吐鲁番出土文书〉早期整理工作述评——以〈吐鲁番出土文书〉整理组现存档案为中心》,《吐鲁番学研究》2003 年第 1 期,第 43 页。

罗马的金币等。”此语中的“乾元通宝”信息至关重要，但是我们在报告中并没有见到关于“乾元通宝”的信息。此书中可确定时代的唐西州时期墓葬共16座，分别为M1、M2、M12、M36、M39、M48、M56、M68、M70、M71、M76、M86、M87、M102、M103、M104。1975年发掘的可以确定为唐西州时期的墓葬有10座。同样，在《发掘简报》中也有这句话[①]，《发掘简报》所指为1975年发掘的编号从55至105的40座墓葬(其中11座因墓顶严重塌方无法清理)里面属于唐西州时期的墓葬则有13座，两相比较，《简报》比《报告》多出3座墓葬，不知是哪三座。

69TKM53∶4木盒描述为“平底”(第87页)，但细察其线描图，该木盒并非平底，底部中间稍下陷，依比例尺，约0.2厘米~0.3厘米。75TKM102∶2亦应加入描述文字“尾脱落”，因为75TKM102∶3有此文字描述(第205页)。

图一五〇中，75TKM97墓室后壁上方的日、月图像线描图中未绘出（第182页)。图一六〇中数字“2”“3”互换位置，即可与正文内容及彩版图相对应(第186页)。

全书中在描述陶器或木器上所施色彩时均使用“红彩”“黑彩”等词汇，但在第19页、第99页两次出现“朱彩”，词汇使用不一。

2. 文书释文、编号与图版比例尺方面

《哈拉和卓卷》所刊出土器物的比例尺在线描图中都有所体现，且在文字介绍部分亦有公布。但是对于出土文书则没有详细尺寸，在彩版中也没有附比例尺。而《吐鲁番出土文献》则在每件文书图版下附有比例尺。对于这一部分，二书正好可以互补。

文书彩版拼合图中没有在相应位置标明每件文书的编号，特别是拼合成一大片文书中含不同内容的多件文书的情况下，标明每件残片在拼合后文书中的位置是非常重要的。这一点已有《吐鲁番柏孜克里克石窟出土汉文佛教典籍》《新获吐鲁番出土文献》《新疆博物馆新获文书研究》《大谷文书集成》《吐鲁番出土文献散录》《吐鲁番出土文书补编》等整理吐鲁番出土文书的著作为例，

---

① 新疆博物馆考古队:《吐鲁番哈喇和卓古墓群发掘简报》,《文物》1978年第6期,第2页。

可直接参考。

《哈拉和卓卷》中文书的录文直接引自于《吐鲁番出土文书》一书，没有对已有成果进行吸收，也没有做进一步的校对处理，有些字词、双行小字、重文符号和缺文补字等方面的成果不及《吐鲁番出土文书》释文。如第 11 页《唐西州残手实》分为两件文书进行了录文，各自编号为 64TKM1：38/1 与 64TKM1：38/2，但第 17 页第（12）（13）件的编号分别为 64TKM1：38/1（b）和 64TKM1：38/2（b），则可证明此处为两件残片的正面，应当补充完整编号为 64TKM1：38/1（a）和 64TKM1：38/2（a）。查《吐鲁番出土文书》（图录本第贰卷，第 6 页），其编号正是文书正面。

录文错误及排版错误，例如第 13 页《唐西州高沙弥等户家口籍》第 6 行，“阿”字当为“何”字，此处录文错误。该墓出土文书时代最晚为贞观十四年（640），应为唐灭高昌国当年就进行的户口统计。在书写之后用朱、墨两色笔进行反复查验，逐人逐物点验，且对不符合的数据进行校改，如护德兄弟四人的年龄最初分别写为十岁、八岁、六岁、四岁，但是查验后分别在这四个数字右侧改为“捌”“漆”“肆”“叁”，都是为防止篡改的繁化数字书写。所以，本页第 10—12 行录文排版中，“捌”“漆”“肆”“叁”四字的位置排版错误，当各自与左侧的“十”“八”“六”“四”平齐。第 18 行“高年廿八”前有一“妻”字被圈掉，在“妻”上又粗笔写有一“妾”字。孟海仁妻史氏年 27 岁，已经在该行记录，紧接着又写一妻高氏，显然不合情理，故而经查验高氏为妾，非妻。《哈拉和卓卷》一书录文中“妾妻”二字俱存，“妻”字当圈掉。

该卷将文书中的根据残笔画补充的字未加方框处理的例子有第 31页第（1）件文书《前凉王宗上太守启》第 3 行“福”字，图版中残存笔画，为补充文字，当在字外加方框；本件第 6 行中“遣”字就加了方框，示该字为补充字体，原文书残片中无。还有将双行小字和重文符号未做处理的例子，如同页第（2）件中第 1 行前应当有双行小字，录文中未做处理；第 4 行“悔”后为重文符号，录文径作两“悔”字。

3. 线描图统一标准方面

哈拉和卓墓地所出器物特别是陶器、木器，大部分有一个显著特点就是口沿内侧绘有或宽或窄的一圈彩带，因而在线描图中是否将其绘出就成为一个统一标准的问题。如第24页图一六中，64TKM3：22盆的线描图左侧有横划线，第36页图三三中64TKM5：9、64TKM5：12、64TKM5：17三器物线描图左侧有横划线，第99页图七四中75TKM68：3陶钵线描图中左侧有横划线，第100页图七五中75TKM68：7陶碗的线描图左侧有横划线。而全书其他器物线描图左侧无横划线，标准不统一。另如，第36页图三三中64TKM5：3、64TKM5：2线描图左侧将碗口沿内的一圈色带描绘出，第44页图三六69TKM32：2陶碗线描图、第61页图四五中69TKM42：3陶罐线描图、第83页69TKM51：15图五五陶碗线描图、第99页图七四中75TKM68：5、75TKM68：2陶碗线描图均同。其他器物口沿内壁有色带者未绘出。

第62页所刊69TKM42：2木橛"表面呈九棱状"，但是在第61页该器物的线描图显示横截面为八棱，是否为画图之误？因未见实物，不敢贸然断定。

第218页104号墓线描图中平、剖面图所绘停尸台在墓室中的位置不同，平面图显示停尸台在墓室中间部位，而剖面图显示停尸台紧靠墓室后壁。吐鲁番晋唐墓地墓室中多见依墓室后壁而挖出的停尸台，我们姑且以剖面图为准。

4. 出土文物登记表登入标准方面

第225页64TKM1的随葬物品中应补入"葫芦片114"数字，因正文第8页提及此组文物整理报告时尚在，故而应当加入；且64TKM2、64TKM5、69TKM39的随葬品中均记有"葫芦片"，可见此物并非可以省略之物。依此报告墓葬登记表惯例，如原来出土文物登记表中有记录，但整理报告时没有见到的一些文物不列入此《墓葬登记表》，比如64TKM3中尚有陶甑（第25页注释③），64TKM5的随葬品有小贝壳和铜眼罩等物，但因为整理报告时未见，故均未列入。

第228页，整理时未见的文物列入表格，不合前例。衣架与木具各一，合为木器1，不详。

第229页，M103条，"木床"不当列入，因为未见实物。

结　语

晋唐时期是吐鲁番历史上非常重要的阶段，是文化交流融合繁荣的集中表现期,具有承上启下的作用。而阿斯塔那、哈拉和卓墓地墓葬集中展现了这一时期的物质文明。对于这一墓葬的发掘,吐鲁番还有巴达木墓地、木纳尔墓地、交河沟西等几处主要代表。这些墓葬出土文物为我们完整认识晋唐时期的历史和社会生活提供了第一手资料和丰富的文物基础。

吐鲁番考古是我国考古事业的重要组成部分,对于科研资料的获取、学术知识的储备、文博人才的培养、新型学科的构建,乃至农田水利建设、社会生产发展等都起到重大作用。因而,构建其完整或较为完整的考古发掘史显得非常有必要、有意义。构建完整而科学的考古发掘体系,从考古学史的角度对以往发掘进行细致的整理与研究,对以往的发掘历史进行必要的反思,对以往的考古资料使用文献学的方法进行整理，对于同一墓地出土且散藏于不同机构的文物进行跨机构合作整理研究尤为必要。

第二节　二十一世纪初吐鲁番晋—唐墓地考古成就

——以《吐鲁番晋唐墓地》为中心

2004 年 10 月至 2005 年 10 月,交河沟西墓地、巴达木墓地、木纳尔墓地先后被盗，当时的吐鲁番地区文物管理局在请示新疆维吾尔自治区文物局同意许可后,及时组织考古工作人员进行抢救性清理。所清理 3 处墓地共 157 座墓葬[①]的最终成果最终出版。全书文字部分 355 页,彩版 84 版。文字部分分“概

① 在交河沟西墓地发掘墓葬 36 座,编号为 04TYGXM1—M10、05TYGXM11—M36;在木纳尔墓地发掘墓葬 42 座,编号为 04TMM101—04TMM104、05TMM201—05TMM222、05TMM301—05TMM316;在巴达木墓地发现墓葬 82 座,发掘墓葬 79 座,编号为 04TBM101—04TBM118、04TBM201—04TBM260、05TBM301—05TBM304,其中 224、228、241 三座墓未进行发掘。

述”“交河故城沟西墓地”“木纳尔墓地”“巴达木墓地”4个部分,后附有8个“登记表”,全书共刊线描图293幅。该书突出特点在于对资料的“不积压、不拖延、不隐瞒”,刊布较为及时。墓葬发掘于2004年和2005年,而简报是于2005年和2006年分别刊布于《吐鲁番学研究》和《考古》上①。

纵览全书,我们认为该书具有以下几个特点:

1. 所刊墓葬均为晋唐时期,资料集中,便于比较不同遗址点出土的同类型器物的特点。如木纳尔墓地出土的瑞兽铭带纹铜镜(05TMM311∶1,彩版一七)与巴达木墓地出土的铜镜(04TBM223∶1,彩版四五)即可对比研究,而木纳尔、巴达木墓地出土的木鸭与阿斯塔那、哈拉和卓墓地出土的木鸭的刻绘风格非常相似。

2. 在墓葬、器物描述中更加严谨,分类更加准确。如巴达木209号墓在《简报》中记录共出土10件文物,分别为“1、2小陶碗,3纺轮,4铜簪,5草帽,6握木,7纸,8文书残片,9布枕,10伏羲女娲绢画”,该书则记录为9件,分别为“1、2陶碗,3陶纺轮,4铜钗,5草编帽,6握木,7伏羲女娲绢画,8文书残片,9布枕”。在详述文书残片时以注释方式说明“同件有空白纸一张”,这是将没有文字的纸张与文书残片合为一号,在分类时更加科学。

3. 与《简报》相比,文字及图版不是对《简报》的简单重复,而是更加丰富了考古学信息。在文字描述方面,以类相从,以墓葬为单位,比《简报》简洁清晰,

① 吐鲁番地区文物局:《吐鲁番交河故城沟西墓地康氏家族墓清理简报》,《吐鲁番学研究》2005年第2期,第1—14页;吐鲁番地区文物局:《新疆吐鲁番地区交河故城沟西墓地康氏家族墓》,《考古》2006年第12期,第12—26页;吐鲁番市文物局、吐鲁番学研究院、吐鲁番博物馆编著:《吐鲁番晋唐墓地:交河沟西、木纳尔、巴达木发掘报告》,北京:文物出版社,2019年,第5—58页;吐鲁番地区文物局:《木纳尔墓地清理简报》,《吐鲁番学研究》2006年第2期,第1—37页;《新疆吐鲁番地区木纳尔墓地的发掘》,《考古》2006年第12期,第27—46页;《吐鲁番晋唐墓地:交河沟西、木纳尔、巴达木发掘报告》,第59—141页;吐鲁番地区文物局:《吐鲁番巴达木墓地清理简报》,《吐鲁番学研究》2006年第1期,第1—58页;《新疆吐鲁番地区巴达木墓地发掘简报》,《考古》2006年第12期,第47—72页;《吐鲁番晋唐墓地:交河沟西、木纳尔、巴达木发掘报告》,第142—328页。

器物定名更为准确[①],器物描述更为精确[②]。在图版选择方面,更多地考虑到选择对器物不同位置进行拍摄的照片[③]。对于部分器物,如钱币、铜镜、扣等则刊其正背面照片[④]。对于一些特别精美的文物,如交河沟西和木纳尔墓地都出土的三足陶盆、木纳尔墓地出土的四足陶盆、巴达木墓地出土的伏羲女娲绢画和翻领小袖长衣等,则以高清彩图整版刊印[⑤]。

4. 线描图中显示出编者对细节不断进行修正完善。如第 143 页图一三六《巴达木墓地墓葬平面分布图》左上角将公路西边的 8 座墓葬圈起来标示出为"1983 年发掘墓葬"。而在之前发表的《简报》上,文字部分只说明"公路以西有一墓葬群,1983 年被有关部门发掘过""公路以西有 8 座墓葬已于 1983 年被发掘"[⑥],在图版中则未曾标明。此次出版正式报告予以补充,可以让读者更加明确巴达木墓地的考古发掘历史[⑦]。

该书线描图可分为"地理位置示意图""墓葬平面分布图""出土典型文物线描图""墓葬平、剖面图""出土器物线描图""墓葬平、剖面图及出土遗物"6 类,特别是第 6 类线描图,将出土文物只有 1 件或 2 件的墓葬与文物置于一图,节省图版,且标明位置。这在之前所刊《简报》中不曾见。

5. 附表信息更完善及编制的更加合理。该书所附三处墓地的《墓葬登记表》可见前期《简报》中,但较《简报》中表格编制更为简洁。如《木纳尔墓地墓葬

① 如第 262 页 04TBM234∶6 木拐杖在《简报》上被定名为"手杖"。《简报》上定名为"簪"者,该书全部纠正为"钗",有铁钗、铜钗。

② 如第 35 页 05TYGXM20∶2 彩陶罐在《简报》中描述为"溜肩,鼓腹",该书纠正为"鼓肩,圆腹";《吐鲁番学研究》所刊《简报》中对该器物描述区分"上腹"与"下腹",《考古》所刊《简报》不区分上、下腹,而该书中则以肩部代替上腹,直接对器物下腹进行描述。

③ 如木纳尔墓地出土的甑(05TMM312∶11),在刊布器物侧面彩版之后,将器物底部的 38 个小圆形穿孔照片也刊布出来。见彩版二五。

④ 钱币正背面见彩版二、三、一四至一六、四一至四四,铜镜正背面见彩版一七、四五;木纳尔墓地出土的扣的正背面见彩版一八。

⑤ 彩版一〇、一三、二八、二九、七八、八一、八三。

⑥ 吐鲁番地区文物局:《吐鲁番巴达木墓地清理简报》,《吐鲁番学研究》2006 年第 1 期,第 2 页;《新疆吐鲁番地区巴达木墓地发掘简报》,《考古》2006 年第 12 期,第 47 页。

⑦ 涉及巴达木墓地的考古发掘历史时,还需要参考 2008 年、2009 年新疆文物考古研究所在此发掘的 7 座(4 座被盗、3 座因浇水而坍塌)墓葬,见新疆文物考古研究所:《吐鲁番市巴旦木墓地考古发掘报告》,《新疆文物》2011 年第 2 期,第 78—91 页;新疆文物考古研究所:《新疆吐鲁番市巴达木墓地发掘简报》,《考古》2013 年第 6 期,第 24—36 页。注:在《新疆文物》上所刊布报告中,08M3 又被编号为 08TKM1(第 82 页),但《考古》上无。

登记表》,在《吐鲁番学研究》上所刊《简报》登记表中列有"形制"一栏,该墓地只有 1 座竖穴偏室墓,其他均为斜坡道洞室墓,又斜坡道洞室墓中只有 1 座带天井。如此,《考古》上所刊《简报》的登记表去除"形制"一栏,在表底注明"M104 为斜坡道带天井洞室墓,M305 为竖穴偏室墓", 如此甚为简洁。在该书第 340 页附表五底部只注明"05TMM305 为竖穴偏室墓,其余均为斜坡道土洞墓";在第 336 页将 104 号墓的天井信息加入"备注"栏。如此编制附表更为简洁清晰。这样的例子在附表中体现甚多,不一一列举。

该书第 342 页,在"年龄"一列将男女两具干尸的大约年龄写出来了,而之前的《简报》上因信息不详,以"? "处理;在"备注"列补充了很多干尸的位置、骨架等信息。后出为精,这是不断研究取得的成果。

6. 所刊图版更接近出土文物本色。比较《吐鲁番学研究》和《文物》上《简报》所刊图版,该书图版更为接近出土文物本色,而《简报》上图版均存在调色过度之嫌。如《吐鲁番学研究》所刊《简报》彩版玖中编号为 04TBM209∶9 的布枕,其为蓝绢缝制,颜色异常鲜亮。吐鲁番出土丝织、绢制品中尚未见如此鲜亮的蓝色,而该书彩版七九所刊布枕颜色则接近出土文物原色。当然,我们必须肯定的一点是,有一些器物、墓志和文书的图版经过调色,辨识度更高,可将原本无法看清楚的纹饰或文字显现出来。如 05TMM208∶1《张保悦墓表》,该书彩版三四中显示,右上角墨色极重,"延和九"三字无法辨识;但在《吐鲁番学研究》所刊《简报》彩版柒中,因为过度调色,所有字迹清晰显示出来了。相比较而言,《新获吐鲁番出土文献》第 388 页所刊图版色彩均匀,文字辨识度较高。

该书在注释方面存在一点瑕疵,如第 5 页注释①为"黄文弼:《高昌陶集》上篇,《雅尔湖古坟茔发掘报告》,1933 年。"此条注释信息不全,当在"1933年"前、后分别补入"西北科学考察团理事会""排印本";第 327 页注释①为"王素:《高昌史稿》第 377、379 页,文物出版社,1998 年。"按:王素先生《高昌史稿》目前出有《统治篇》和《交通篇》,该书引用内容为《统治篇》中关于"义和政变"部分,故而当在"高昌史稿"后补入"·统治篇";第 335 页"04TMM101"条,墓道长度为 1.17 米,数据明显不对,核对同样刊布于《吐鲁番学研究》和《考古》上的简报相关内容，可知该墓道长度当为 11.7 米；同页“04TMM102”条，墓道长度为 10.5 米，而《吐鲁番学研究》和《考古》所刊简报上为 10.05 米，未知孰是。

该书第 189 页图一七二、第 294 页图二五九中墓砖/志的线描图中剖面为空白长方形，此为一失，应当为长方形框中加连续斜线。在之前刊发的《简报》上即为加斜线的剖面图示。同书第 163、201、256 页出土墓志线描图中的剖面均为长方框加连续斜线，可证。

该书第 310 页图二七五中编号为 04TBM254∶27 的角雕，其线描图为尖端朝下，应当向上。《吐鲁番学研究》2006 年第 1 期第 37 页、《考古》2006 年第 12 期第 63 页的线描图均显示尖端朝上，且有横截面图，而该书中无。另，《吐鲁番学研究》《考古》上彩版中均刊有角雕的正面、侧面图版，而该书仅刊侧面图。

在《吐鲁番学研究》和《考古》上所刊的一些彩版，在该书中没有。《简报》中对一些出土文物的详细尺寸等信息，在该书中偶有缺漏。如第 13 页 04TYGXM1∶16 三足陶盆，在《吐鲁番学研究》上刊布其底径 2.2 厘米，足高 5.6 厘米。再如第 49 页 05TYGXM33∶1 开元通宝铜钱，《简报》较该书叙述多“楷书，背素面”等信息。如此，相互对比，读者可以获得更多的文物信息。另，三处墓地出土部分文物的彩版收录于《丝路遗珠：交河故城、高昌故城申报世界文化遗产文物精品展》和《吐鲁番博物馆藏历代钱币图录》[①]。

关于该书对文书和墓志的录文，之前已在《新获吐鲁番出土文献》中全部刊布，质量远高于此。何亦凡书评中对录文诸项有详细比对，此不详述[②]。何亦凡书评中指出，该书对《唐调露二年(680)七月东都尚书吏部符为申州县阙员事》文书的录文第 9 行有“吏部员外郎求己”一句，相校《新获吐鲁番出土文献》多出。“遗憾的是报告亦没有附此件文书的彩色图版，但在《新获》的图版中此

---

① 吐鲁番博物馆、吐鲁番学研究院编：《丝路遗珠：交河故城、高昌故城申报世界文化遗产文物精品展》，上海：上海古籍出版社，2014 年。吐鲁番博物馆、吐鲁番学研究院编：《吐鲁番博物馆藏历代钱币图录》，上海：上海古籍出版社，2013 年。

② 何亦凡：《书评：〈吐鲁番晋唐墓地——交河沟西、木纳尔、巴达木发掘报告〉》，《敦煌吐鲁番研究》第十九卷，上海：上海古籍出版社，2020 年，第 338—345 页。

处残缺,不知报告据何补入"[①]。这是一个非常重要的信息,涉及到中古时期的文书行政与当前的文书整理。因此,我们查询了该组文书出土、拆揭、拼合、整理的全部原始照片,并且核对了吐鲁番博物馆文书展厅展出文书、库存相关文书,确认《新获吐鲁番出土文献》所刊出图版没有漏刊文书残片。结合相关研究成果,可知多出的这一句为对该文书整理研究的成果[②]。

对于书后所附8个《登记表》的编排顺序,我们认为附表三、附表四置于最后似更为恰当,即按照"附表一《交河故城沟西墓地墓葬登记表》、附表二《交河故城沟西墓地出土墓志登记表》、附表三《木纳尔墓地墓葬登记表》、附表四《木纳尔墓地出土墓志登记表》、附表五《巴达木墓地墓葬登记表》、附表六《巴达木墓地出土墓志登记表》、附表七《交河故城沟西、木纳尔、巴达木墓地出土仿东罗马金币登记表》、附表八《交河故城沟西、木纳尔、巴达木墓地出土萨珊银币登记表》"的顺序排列。

第三节 吐鲁番考古发掘与出土文物整理的典范之作
——《新疆洋海墓地》介绍

该书为新疆文物考古研究所丛刊之九，也是吐鲁番学研究丛书甲种本之四[③]。该书以墓葬为单位,集中发表了2003年以来洋海墓地发掘的三个台地上

① 何亦凡:《书评:〈吐鲁番晋唐墓地——交河沟西、木纳尔、巴达木发掘报告〉》,《敦煌吐鲁番研究》第十九卷,上海:上海古籍出版社,2020年,第344页。

② 史睿:《唐调露二年东都尚书省吏部符考释》,《敦煌吐鲁番研究》第十卷,上海:上海古籍出版社,2007年,第123页。注:《吐鲁番晋唐墓地》第207—208页分段录文,此句为文书第二段第9行,《新获吐鲁番出土文献》及史睿研究复原录文皆接连录文,在第19行上部。

③ 吐鲁番学研究丛书甲种本目前已出版七部著作,分别为《吐鲁番柏孜克里克石窟出土汉文佛教典籍》(甲种本之一,北京:文物出版社,2007年)、《新获吐鲁番出土文献》(甲种本之二,北京:中华书局,2008年)、《守望坎儿井》(甲种本之三,乌鲁木齐:新疆人民出版社,2012年)、《吐鲁番晋唐墓地:交河沟西、木纳尔、巴达木发掘报告》(甲种本之五,北京:文物出版社,2019年)、《柏孜克里克石窟壁画精粹》(甲种本之六,兰州:甘肃文化出版社,2021年)、《吐鲁番中小型石窟内容总录》(甲种本之七,上海:上海古籍出版社,2022年)。注:《柏孜克里克石窟壁画精粹》在编校出版过程中,因第三次更换封面,造成图片对文字有遮压,因而封面未显现"吐鲁番学研究丛书甲种本之六"字样。

500多座墓葬的资料。洋海墓地时代主要为青铜时代及早期铁器时代,出土文物达3000余件,有木、铜、石、铁、骨、金、银、角器以及海贝、草编器、皮革制品、毡制品、毛织物和服饰等。该墓地对于建立吐鲁番乃至新疆地区史前的考古学文化体系具有重要作用。

该书前有著名文物保护专家、原吐鲁番学研究院院长谢辰生先生及著名考古学家王炳华先生的序言。文字部分分为上、下两编,上编为《资料篇》,首先在《绪论》部分对洋海的《地理环境与历史沿革》《以往的考古工作》《发现和发掘经过》《研究方法与编写体例》进行了交代。其次,在《墓葬概述》部分详细介绍了墓地分布、墓葬结构、埋葬习俗、随葬物品,并且专列一节《对某些器物名称及人骨性别、年龄的解释》显示出编者对待部分文物识别定名的谨慎,及对人骨性别、年龄的解释说明。从第三章到第五章,分别对三个台地521座墓葬(Ⅰ号台地M1—ⅠM218、Ⅱ号台地ⅡM1—ⅡM223、Ⅲ号台地ⅢM1—ⅢM80)进行分述是全书的核心部分。接下来对该墓地历年被盗墓葬出土和流散器物进行了介绍,具体分为1987年收缴器物、1988年发掘器物、鄯善县博物馆馆藏流散器物、2003—2004年采集器物、2006年发掘器物。最后说明了洋海墓地墓葬的分期、文化性质和年代。后附录三个台地的《墓葬登记表》。

下编为《研究篇》,包括头骨、毛纺织物、植物、动物骨骼、金属器、碳14测年等方面的研究报告。详细文章名称和作者为:《洋海墓地头骨研究报告》(韩康信、谭婧泽、李肖)《洋海墓地出土毛纺织物整理报告》(贾应逸、李媛、玛尔亚木·依布拉音木)《洋海墓地植物遗存研究》(蒋洪恩)《洋海墓地随葬(或祭肉)动物(骨骼)登记表》(贝内克 Norbert Benecke)《新疆吐鲁番地区出土金属器的科学分析》(凌勇、梅建军、李肖、张永兵、吕恩国)《洋海墓地14C测年数据》。

全书分上中下三册,上册与中册内容为《资料篇》和《研究篇》,下册内容为图版,刊有图版350版,计彩色照片、绘图、投影图共2402张。

根据各种资料所见,我们可以列举出截至目前对于洋海墓地的调查及发掘情况如下:

1982 年,有一批工人为疏通坎儿井搭地窝住在洋海Ⅱ号墓地,据说,是他们发现了古墓并有文物出土[①]。

1987 年 5 月, 新疆维吾尔自治区公安厅与吐鲁番地区公安处联合侦破了鄯善县洋海古墓群和达浪坎儿古墓群被盗案,收缴了 130 件珍贵文物[②]。之后,吐鲁番文管所积极配合,调查和清理墓地,又在当地农民处收缴 130 件文物、墓地采集 124 件文物,编号 87CYP[③]。

1988 年第二次全国文物普查时候,工作人员在墓地表面采集到部分遗物,目前所见遗物编号有至 45 号,则最少采集到 45 件[④]。

1988 年 10—11 月,新疆文物考古研究所在洋海古墓区发掘了 82 座墓葬[⑤]。

1990 年、1992—1996 年、1998—2002 年,洋海墓地均出现被盗情况。鄯善县公安局从抓获的盗墓者手中收缴了部分文物,现存鄯善县博物馆[⑥]。

1997 年 11 月中旬,一座斜坡土洞墓被盗,经清理,编号为97TSYM1[⑦]。

2001 年鄯善县文管所收到公安部门送来的盗墓者赃物中有两大团、一小团纸质文物,出自于洋海墓地下村墓葬。2002 年,经陈国灿教授整理释读,得知为唐代酒泉城文书,编号为 TSYMX1[⑧]。

2003 年春,洋海墓地再次被盗。新疆维吾尔自治区文物局与吐鲁番地区文

---

① 引自《新疆洋海墓地》第一章《绪论》第三节《发现和发掘经过》,第 6 页。

② 《吐鲁番地区文物普查资料汇编·洋海墓葬群调查》,《新疆文物》1988 年第 3 期,第 31—34 页;新疆文物考古研究所:《"鄯善古墓被盗案"中部分文物之介绍》,《新疆文物》1989 年第 4 期,第 34—40 页。

③ 吐鲁番地区文物局:《鄯善洋海墓地出土文物》,《新疆文物》1998 年第 3 期,第 28—40 页。注:该刊目录页标题为"鄯善洋海墓地采集文物",此处以正文标题为准;该文第 29 页第 3 行之"89CYP"当为"87CYP"之误,该页图下文字可证。吐鲁番地区文物局:《1987 年收缴的洋海墓地被盗出土器物》,《吐鲁番学研究》2011 年第 2 期,第 12—35 页。《新疆洋海墓地》第 555 页写到这批收缴文物最大编号为 248 号。

④ 《吐鲁番地区文物普查资料汇编》,《新疆文物》1988 年第 3 期,第 31 页;《鄯善历史文化论集》,第 172 页。

⑤ 邢开鼎:《鄯善县洋海古墓葬》,《中国考古学年鉴·1989》,北京:文物出版社,1990 年,第 274 页。《新疆洋海墓地》第 570 页对于此次发掘有不到 500 字的介绍。

⑥ 《新疆洋海墓地》,第 570—278 页。

⑦ 吐鲁番地区文物局:《吐鲁番地区鄯善县洋海墓地斜坡土洞墓清理简报》,《吐鲁番学研究》2007 年第 1 期,第 1—6 页。该简报后收入《敦煌吐鲁番研究》第十卷,上海:上海古籍出版社,2007 年,第 1—9 页。

⑧ 陈国灿:《鄯善新发现的一批唐代文书》,《吐鲁番学研究》2005 年第 2 期,第 15—32 页;《敦煌吐鲁番研究》第九卷,北京:中华书局,2006 年,第 123—142 页;《论吐鲁番学》,上海:上海古籍出版社,2010 年,第 200—217 页。

物局、新疆文物考古研究所报请国家文物局同意，于3—5月进行了发掘[①]。发掘之前对墓地进行了清扫，采集到了一些文物。

2004年，洋海下（夏）村村民在Ⅲ号墓地南面戈壁荒漠上垦殖造田，发现并采集到一批文物[②]。

2004年，美国耶鲁大学出版社出版《Arms and Armor：Notable Acquisitions，1991—2002》[③]一书，其中记载了《纽约时报》于2000年捐赠给美国纽约大都会博物馆兵器馆的一件皮质铠甲，与洋海墓地所出皮铠甲相似度非常高[④]。

2006年10月，吐鲁番地区文物局在洋海一号台地新建的保护站北区建防风固沙林带时发现几座被盗扰的古墓葬，经请示得到上级主管部门同意，吐鲁番学研究院考古所于10月10—15日对其进行了清理，编号2006TSYⅠM1-M8[⑤]。

另据资料记载，2005年11月、2008年6月，吐鲁番地区文物局两次对被盗墓葬进行抢救性发掘，先后清理20座墓葬[⑥]。

据考证，洋海古墓在距今2000—3000多年前，对照历史年表大约在西周至春秋战国时期。经历了漫长的尘封岁月，躲过了19世纪末、20世纪初外国探险家在吐鲁番盆地进行的发掘劫难，却在20世纪80年代被盗墓者盗掘，尤以1987年的盗掘最为严重。

---

① 新疆文物考古研究所、新疆地区文物局：《新疆鄯善县洋海墓地的考古新收获》，《考古》2004年第5期，第3—7页；新疆吐鲁番学研究院、新疆文物考古研究所：《新疆鄯善洋海墓地发掘报告》，《考古学报》2011年第1期，第99—150页。注：两份简报中的发掘总墓葬数不一致，一为509座，一为521座。另参见《鄯善县洋海一号墓地发掘简报》《鄯善县洋海二号墓地发掘简报》《鄯善县洋海三号墓地发掘简报》，《新疆文物》2004年第1期，第1—27页、第28—49页、第50—68页；吕恩国、张永兵：《新疆鄯善洋海墓地》，《文物天地》2004年第6期，第56—61页；吐鲁番市文物局、新疆文物考古研究所、吐鲁番学研究院、吐鲁番博物馆编著：《新疆洋海墓地》，北京：文物出版社，2019年。

② 《新疆洋海墓地》，第578页。

③ *The Metropolitan Museum of Art*，*Arms and Armor*：*Notable Acquisitions*，*1991—2002*：Yale University Press，2004.p.42.

④ 陈新勇：《吐鲁番鄯善洋海墓地出土铠甲》，《吐鲁番学研究》2019年第1期，第32页，图版肆-2。

⑤ 吐鲁番学研究院：《2006年鄯善洋海一号墓地保管站北区清理简报》，《吐鲁番学研究》2008年第2期，第1—12页。

⑥ 新疆维吾尔自治区文物局编：《新疆维吾尔自治区第三次全国文物普查资料汇编·鄯善县不可移动文物》，乌鲁木齐：新疆人民出版社，2011年，第24页。

2003年，在洋海墓地所进行发掘的五百多座墓葬主要分布在相对独立的三片黄土梁上，西片、东片、南片共计5.4万平方米。从3月到5月，新疆文物考古研究所和原吐鲁番地区文物管理局（今名吐鲁番市文物局）工作人员在此进行发掘。大量的出土文物给科研工作者提供了丰富的第一手资料，出土的生活用具对于重新认识当时的社会生活水平及东西文化交流融合状况具有重要的作用，也可以解决很多之前未曾解决或处于猜想阶段的学术问题。尤其是青铜器的出土，填补了在吐鲁番盆地不曾发现青铜时代文物的空白。以前曾认为苏贝希文化是早期铁器时代文化，但是洋海墓地的发掘收获使考古学家们清晰地看到，苏贝希文化的早期阶段应为青铜时代。

对于海洋墓地的文化谱系及特性、出土多种文物的独特性与共同性的意义、与周边文化交流融合的关系等等，该书第七章《墓葬分期、文化性质和年代》及谢、王二序中有详细列举和高度概括评价，此不再论。

吐鲁番博物馆为国家一级博物馆，其藏品主体分为三部分。一为参与发掘清理、抢救性发掘、历年调查所获文物；二为征集、接受社会捐赠的钱币，尤以清代钱币为多；三为洋海墓地出土文物。在发掘阿斯塔那、哈拉和卓墓地时期，当时的吐鲁番文管所仅参与发掘，留存少部分文物供展示。纵然之后几十年，不断有发掘小型墓地出土文物的补充，可数量依然很少。因此，洋海墓地出土文物在本质上丰富了吐鲁番博物馆库藏，也构成了吐鲁番博物馆的陈展主体。

第四节　吐鲁番出土文书俗字整理成果
——《吐鲁番俗字典》介评

赵红教授编著的《吐鲁番俗字典》于2019年12月由上海古籍出版社出版。书衣设计素雅，使用图片为佛经残片，上图调为淡黄字体，下图调为黑白色。经查，该佛经残片为出自吐鲁番柏孜克里克石窟的《佛说华手经》卷七中关于“八大不安法”的内容[①]。由著名敦煌学家、《敦煌俗字典》著者黄征教授题写书名。全书由彩版8幅、董志翘先生序言、目录、凡例、音序检字表35页、正文737页、主要参考文献17页、字形笔画索引103页、后记构成。根据《音序检字表》和《字形笔画索引》统计，全书共列出2399个汉字的不同俗写及异写字体14748字。

一、全书优点

（一）继承了《敦煌俗字典》的编纂优点

唐人颜元孙撰、颜真卿书《干禄字书》专收俗字，其“叙”将唐代的字分为俗、通、正三体，曰：“所谓俗者，例皆浅近，唯籍帐、文案、券契、药方，非涉雅言，用亦无爽。”[②]中国古代帐簿多用俗字，而俗字释读困难，所以需要编写《干禄字书》这样专收俗字的字书，帮助人们释读。古代的人已经难以释读他们那个时代的俗字，一千多年以后的我们当然更加难以释读这些俗字了[③]。所幸在敦煌吐鲁番出土文献方面，我们见到了两部专收俗字的字典——《敦煌俗字典》和《吐鲁番俗字典》[④]。

赵红教授是《敦煌俗字典》的参编人员之一，其参与敦煌吐鲁番写本文献俗字典的汇编工作，经验丰富，是该书取得成功的最主要因素。关于《敦煌俗字典》的编纂优点，从该书结构及前言即可见到，另有数篇书评均作出分析[⑤]。对比《敦煌俗字典》和《吐鲁番俗字典》就可以发现，《吐鲁番俗字典》在结构上及编纂方式上均继承了《敦煌俗字典》的优点，包括针对俗字而专门编制的

---

① 新疆维吾尔自治区吐鲁番学研究院、武汉大学中国三至九世纪研究所编著：《吐鲁番柏孜克里克石窟出土汉文佛教典籍》，北京：文物出版社，2007年，第23页。

② 颜元孙：《干禄字书》，《景印文渊阁四库全书》第224册，台北：商务印书馆，1986年，第245页。

③ 王素：《吐鲁番出土官府帐簿文书研究·序》，北京：社会科学文献出版社，2020年，《序言》第2页。

④ 黄征：《敦煌俗字典》，上海：上海教育出版社，2005年；黄征：《敦煌俗字典》（第二版），上海：上海教育出版社，2019年；赵红：《吐鲁番俗字典》，上海：上海古籍出版社，2019年。

⑤ 黄征教授在《敦煌俗字典》（第二版）的《前言》第42页中列出9篇具有代表性的书评。

《字形笔画索引》是非常重要的使用工具。字典正文中，均采用裁剪切割出土文书原卷上的字形排列，然后列出文书编号及定名、引用语句，部分加按语考证。

（二）对吐鲁番出土文书中俗字进行汇编

该书收录、释读吐鲁番出土文书中的异体俗字，也收录了避讳字、武周新字、合体字等，涵盖之广，采录之全，具有一定规模。该书在对吐鲁番出土文书中的俗字进行释读的同时，将敦煌写卷、汉晋碑刻、简帛木牍、传世字书等所收俗字都用作比较备考。

吐鲁番出土文书中的俗体字主要应用于官府文书、私人契约、墓葬移文、佛经抄写等场合。当时，对佛经抄写一事极度虔敬，不会随意书写，故而其中俗体字多为当时社会通用；官府文书具有很强的严肃性，不可随意书写，其中的俗体字、异体字多为当时社会通用；而私人契约、墓葬移文则严肃性较低，各种字体写法变化多端，当时人、当事人读懂即可。对各种俗写方式进行汇编统计是一件非常有必要的工作。然而吐鲁番出土文书不似敦煌莫高窟藏经洞文书一次性面世，是在百余年来持续出土，且时至今日依然不断有新发现，故而对其全部收录进行汇编必然不现实。所以此书对现有常用的出土文书中有代表性的各种俗写样式择取收录，逐一切分，按字排形，摘录文句，归纳汇聚，成此一编，实为不易。

（三）部分字条下的按语为全书增色

书中部分字条下的按语为全书增色不少，这些按语有长有短。每一条长按语都是非常有价值的研究专论，主要考证某字来源本始及相近俗写字例。如第87页“答”字条、第165页“耕”字条下按语将近300字，第374页“判”字条下按语将近500字。每一条短按语则惜墨如金，言简意赅。以下分举几例说明该书按语的学术价值。

1. 按语补充字词。第44页，“操”字条，72TAM151：74（a）《古写本〈晋阳秋〉残卷》中第71行“□志好学，不持□操”句中，按语根据《益部耆旧传》中“不持节操”一语疑补“节”字。《吐鲁番出土文书》第贰卷第115页未做补充。

第 61 页，“乘”字条，67TAM363：8-1(a)《唐景龙四年(710)卜天寿抄孔氏本郑氏注〈论语〉》中第 125 行“道(不)行，乘垺(浮)于海；从我者，其由与”原写卷夺“不”“浮”二字，该条下“按”语注出①。

第 73 页，“川”字条，2006TSYIM4：2-3+2006TSYIM4：2-4《古写本〈诗经〉》：“旱既大甚，□□山川”下“按”语依据今本《诗·云汉》将空缺二字补充为“涤涤”。查原卷，第二个“涤”字处为重文符号。

2. 按语分析原因。第 111 页，右栏第五字“疊”、第六字“壘”均为“碟”的俗写字例，两字下的按语很详细，一条释名且举例，说明后世作“碟”。另一条释材，说明碟子用陶土或瓷土烧制，所以俗写将字的下部置换为“土”。

第 464 页左栏第七字“鉐”字条下按语对于“鍮鉐”(即“鍮石”)与“偷石”之借音演变做了考察，指出“鍮之言偷也，故似金者谓之鍮，非真金也……偷石者，金之类也，精于铜，次于金上好者，与金相类”。同样，在第 527 页的“偷”字条下指出偷当为“鍮”之借音字。

3. 按语考证有价值。第 129 页左栏第九字“恶”字条，按语指出该字俗写与武周新字“臣”的字形相同，吐鲁番出土文书中不乏以“奴”“恶奴”为名的人，所以在此《唐田绪欢等课役名籍》(66TAM61：33b)中释为“范恶奴”较为合理。而《吐鲁番出土文书》正释为“恶”字②。

第 190 页左栏第一字“河”字条，按语说明阿斯塔那 363 号墓出土的唐景龙四年(710)卜天寿所抄写的郑氏注《论语》《十二月新三台词》和其他五言诗中多将“问”写作“敏”。因为“问”与“敏”一声之转，似是当地方言。

第 650 页右栏“谀”字条，按语考证其为人名，为校曹主簿。阿斯塔那 233 号墓与哈拉和卓 91 号墓文书中均出现该字，两字书写风格如出一辙，当为其本人的签名。

4. 按语指出部分字例可补充《汉语大词典》用例，丰富汉语语料库。第 138

① 就目前所见，最早指出该写卷此句夺“不”“浮”二字者，为王素先生《唐写本论语郑氏注及其研究》(北京：文物出版社，1991 年)一书，见第 48 页校勘记[三〇][三一]。

② 唐长孺主编：《吐鲁番出土文书》(图录本)第叁卷，北京：文物出版社，1994 年，第 253 页。

页左栏第三字、第八字“返”字条按语解释“返悔”的意思，说明吐鲁番出土的契券文书中“返悔”的用例很多，而《汉语大词典》中以《红楼梦》和现代文学作品为例，举例甚晚。通过该书所列举该词用例及按语说明，我们可以知道用“返悔”来表示“翻悔、后悔”的意思出现时代很早，至少高昌郡时代的文书(450)中就已经在使用了。第222页右栏第二字“架”字条下按语说明“搆架”为“捏造、弄虚作假”之义，《汉语大词典》释作“构建、架设”，故而此词例可以补充其古代汉语释义用例之缺。

(四)著者严谨的学术态度

著者从事敦煌吐鲁番俗字典的汇编工作，嘉惠学林，功莫大焉，然而其具体工作却极为不易。俗写字体连笔较多，且有一部分文献并非彩版刊布——即便阅读原卷也经常有很多无法识别的字词，所以每一笔每一画都极为重要，影响着一个字的判定释读。因此要求相关工作者必须非常细致地进行工作。该书著者具有非常严谨的学术态度，对于吐鲁番出土文书中一些确实无法识别的字词，在按语中作出说明，而不是强行释读。如第112页左栏第五字“置”字条60TAM327:05/1《赵羊德随葬衣物疏》句中“白练□一具”，“白练”后面的一个字无法识别，逐录原件字形，以待后来学者继续研究。同样，第115、149、254、638页均有无法识别的字体，这些都体现出著者严谨的学术态度。

二、全书可提升之处

(一)关于人名

该书第100页左栏第七字“等”字条引文书72TAM230:66《武周天授二年(691)安昌合城老人等牒为勘问主簿职田虚实事》，文书中“谨审：但合城老人等，去年主簿高祯元不于安昌种田”的“高祯元”当为“高元祯”，有必要在按语中进行说明。该组文书中另外一件相关文书中出现的“高祯”也是“高元祯”，为其双名单称[①]。

第 575 页左栏第四字“县”字条、第 707 页右栏第十字“重”字条引文书 73TAM509：8/5(a)《唐西州天山县申西州户曹状为張無瑒请往北庭请兄禄事》，将“張無瑒”误为“狀無瑒”，当改。

第 647 页，左栏第 2 字“右”字条引文书 64TAM4：34《唐龙朔元年(661)龙惠奴举练契》，原句“安西乡人龙惠奴于崇化乡人右憧憙边举取练叁拾匹”中人名确实书写为“右憧憙”，但《吐鲁番出土文书》整理者注释中说明“右”字讹，当作“左”(图录本第叁卷，第 211 页)。此句在该书中因为不同字形的用例而出现多次，故有必要于此加一按语进行说明，毕竟吐鲁番出土文书中人名的误写涉及相关信息的检索。

(二)关于地名

第 80 页左栏第四字“刺”字条，引文书 75TKM89：1-2《高昌章和十一年(541)都官下柳婆、无半、盐城、始昌四县司马主者符为检校失奴事》，其中的“盐”字该书释为“盈”，且全书多处引此文书均释作“盈”[②]。在高昌国时期，盐城为一县级行政单位，此为学界共识[③]。且此文书为都官下给盐城等四个县的司马主者的符，所以释作“盐”当无疑问。高昌国的郡县级行政单位中无“盈城”。该书第 608 页左栏第一字“盐”字条下就有高昌国时期“盐城”的释读。

第 241 页右栏第三字“戒”字条引 67TAM78：46《唐西州高昌县宁戎乡邓明□夏田契》，将其中的“戎”释为“戒”，指出当为“宁戒乡”。该书第 430 页“戎”字条清晰可见俗写笔画，高昌国时期有宁戎城，唐西州时期高昌县

① 相关研究见陈国灿：《对唐西州都督府勘检天山县主簿高元祯职田案卷的考察》，氏著：《陈国灿吐鲁番敦煌出土文献史事论集》，上海：上海古籍出版社，2012 年，第 371—392 页；吕冠军：《吐鲁番文书中的“双名单称”问题》，《西域研究》2018 年第 4 期，第 80—87、142 页；吕冠军：《吐鲁番文书中的“双名单称”问题续论——以陈仲安先生给王素先生的一封信为中心》，《魏晋南北朝隋唐史资料》第三十九辑，上海：上海古籍出版社，2019 年，第 260—263 页。

② 该书第 575、631、639、678、706 页均将“盐”释作“盈”。

③ 王素：《高昌史稿·交通编》，北京：文物出版社，2000 年，第 78—79 页。

下有宁戎乡，另有宁戎驿、宁戎窟寺、宁戎谷等，释为“戎”字无误。敦煌文书P.2009《西州图经》记载：“宁戎窟寺一所，右在前庭县界，山北廿二里，宁戎谷中……见有僧祇，久著名额。”[①]宁戎窟寺为今吐鲁番木头沟柏孜克里克石窟，宁戎谷当为今木头沟[②]，宁戎城为今木头沟内柏孜克里克石窟以北的乌江布拉克遗址，宁戎驿“在宁戎城以西8公里，而今仍屹立在戈壁滩上”[③]。2015年7月，为配合国家大遗址（长城资源）保护工程，由新疆文物考古研究所和吐鲁番学研究院联合对木尔吐克萨依遗址进行了发掘，对该遗址地理位置、碳14测年、出土遗物和文献资料进行综合分析，认为其为唐代宁戎驿所在[④]。

第288页将“白艻”之“艻”编在“le”音下，误，当为“ji”音。《梁书·高昌传》作“白力”，《北史·高昌传》作“白棘”。《阚氏高昌永康九年、十年（474、475）送使出人、出马条记文书》[⑤]第11、15行中均出现“白艻”之城名。《高昌章和七年（537）张文智及夫人马氏、鞏氏墓表》载：“历安乐、永安、白艻三县令，长史如故。”[⑥]《资治通鉴》唐宣宗大中十二年正月条载：（王式）“至交趾，树艻木为栅，可支数十年。”胡三省注云：“昔尝见一书从艹从力者，读与棘同。棘，羊矢枣也，此木可以支久。”[⑦]可见，白艻为一种植物，大约此地盛产此物，故将此处居民点称为白艻。此地到唐代改名为蒲昌县，并为县治所在地[⑧]。

① 上海古籍出版社、法国国家图书馆编：《法藏敦煌西域文献》第1卷，上海：上海古籍出版社，1995年，第77页。

② 严世伟：《西州佛寺补苴》，《吐鲁番学研究》2018年第1期，第30页。

③ 陈国灿：《西州回鹘时期吐鲁番地名的音变——吐鲁番古代地名研究之五》，《吐鲁番学研究》2017年第1期，第35页。

④ 新疆文物考古研究所、吐鲁番学研究院：《新疆吐鲁番木尔吐克萨依遗址发掘简报》，《吐鲁番学研究》2017年第2期，第1—11页。

⑤ 荣新江、李肖、孟宪实主编：《新获吐鲁番出土文献》上册，北京：中华书局，2008年，第163页。

⑥ 侯灿、吴美琳：《吐鲁番出土砖志集注》上，成都：巴蜀书社，2003年，第17—18页。

⑦ ［北宋］司马光编著：《资治通鉴》卷二四九，唐宣宗大中十二年正月条，北京：中华书局，1956年，第8066页。

⑧ 陈国灿：《对吐鲁番地名发展演变规律的探讨——吐鲁番古代地名研究之一》，载新疆吐鲁番学研究院编：《吐鲁番学研究：吐鲁番与丝绸之路经济带高峰论坛暨第五届吐鲁番学国际学术研讨会论文集》，上海：上海古籍出版社，2016年，第69页。

(三)关于文书编号及定名

第 65 页右栏第三字“充”字条所引文书编号 5TAM42:83,“5”前当补“6”,因为阿斯塔那 42 号墓是 1965 年发掘的,该编号“TAM”前的数字是用以表示发掘年份的[1]。同样,第 458 页左栏第三字“圣”字条所引文书编号 3TAM222:16,“3”前脱“7”。这两处文书编号前数字的“丢失”恐为排版过程中,因裁剪俗字图片边缘造成遮压,并非著者疏忽。

第 67 页左栏第四字“崇”字条所引文书《唐龙朔二年(622)正月西州高昌县思恩寺僧籍》编号为“2004TBM113:6-1+2004TBM113:6-1(背面)”,查原件可知,该文书拆自尸体左脚纸鞋鞋面,一面整齐,三面呈半圆形,正面书写僧籍,背面存半行押缝文字,倒书“思恩寺”“龙朔二年正月”,文字上钤“高昌县之印”。所以,在录该文书编号之时可不必录背面编号,背面押署、钤印为正面《僧籍》之文书形态学方面的附属,于录文前说明、录文相应处标明即可。原文“崇道,年三拾伍岁”句中“三”繁化书写为“叁”,该书误作“三”。同样,该书中收录《唐神龙元年(705)六月后西州前庭府牒上州勾所为当府官马破除、见在事》的编号记录为“2006TAM607:2-4+2006TAM607:2-5+2006TAM607:2-4”[2]。后一处“2006TAM607:2-4”当为“2006TAM607:2-4(背面)”,但是该件文书背面亦为押署、钤印,在正文录文中已经出现,不必在文书编号的缀合上反复书写,故后一处可删。

第 69 页左栏第三字“丑”字条引 2004TAM395:4-2+2004TAM395:4-4《唐垂拱二年西州高昌县征钱名籍全貌》,文书编号不齐全。查《新获吐鲁番出土文献》可知,本组文书拆自女尸左脚纸鞋。由 2004TAM395:4-3、2004TAM395:4-2、2004TAM395:4-4、2004TAM395:4-1 四残片缀合而成。因为 2004TAM395:4-1 由两部分黏合,但此两片原本并不相接,而是分别接于 2004TAM395:4-2 的左

---

① 中国文物研究所、新疆维吾尔自治区博物馆、武汉大学历史系编,唐长孺主编:《吐鲁番出土文书》(图录本)第叁卷,北京:文物出版社,1996 年,第 143 页。

② 该用例在该书中出现多次,如第 80、81、113、167、170、195、200、231、268、274、336、503、524、671、676、713、726 页。

右两侧；缀合后全卷有两条纸缝，由三张纸粘接而成，其中第二张为一完整纸张。故而，《新获吐鲁番出土文献》整理者为了更清晰地展示该组文书的拼合情况，用一整个彩版横向刊出，以显示该《名籍》之“全貌”。但“全貌”二字并非文书定名，故而不当出现。另，依全书体例，在“垂拱二年”后需要补充“（686）”。

第77页右栏第一字“辞”字条引《北凉某年九月十六日某人辞》，文书编号为“2006TSYIM4∶3-19a+2006TSYIM4∶3-19a”，明显错误。《新获吐鲁番出土文献》第212页显示该文书编号为“2006TSYIM4∶3-19a+2006TSYIM4∶3-19b”。在此需要我们注意一个问题，在《吐鲁番出土文书》中，整理者一般将一件文书的正、背面分别用a、b表示，但是在《新获吐鲁番出土文献》中，整理者将某件文书给一编号，对其背面直接在编号后加“背面”二字，而a、b、c、d等字母用来表示一组相关文书中的不同残片。这是由文书实际的残破情况和实际整理工作所决定的，所以在使用吐鲁番出土文书编号的时候需要注意，如此件文书不可依据编号理解为该文书在正面书写完毕后于背面接着书写。当然，这种正背面接连书写的情况在吐鲁番文书中是存在的。

第216页左栏第七字“计”字条、第222页右栏第二字“架”字条引65TAM341∶78（背面）《唐辩辞为李艺义佃田事》。阿斯塔那341号墓无墓志及随葬衣物疏，出土文书多件，均已收入《吐鲁番出土文书》（图录本）第肆卷。2006年，吐鲁番学研究院专业技术人员将本墓所出男女俑身上用作胳膊的文书拆出，分别编号为65TAM341∶77《唐辩辞为李艺义佃田事》（随葬男俑胳膊拆出，分两条残片，纸张背面有文字）与65TAM341∶78《唐辩辞为阿刀妇人博换事》（随葬女俑胳膊拆出，一张宽纸片，背面无文字），收入《新获吐鲁番出土文献》。该书所引两处例句出自65TAM341∶78《唐辩辞为阿刀妇人博换事》。所以，相应字条编号后当无“背面”二字，文书名称亦错误。

（四）关于文书录文及字词

第96页右栏第三字“得”字条引2006TZJ1∶080，2006TZJ1∶078《麹氏高昌斛斗帐》，查《新获吐鲁番出土文献》（第 292 页），命名为《麴氏高昌斛斗帐》的一共有三份，此处引用为第三份，其编号当为“2006TZJ1：078+2006TZJ1：089”。该书引该件缀合文书文字：“□计得小麦六千升半。”按照古代计量单位，十升为一斗，逐级递进，没有直接写十以上的升数，更不会出现以千为计量的“升”数。所以，“六千升”必然不词。查原文书，该句录文当为“计得小麦六千□升半。”如此可成文，即此句所引为帐中一条著录信息之首、尾部分，中间残缺。另外两份《斛斗帐》的文书编号分别为“2006TZJ1：107”“2006TZJ1：085+2006TZJ1：089”。此处涉及多个残片缀合的文书编号连缀孰先孰后的问题，根据《吐鲁番出土文书》示例，应该是按照文书录文行数出现先后顺序，依次列出文书残片顺序，中间以“+”号连缀。特别是出现上下两残片缀合、上部位残片文字靠后、下部位残片文字优先出现在录文中，这种情况下依然是将下部位残片的编号列于前。

第 123 页右栏第四字“断”字条引 59TAM303：01《高昌缺名随葬衣物疏》（《吐鲁番出土文书》图录本第壹卷第 129 页），有“时见张定断”一语，该书指出《吐鲁番出土文书》将“断”录为“杜”。我们以为，录为“杜”应该正确。《高昌章和十八年（548）缺名随葬衣物疏》第 12 行有“（时）见张定土”，结合《高昌延和四年（605）宜□随葬衣物疏》[①]（60TAM333：08/1–4）第 10 行“（时）见李定杜”可知，当时观念中的张坚固和李定度的姓都可以互换，是民间口耳相传的人名，并没有固定写法[②]。“定土”就是“定杜”，在河西走廊地区的方言发音中，“杜”的发音多为“tu”，与“土”的发音相同。此字例当为“杜”的右半“土”右下加一点的常用俗写写法。

第 148 页左栏第四字“佛”字条，“佛”俗写为“仏”。这种写法在中古时期多见，吐鲁番出土的高昌郡时期、高昌国时期、唐西州时期的世俗文书和佛经抄

① 唐长孺主编：《吐鲁番出土文书》（图录本）第壹卷，北京：文物出版社，1992 年，第 307 页。

② 关于为何取张、李为姓，参见刘安志：《六朝买地券研究二题》，收入氏著《新资料与中古文史论稿》（修订本），上海：上海古籍出版社，2020 年，第 84 页。

本中经常出现。隋《(郑州刺史)李渊为子(世民)祈疾疏》中两次出现“仏”字。吐鲁番多处石窟壁画千佛的榜题中也出现“仏”字。对于将“佛”写为“仏”的原因，除了当时社会约定俗成大家都认识、俗写笔画少、书写便利等因素外，研究者还给出了另一种解释——千佛旁边的竖条榜题空间有限，千佛名称各自不同，多较长，写成“佛”字因竖笔缘故占据空间大，但若写为“仏”则可尽量缩小空间①。

第 506 页左栏第三字“损”字条，引文书《唐西州某府主帅阴海牒为六驮马死》60TAM325：14/4-1，14/4-2 录文中“缘疮不损”。查文书原件，第 3 行录文“将就此医疗，不损”中“损”字完整，第 7 行录文“脚将就医疗，缘疮不损”中“损”字右下角稍残②，字形与此处所引稍异。故此处所引当为第 3 行录文，字典引文中“缘疮”当改为“医疗”。

(五)全书编校与字词更正

全书中所有文书编号中的冒号应该为比号。查看《吐鲁番出土文书》《新获吐鲁番出土文献》《吐鲁番柏孜克里克石窟出土汉文佛教典籍》《新疆博物馆新获文书研究》《旅顺博物馆藏新疆出土汉文文献》《吐鲁番出土文献散录》《吐鲁番出土文书补编》等几部关于吐鲁番出土文书整理的代表作，在书写出土文书编号的时候，均使用“出土/采集/征集时间+文书出土地字母缩写+比号(：)+细分残片数量编号/整理拼合编号”的方式。在这个约定俗成的编号书写方式中，均使用位于字母和数位中间位置的比号，而非在排版中居于左下角的冒号(:)。这一点，为《吐鲁番出土文书》(图录本)所刊部分黑白文书图版上所显示的文书编号书写白纸条所证实，这是当年文书整理工作者依据文书出土及拆揭、整理过程中所作出的记录文书残片顺序及归类的有效方式，上面就使用了比号。1988 年 11 月，吐鲁番出土文书整理的参与者及文书

① 汤士华、陈玉珍:《雅尔湖石窟 4 号窟千佛图像研究》，载新疆吐鲁番学研究院编:《吐鲁番学研究:第三届吐鲁番学暨欧亚游牧民族的起源与迁徙国际学术研讨会论文集》，上海:上海古籍出版社，2010 年，第 906 页。

② 《吐鲁番出土文书》(图录本)第叁卷，第 104 页。

保管人员李征先生，将其个人使用的《吐鲁番出土文书》（录文本）第1—8册赠送吐鲁番研究会，这几册书中都留有李征先生使用时所作的部分笔记，每册书前或书后附有一条稿纸，上面工整地书写了“第×册墓号索引”，每个墓号后所书写即为比号[①]。

彩版《高昌古城》实为《交河故城》，照片为交河故城大佛寺遗址，照片右上角远处即为交河故城的地下寺院遗址，可作为判断标志。另外，高昌故城极为空旷，遗址相对疏散，没有如此密集性的残垣断壁。彩版《高昌僧义迁等僧尼得赠财物疏》中“赠”当为“施”，见《吐鲁番出土文书》（图录本）第壹卷第146页，文书编号为72TAM170：110/1（a）。彩版《大般若波罗蜜多经》文书图版左下角有细小文书编号“B10：01”当补充完整，应为“81TB10：01”，见《吐鲁番柏孜克里克石窟出土汉文佛教典籍》第38页。

序言及凡例中将“唐长孺”误为“唐长儒”“唐耕耦”，将“《吐鲁番出土文书》”误为“《吐鲁番出土文献》”，将“吐鲁番学研究院”误为“吐鲁番研究院”，将“寧樂美術館”之“寧”误为“甯”等，均为校对中出现的失校现象，再版时可予以更正。

第132页右栏第五字“貳”字条，所引文书《唐贞观十四年（640）西州高昌县李石住等户手实》定名中夺“年”字[②]；第134页右栏“筏”字条，文书名称应该是《增壹阿含经》，该书引用时夺“壹”字；第252页左栏倒2行“经”字重复，可删其一；第446页左栏第一字引用文书59TAM301：17《唐贞观末年闕名随葬衣物疏》中“闕名”二字误为“闕門”，当改，第646页同。

---

① 关于李征先生参与吐鲁番出土文书整理等相关工作及学者们对李征先生的追忆，参见《吐鲁番学研究》2019年第2期上的“纪念李征先生专栏”。李征先生赠送吐鲁番研究会的8册《吐鲁番出土文书》（录文本）现藏吐鲁番学研究院资料信息中心。

② 其他引用此文书的定名有第288、290、292、356、444、476、548、564、577、665、666、688、690、707、715页，均夺“年”字。

三、对于吐鲁番俗字汇编之学术展望

黄征先生在《敦煌俗字典》的序言中集中探讨了敦煌俗字的研究意义、定义、起源、普遍性、丰富性、类型等问题，成为“一位专门破解敦煌文献俗字秘密的学者”，但因“《敦煌俗字典》的编著特殊性，使他也成为了不折不扣的技术人员——大量的图像扫描、切割、修饰、存储、调用，都必须同时精通文档处理系统和图像处理系统。这种双重性质，增加了编著者的工作难度。”[①]这样的难度同样适用于《吐鲁番俗字典》的编撰。赵红教授作为黄征先生的学生，接受了非常严格的学术训练，对这些技术与方法都熟练掌握，因而编撰《吐鲁番俗字典》就具备了前提条件。在汉字发展历程中，因为士人及文化家族的迁徙等方面的原因，中古时期，敦煌、吐鲁番两地的文化交流非常密切，因而使得遗留于今的敦煌文书与吐鲁番出土文书中的俗字不仅同源，有一些更是基本相同。这些俗字并不都是错字，而是“自成体系”[②]。这也是黄征先生在《敦煌俗字典》的“前言”中提及的“敦煌俗字时代共性大于地域个性”的具体印证。

该书是对吐鲁番出土文书中的俗字进行汇编的字典，从学术角度而言有重要的意义，特别是继《敦煌俗字典》作出编纂范例以后，对于整理同类型、同字源、同时代的汉字俗写字体，以及今后整理吐鲁番出土文书在文字识别，特别是俗体字识别方面都具有指引与参考作用。

任何一部字典都不会是一成不变的，更何况面对持续有新出资料的吐鲁番学。不断新出、总量无法计算的文书残片上所载的字量和字例都是汉语语料库的珍贵资料，不断丰富完善汉语语料库的建设工作，是人文科学工作者的重要任务。进行这样一部字典的编纂，其后续的增补工作可能会在不久的将来提上日程。目前已经出版有彩版、黑白图版，但是该字典尚未收录的书中可增补

① 张秀清:《网罗宏富　真迹毕现——〈敦煌俗字典〉评介》,《汉字文化》2007 年第 1 期,第 95—96 页、第 31 页。

② 赵红:《读〈敦煌俗字典〉》,《辞书研究》2006 年第 1 期,第 135—139、189 页。

一些字例，如《新疆博物馆新获文书研究》《吐鲁番出土文献散录》《吐鲁番出土文书补编》等书[①]中刊布的一些中古时期文书图版上的字例。原来为黑白图版但是近些年在各种书刊中零星或逐步刊出彩版的一些文书，可用来做进一步的文献校正，其中很多当时在黑白图版上辨识度不高的字体在彩版上则很清晰。如《吐鲁番阿斯塔那—哈拉和卓墓地：哈拉和卓卷》[②]一书中刊出不少文书的彩版，可用来校正原来黑白图版中的文字。各期刊、报告零散刊出的吐鲁番文书中的俗字收集整理也是一项重要的工作，如甘肃省博物馆收藏有一批韩乐然先生 1946 年在吐鲁番发掘所得文物，多年来较少为外界所知，其中唐代王建国夫妇合葬墓出土一片文书，正背面分别为《出卖驼毛等物帐》《羊绢交易帐》，文书彩版现也已刊布[③]。吐鲁番出土的砖志也是非常重要的文献，其中有很多俗体字，也可以考虑收录在内，如此前未见刊布的《高昌延和五年（606）鞏氏（孝感）妻宋氏墓表》即为其一。该墓表 1978 年出土于鲁克沁墓地，现存新疆文物考古研究所，灰砖，砖面涂黑，朱画竖行线，朱书，从右至左竖行排列，计 7 行。高 38.5 厘米、宽 40 厘米、厚 3.5 厘米[④]。旅顺博物馆藏吐鲁番出土文书也有不少，近年经过细致整理，现已出版，将来的增补工作也可将其纳入[⑤]。

吐鲁番多处石窟上的汉文刻画题写也可以收录。吐峪沟石窟出土文书存

---

① 刘绍刚、侯世新主编：《新疆博物馆新获文书研究》，北京：中华书局，2013 年，第 13—61 页；荣新江、史睿主编：《吐鲁番出土文献散录》，北京：中华书局，2021 年；朱雷著，新疆维吾尔自治区博物馆编：《吐鲁番出土文书补编》，成都：巴蜀书社，2022 年。

② 新疆文物考古研究所编著：《吐鲁番阿斯塔那—哈拉和卓墓地：哈拉和卓卷》，北京：文物出版社，2018 年。

③ 刘志华：《甘肃省博物馆藏韩乐然获吐鲁番文物及相关问题》，《吐鲁番学研究》2019 年第 2 期，第 115—120 页，图版叁；荣新江、史睿主编：《吐鲁番出土文献散录》，北京：中华书局，2021 年，第 410 页。

④ 刘维玉：《鄯善鲁克沁墓地出土墓表考释》，《吐鲁番学研究》2020 年第 1 期，第 85—91 页，图版陆；新疆文物考古研究所：《新疆鄯善县一棵桑墓地考古发掘简报》，载新疆维吾尔自治区文物考古研究所编著：《新疆考古》（第 1 辑），北京：科学出版社，2021 年，第 303 页。

⑤ 由孟宪实先生主持“旅顺博物馆藏吐鲁番文献整理与研究”（批准编号：1510），由旅顺博物馆、北京大学中国古代史研究中心、中国人民大学国学院合作项目“旅顺博物馆藏新疆出土汉文文书整理与研究”（批准编号：16JJD770006）分别于 2015、2016 年立项。旅顺博物馆、[日]龙谷大学：《旅顺博物馆藏新疆出土汉文佛经选粹》，京都：法藏馆，2006 年；郭富纯、王振芬：《旅顺博物馆藏西域文书研究》，沈阳：万卷出版公司，2007 年；王振芬、荣新江主编：《丝绸之路与新疆出土文献——旅顺博物馆百年纪念国际学术研讨会论文集》，北京：中华书局，2019 年；孟宪实、王振芬主编：《旅顺博物馆藏新疆汉文文书研究》，北京：中华书局，2020 年；王振芬、孟宪实、荣新江主编：《旅顺博物馆藏新疆出土汉文文献》，北京：中华书局，2020 年。

字量非常大,各种俗写也很多,可作为将来不断修订增补的重要来源。佛经抄写字体与平民百姓、官府书手之不同书写要求所造成的俗体字,可进一步补充增加词条,进而不断充实、丰富汉语语料库。

吐鲁番文书多为墓葬、故城、石窟寺遗址所出,是真正意义上的“出土文书”,是实实在在从墓葬掩土中挖掘出来,或从石窟坍塌虚土、沙土堆积中筛出来的纸张,残片尤其多。故而纸张上字体本身的变形、腐朽、蚀烂、残损等情况严重,与敦煌文书一次性从藏经洞流出的情形不同,因而在文书的写本学形态方面不尽相同。而从字源上来讲,吐鲁番的俗字与敦煌的俗字不仅同源,更是基本相同。在作字形收录时或可考虑此种情形。

第五节　吐鲁番考古与丝绸之路研究新视野
——以《丝绸之路新探索》为中心

引　言

荣新江与朱玉麒二位先生主编《丝绸之路新探索:考古、文献与学术史》(南京:凤凰出版社,2019 年 11 月)一书,为 2018 年 10 月,由北京大学中国古代史研究中心与冯其庸学术馆共同举办的“北京大学丝绸之路文明高峰论坛”的论文合集,全书收录有 29 篇学术论文。书前有编者所撰写的“序言”,书后有刘子凡的《“北京大学丝绸之路文明高峰论坛”综述》(以下简称《综述》)。通过“序言”,我们可以了解北京大学与丝绸之路的悠久历史渊源。此次会议在冯其庸学术馆举办,即是为了纪念冯先生。冯先生与西域结缘,其间情形可从柴剑虹《以真性情抒写丝路之魂——重读冯其庸先生〈瀚海劫尘·自叙〉感言》一文获知。通过会议综述,我们感受到了此次论坛之盛况和热烈的学术氛围。

全书分为“汉唐之间丝绸之路与相关问题”“陆海丝绸之路上的典籍与文书”“丝绸之路的考察与记录”三个部分。比较论文集目录与《综述》中文章题目和内容简介,可知与会者在论坛上吸收学界诸友的意见建议,在会后将发言稿做了较多修改、调整,使得参会论文在结集出版时质量更高,主题更加鲜明。

基于个人阅读,以下对该书所收文章作简单介绍,以展示该书在丝绸之路研究方面“新探索”之“新”,以及在考古、文献、学术史等方面的最新成果。

一、丝路考古与考察新成果

第一部分“汉唐之间丝绸之路与相关问题”,共收8篇文章,集中于考古方面的最新探索与研究。张德芳的《丝绸之路上的丝绸——以河西出土实物和汉简为中心》在第一次全国可移动文物普查的最新数据基础上,对甘肃省各文博机构收藏的考古出土丝绸实物进行叙说,对简牍和帛书中记载的丝织品进行了研究,得出了新的认识,即两汉时期出现在河西走廊地区的丝织品种类十分丰富,数量巨大,其主要来自中原,特别是齐鲁地区,但不排除本地生产的可能。

霍巍的《汉晋时代西藏西部的“酋豪”及其与丝绸之路的开拓》梳理了西藏高原西部地区考古工作的最新成果,认为在传世典籍对该区域记载几乎空白的汉晋时代,已经存在着一条与汉代开通的陆上丝绸之路相联通的“高原丝绸之路”,其发挥着联系祖国西部边地和中央王朝的重要作用,且在后世一直沿用。最后指出“今天我们在探讨‘一带一路’形成的历史过程时,是不应当忽视这条道路的存在的”。

孟宪实的《论唐代敦煌与伊州的交通》一文关注了沙州通往伊州交通道路的文献记载、运输情况、服役民众负担三个问题。通过传世文献与出土文书,勾勒出沙州、伊州的交通地图;以出土文书展示出唐前期的交通运输体制,证实其间的交通十分繁忙,当时民众的负担也很重,将出土文献的学术价值再次充分展示。最后,对敦煌藏经洞所出契约文书中沙州通往伊州的记录“突然”减少的原因进行了解释。因为唐末五代宋初,伊州归属西州回鹘,而契约文书中的“西州”不再单纯指代一个地名,“而是指西州回鹘”。

胡兴军《安西四镇之于阗镇防体系考》一文结合最新的考古发现,介绍了今和田地区现存唐代军事设施,配以图片,对每处遗存尽可能详细地做了形制描述与功能分析,结合文献记载中的唐代于阗镇建立的背景,分析其镇防系统有南、中、北三条线路,进而说明完备的镇防系统使得唐政府在西域的统治由不稳定走向稳定的历程。

姚崇新《略论宗教图像母题之间的借鉴问题》一文对于各宗教之间神祇的借用、镜鉴、再创造等复杂的关系,通过对大量的图像学资料分析,提出了完全移植、局部吸收、模仿借用三个层次,对其具体做法归纳为添加、置换、通盘模仿。最后,文章提出一种图像学上的思维陷阱,即不可简单地认为某种宗教吸收了另一种宗教的若干图像元素会影响其性质或内涵,因为通过多种实例,证明其恰恰相反。

在这一部分,刘子凡《丝绸之路上的弓月城与弓月道》、徐媛媛《唐通渤海之路——以唐鸿胪井刻石为中心》、沈睿文《吐峪沟所见纳骨器的宗教属性》诸篇,均是以考古新资料和实地考察为基础,进行了新的探索和研究。刘子凡一文肯定了弓月城为今伊宁县附近吐鲁番于孜古城的说法。“于孜”为维吾尔语“一百”之意,居住于此的人自言为清乾隆年间迁至此地,地名意为百户吐鲁番人居住之地。徐媛媛一文首先辨析了不同定义之间的多条丝绸之路之间的概念,然后从“刻石证史”角度对原位于旅顺、现存日本的“鸿胪井刻石”进行了研究,阐述了旅顺地区之于东北亚丝绸之路的重要地位。沈睿文一文对吐峪沟出土纳骨器为祆教葬具的传统认识提出了不同的学术观点, 从佛教图像中解读出同样形制的纳骨器, 结合吐峪沟南端沟口墓地与沟内的吐峪沟石窟所构成的一个完整的丁谷寺的地理和文化属性, 从而判断这两件纳骨器是佛教僧侣禅修的林葬用具。吐鲁番博物馆通史展厅陈列展览有吐峪沟 SATM2 出土的纳骨器, 简介及讲解词都将其界定在祆教范围内。另外,2019 年 9 月、2021 年 3 月,吐鲁番学研究院考古工作者分别在吐鲁番也木什墓地、巴达木墓地进行了抢救性发掘,发现有同样类型的纳骨器,或许可结合研究。

二、丝路典籍研究的新突破

第二部分"陆海丝绸之路上的典籍与文书",收录文章15篇,内容集中在对新出土文献的研究或对传世文献、早期出土文献进行重新解读的方面。在这一领域,我们可以看到如下的特点:

1. 国际合作和跨领域研究的优势再次彰显

北京大学的丝绸之路研究一开始就是国际合作性的,在继承传统方面,该书体现出的更是国际合作所彰显的学术优势——跨国界、跨语言、跨文化进行学术研究工作能够取得更大的学术成果。在这一点上,北京大学外国语学院、北京外国语大学和泰国法胜大学的数位学者在佛学典籍,特别是以巴利文、梵文佛典为基础进行的校勘、研究等方面的工作,取得了非常重大的成果,打破了以往学者的很多传统认知。

文·憍陈如称在《缅甸收藏的巴利文写本》中介绍了缅甸巴利文写本系统和"法胜三藏项目"的基本情况,研究认为在缅甸的巴利文写本因编辑政策和正字法的摇摆不定而形成了两个系统, 其中一个系统中正字法的变体可以解释为抄经者在阅读古代缅甸写本中产生的错误。

萧贞贞在《佛教〈大缘经〉中人类诞生因缘的研究》一文中分析了南传巴利语佛典《长部》与北传汉语佛典《长阿含》等不同版本的《大缘经》对人类个体诞生的不同解释,用文献校勘的方式得出巴利语佛典的版本比较合理、准确性比较高的结论;另外指出,通过各种佛典文献的校勘法能让我们发现经典中接近原始的含义,更能让研究者将佛典内容的准确性推论到佛教第一次集结、部派佛教分裂之前,最接近原始的佛教。

此外,范晶晶、李超释读了西安博物院藏一件石刻上的悉昙体梵文咒语,认为其目的在于破除苦难、平息障碍,是佛教不动明王信仰的具体体现。鸠摩罗什最早翻译了《金刚经》,一百多年后菩提流支重译,之后又有玄奘译本。长期以来，菩提流支译本并未得到足够重视，经王继红《〈金刚经〉重译的同化与异化之别》对多个版本对比研究可知，菩提流支译本更加尊重梵文原典，详尽地翻译了所有与佛教教义和仪轨相关的内容，具有独到的价值。

王一丹的《巴达赫尚的红宝石》从多种文献中梳理了马可·波罗记载中亚巴达赫尚出产的红宝石“剌”的传播史与书写史，以及逐渐被赋予文化价值的过程。汉文文献记载的这种红宝石，正是从元代起传入了中国。

2. 对新出土材料或新见文献的公布与研究

学术研究工作中，新资料往往可以启发新的思维角度，也可以带动对已有资料的新认知和研究，从而解决很多学术问题，故历来为研究者青睐。新资料可以从很多个角度去定义，一般可分为新出土和新获见两类。

段晴、侯世新、李达《于阗伏阇雄时代的两件契约》对新疆博物馆藏两件于阗文契约进行了释读，并探讨了其中人名、语法、法律规定等问题。

余欣《符应图书的知识谱系——敦煌文献与日本写本的综合考察》一文从日本尊经阁藏唐钞本《天地瑞祥志》为切入点，结合国内传世和出土的瑞应记载、图书，探讨了《天地瑞祥志》的知识体系与观念结构、祯祥图像的表现形式，最后探究了瑞应图的功能。

萨尔吉、欧珠次仁《〈海龙王所问经〉诸本研究》对比了该经的梵文本、汉译本、藏译本及敦煌写本在文辞及内容上的差异，阐释了其与《无尽意菩萨所说经》中共同出现的“四法印”的概念在大、小乘佛教中的不同表达。

普仓《西藏发现的〈宝鬘论颂〉梵文写本及其译本》从写本学的角度对比研究了最新发现的《宝鬘论颂》，认定其为目前唯一完整的梵文本，抄写时代较晚，但较之汉文、藏文译本更贴近原文；该文本也打破了人们“佛经在传抄过程中总会经过后人不同程度的增删改动，因而时代越早者越接近原文”的一般认知。

武海龙《吐峪沟新出汉文佛典过眼录》介绍了吐鲁番吐峪沟石窟 2016 年、2017 年出土的 14 件佛经残片，且对每件残片进行了时代断定，从义和政变与重光复辟的角度对其中的“高夫人写经题记”做了深入探讨。

3. 对传世文献、早期出土文献进行新解读、新研究

传世文献经历代学者大儒精细研读，一般很难从其中获得新知。敦煌吐鲁番文献在出土以后经过几十年的研究，很多问题或许已经解决。然而，在新的资料的支撑，或新的学术思维引导之下，对传世文献和早期出土文献进行重新解读且获得了大家认可的新成果，这无疑又是一种推进。

游自勇《“沙州龙神力亡兄墓田争讼案卷”再探——兼论敦煌文献中的“墓田”》一文在学界已有成果上，对该案卷相关文书做了系统地录文整理与校释，然后从案卷内容入手，对案卷记载前后几次争端进行了梳理，分析出每次龙神力胜诉的原因有三：龙神力的兄长死于王事；唐律对毁坏坟墓有严厉的处罚规定；中国古代社会对墓田私有权的认定效力往往超越普通田产。

毛秋瑾《丝绸之路汉文书法研究综述》根据简牍图录、写本图录、碑石及其他图录，将丝绸之路上汉文书法的文字资料及研究成果进行了细致梳理，最后落脚于从书籍史和写本学、笔墨纸砚等书写（刊刻）工具的发展变化来探讨其对文化传播的作用上。与之相关的文章，尚有史睿《旅顺博物馆藏新疆出土写经的书法断代》、陈耕《刀笔殊途——旅顺博物馆藏新疆出土佛经“单刻本”实为写本考论》[①]等。最近出版的《敦煌俗字典》（第二版）、《吐鲁番俗字典》[②]也是相当重要的著作，与本文研究书法、文本书写关系极大。

史睿通过对日本入唐求法僧最澄《显戒论》中引自《大唐西域记》部分进行分析，说明唐土与东瀛知识体系中《大唐西域记》一书的著录存在两个序列的相同情况，而不同之处在于最澄从戒律视角来看待玄奘著书描述各国佛教状况，这种认识在日本后世著作中成为典范，并指出《大唐西域记》对日本天台宗的创立提供了重要的理论和文献支持。

马小鹤《从死海古卷到明教文书——摩尼教“十天王”与“四天王”综考》将

---

① 史睿：《旅顺博物馆藏新疆出土写经的书法断代》、陈耕：《刀笔殊途——旅顺博物馆藏新疆出土佛经“单刻本”实为写本考论》，均载王振芬、荣新江主编：《丝绸之路与新疆出土文献》，北京：中华书局，2019年，第63—87页、第341—368页。

② 黄征：《敦煌俗字典》（第二版），上海：上海教育出版社，2019年；赵红：《吐鲁番俗字典》，上海：上海古籍出版社，2019年。

福建霞浦出土的摩尼教相关资料与新疆吐鲁番出土古代民族语言文献、死海古卷上阿拉姆文记载、埃及出土科普特文资料、现藏日本的《宇宙全图》等文本和图像之间进行比较研究，将摩尼教的大力士传说由西向东的传播路线在已有研究基础上进行延长，即从原来学界认识的传播至吐鲁番进一步延伸至敦煌、长安、洛阳，乃至福建等地。

汪娟《从敦煌礼忏到霞浦科册〈摩尼光佛〉的仪节析论》一文，通过对霞浦文书中《摩尼光佛》科册的分析研究，结合敦煌礼忏和后世佛教的仪节，探讨了摩尼教和佛教在礼忏仪节方面的交汇，指出摩尼教的礼忏活动在唐代已相当普遍，该科册所搜录作品并不限于元代，其雏形有可能于唐代即已形成。

三、丝路探险记忆的新认知

第三部分为“丝绸之路的考察与记录”，收录有6篇文章，均为与丝绸之路考察探险相关的学术史研究文章，无论从资料公开还是研究结论，都突出了一个“新”字。

荣新江《丝路考古探险与丝路研究》一文非常清晰地梳理出了“丝绸之路”近代探险史、研究史，从探险家和考古学者所获丝绸、钱币、纸张、宗教、文化、文物等方面印证在西域地区进行的考古探险工作，使得“丝绸之路”这一理论更加充实、丰富。

王冀青一直致力于欧洲探险家近代以来对中国西北进行的科学考察及相关问题的研究。关于敦煌学学术史、近代西北史地考察史的成果不断涌现，解决了很多学术疑点。关于对法国保宁中亚考察队的相关研究，最早由日本学者榎一雄于1980年在“讲座敦煌”丛书中提出。2015年，法国出版的关于保宁的论著中并未提及其中亚考察的新资料。作者的新作《法国碑铭学院保宁中亚考察队研究》通过对档案资料的系统解读，完整地还原了保宁的这次中亚考察，也勾勒出保宁一生的行政与学术研究历程。

高田时雄最近数年持续关注日本学者与敦煌学学术史的研究，已有多篇成果面世，为我们系统了解日本学者研究敦煌学及西域历史语言文字提供了线索。书中所收《〈新疆大发掘(第三回报告)〉与内藤湖南》一文,介绍了日本关西大学图书馆内藤文库中存有的橘瑞超著《新疆大发掘(第三回报告)》(即橘瑞超第一回探险的记录)及相关的研究。橘瑞超第一回探险的日记随着寺院失火而化为灰烬,学界颇为遗憾。但当时积极关注敦煌及中亚新发现史料的内藤湖南从大谷光瑞处获得了这一报告因而存世。对这一报告的研究有助于我们更加详细清楚地了解橘瑞超的探险活动。通过读高田此文,我们也注意到了一个关于吐鲁番出土文物/文书编目的问题。早在明治四十二年(1909),日本学者就开始对在吐鲁番/西域所获得的文物,特别是文书进行编目工作,这对于今天关注吐鲁番出土文书总目汇编工作是一条非常重要的资料。

朱玉麒《散藏海内外的祥麟西北日记》将散藏于国内外的《京都至伊吾庐行程日记》《皇华劳瘁》《乌里雅苏台行程纪事》《乌里雅苏台日记》《祥麟日记》5种文献进行了梳理,揭示了这些稿本对于研究清代西北交通、行政运作等方面的重要意义。通过该文所刊布《皇华劳瘁》第二册书影及页面中"首以新疆将改郡县"句,我们可以知道这些记载属于新疆建省前的一些准备工作的珍贵记录①。正如该文所引冯立昇评价祥麟及《皇华劳瘁》的价值:"新疆建省是中国边疆史和新疆近代史上具有深远意义的重要历史事件, 而祥麟任期正好在建省前后时期,这十五个多月的日记无疑是非常难得的史料。"

吴华峰《清代西域题壁诗研究》一文指出,大量文人出关任职,亲历西域,沿途记录日记,赋诗题壁,成为普遍,可谓相宜相得。与朱玉麒所论西域官员任职时所作日记正好互为补充,为今人了解当时出关文人的心态提供了途径。该文提出了"清代西域经营""清初士人对西域的认知""清代西域诗人的'文化苦旅'""(题壁诗)抒情的现场感"等词汇概念,无论从当前社会形势还是文化情感来讲,都是很有必要大力提倡和宣扬的。文中提及清代诗人黄治的诗"猿鹤久经销汉垒,虬龙长为护唐碑"、毕沅"属国君臣羞说剑,穷边士庶慕谈经"等,

① 此日记为清光绪十年(1884)五月二十八日之记录,同年十月,清政府即正式任命刘锦棠为首任新疆巡抚,魏光焘为首任新疆布政使,标志着新疆正式建省。

都寓意在清代大一统的形势下文化的高度发达。

四、部分编校订正

该书在编辑排版与文字校订方面稍有进一步提高的空间。如书中部分论文中使用了一些文书或器物的黑白图版，稍显模糊，可在该书首尾增加彩页以清晰展示之。

在排版方面，第35页引用《通典》中文字“从玉门关西出，经婼羌婼，而遮反。转西……”句中“婼，而遮反”当为小字音注①，与正文别，可用小一号字或圆括号排版。第374页第4行的“下图”改为“上图”，根据实际排版情况改变正文中叙说图版上下左右位置的文字，不必因循作者原文。

在全书体例统一方面，第48页引用敦煌吐鲁番文书下缺符号可使用“□”，以与第183页相一致。第116页注释⑤需在出版社之前加出版地“上海”二字。

另有个别失校之错别、夺漏字词。如第118页第12行，陶罐残高36.4厘米②，文中夺“高”字。第203页第5行，“义净是将是将大海作为龙王的专名处理”句中“是将”重出。第406页第9行“光学”当为“光绪”。第435页第14行“纪念了该王位为了寺庙的利益而创建的宗教基金会”句中“位”字当删。第46页“吐鲁番阿斯塔那墓地”之“那”字不能写为“纳”，“那”字现使用于吐鲁番阿斯塔那墓地专称。阿斯塔纳为现今哈萨克斯坦国家的首都，阿斯塔那为维吾尔语“首都”之意——该村庄/墓地附近就是古代高昌的首都高昌城。第120、122页出现的“吐峪沟文管所编号”使用不当，应为“吐鲁番文管所编号”。文中所提及的吐峪沟石窟的编号均为20世纪90年代，当时的吐鲁番地区文管所，即现

---

① [唐]杜佑撰，王文锦等点校：《通典》，北京：中华书局，1988年（五分册），第5194页；2016年（十二分册），第5181页。

② 吐鲁番市文物局、吐鲁番学研究院、吐鲁番博物馆编著：《吐鲁番晋唐墓地：交河沟西、木纳尔、巴达木发掘报告》，北京：文物出版社，2019年，第40页。

在的吐鲁番市文物局在斯坦因编号的基础上对“吐峪沟西区石窟由南向北进行编号,再对沟东区石窟由北向南”所进行的编号①。现今,吐峪沟文管所为吐鲁番市文物局下属之一科级单位。

当然,这些大部多都属于编校方面的问题,瑕不掩瑜。

结 语

该书所收论文,集中体现在一个“新”字,以丝绸之路为核心,继承北京大学一个多世纪以来持续贡献研究成果的传统,在考古调查考察、文献文本书写、近代敦煌吐鲁番与西域史地学术史等方面都取得了新的研究进展。从举办学术研讨会角度而言,继承了北大丝路研究一贯倡导国际合作的传统,以跨国界、跨语言、跨文化的模式联合攻关,在佛学典籍的校勘、研究方面取得了非常重大的成果。从出版的角度而言,对参会论文严格把关、提炼主旨、区分编排,自始至终贯穿一个“新”字。实为继承以往研究成果而再度创新高的学术理论论文集。

第六节 吐鲁番考古学史的初步构建

可移动文物的编号即其出土信息,是文物本身的身份证。让每一件文物都有其确定的、固定的出土编号,尽可能恢复因各种因素而失载的信息,从而,在整体上完善考古信息,构成吐鲁番考古学史。

① 中国社会科学院考古研究所边疆民族考古研究室、吐鲁番学研究院、龟兹研究院:《新疆鄯善县吐峪沟东区北侧石窟发掘简报》,《考古》2012 年第 1 期,第 8 页。

一、高昌区考古发掘工作呈现的特点

1949 年以后，吐鲁番的文物保护和考古工作者在今高昌区的文物保护与考古发掘工作中呈现出时间上的集中性、地域上的片区性、工作上的延续性，及小型遗址的抢救性保护这几个特点。

时间上的集中性具体表现在 20 世纪六七十年代，主要由新疆维吾尔自治区博物馆主导，其他相关单位配合对阿斯塔那、哈拉和卓墓地进行了多次有系统有条理的持续性发掘；20 世纪 80 年代，由吐鲁番文管所对阿斯塔那、哈拉和卓墓地进行抢救性发掘；20 世纪 90 年代，主要集中在交河故城及其周边进行文物保护相关工作，且具有一定国际合作规模；对木头沟区域的清理发掘主要集中在 1980—1981 年、2009 年对柏孜克里克石窟的清理维修；2009 年、2012 年对胜金口石窟的清理发掘；2004—2005 年的发掘主要集中在交河沟西墓地、木纳尔墓地和巴达木墓地；2006 年以后，对高昌故城进行了 6 次发掘，时间上紧密延续。

地域上的片区性使得考古工作形成集中片区，也为在当地建立科级文物保护管理机构提供了便利。随着保护力度的加大，对出土文物研究的深入，对其价值认识的提升，使这一片区逐步升级成为全国重点文物保护单位遗址点，进而在保护力度方面更加规范、更加科学。

工作上的延续性表现在为当地培养了一批从事文物保护和考古发掘，及学术研究的文博从业人员，并形成了梯队化的团队力量，也使得发掘所得文物形成了系统化、规模化，经过学术研究，呈现出相应的文化价值，对于今人更加深刻地认识古代社会文明提供了必要的素材。

几十年来的工作中，在对大、中型遗址单位进行保护、发掘、研究的同时，对小型遗址单位也及时进行了相应力度的保护工作。包括对单个墓葬的抢救性保护发掘，工程建设中遇到的小型遗址的及时处理，采集文物的及时回收与整理研究等。这些小型遗址单位及所出土文物在很大程度上可以补充大、中型遗址所出文物信息的不足，特别是砖志文书等直接的文献资料，对中古社会生活研究是相当有力度的证据与补充。

二、鄯善县考古发掘工作的特点

通过对 1949 年以后吐鲁番鄯善县行政区划内文物遗址点的调查发掘及出土文物编号的整理，我们可以看到，鄯善县的文物调查与考古发掘工作呈现出以下几个特点。

首先，发掘时间很集中。吐峪沟石窟从 1953 年开始调查，虽断断续续，但对其认识在不断深入。从 2010 年开始，持续数年对其进行了发掘与清理，获得了一大批有价值的文物。洋海墓地最初由于其范围难以确定，所以从 20 世纪 80 年代开始，墓地盗掘与调查发掘一直并存，最主要的集中在 1987 年、1988 年、2003 年。苏贝希墓地的发掘主要集中在 1985 年、1991 年、1992 年。

其次，相对于墓葬的发掘与采集，在古代城市遗址的调查与研究方面相对薄弱。这是因为鄯善县境内最大的、历史时期最为知名的城市即为柳中古城。对于柳中古城的研究主要集中在传世文献与历史文献的结合，及唐西州时期的交通方面，通过吐鲁番出土文书中记载的高昌国的行政区域与交通路线的联系与实证。柳中古城“城址位于人口密集的鲁克沁镇，随着城镇化的加剧，遗址区被大量房屋和道路占据，城墙建筑损毁严重，一直以来未开展过考古调查和发掘工作，导致无法对城址保存范围进行深入了解”[①]，因为这个原因，故而没有开展相应的考古发掘工作，这一点和交河故城、高昌故城不同。

第三，在每次进行文物普查或考古发掘的时候，都进行了详细的编号，且对于小型遗址点的简报发布较为及时，这使得我们今天认识这一区域的文化遗存有了直接的资料。这些编号一般以鄯善县的汉语拼音大写为第一级编号，以下辖乡镇首字汉语拼音大写为第二级编号，以乡镇下辖现代行政村的名字为第三级编号，然后指出具体方位。对于发掘墓葬一般采用字母“M”表示，在墓

① 徐佑成、朱海生:《柳中古城形制初探》,《吐鲁番学研究》2015 年第 1 期，第 93—97 页。

地所采集文物则用“C”来表示，这些都形成了统一的规定。由于各个小型墓葬遗址分布分散，主要散布于火焰山南北麓冲积扇台地及火焰山冲沟形成的小块高地上，因而墓葬都是小块布局，除了洋海古墓群区域较大外，其他都比较小且分散。这样就导致文物保护机构不能及时发现或发现了不能及时建立有效的文保机构，进而导致盗墓活动猖獗，对于古代文化的保护造成了损失。虽然这些小型遗址点散布于各处，但是以现代行政区划为单元，相对而言又形成了片区，因此在进行相关研究时不可独立对待，必须相互结合。

第四，在火焰山的冲沟吐峪沟及其沟口向南冲击形成的一大片区域，现在共同构成了一块文化的宝库。吐峪沟石窟保存了灿烂的佛教文明，古村落保留了乡村遗址的形态，洋海古墓群墓葬中保留了丰富的古代社会历史文明。已经发掘的墓葬出土文物为我们揭示了早期苏贝希文化及中古时期晋唐社会文明，是我们认识吐鲁番盆地内历史文化的第一手资料，也为丰富吐鲁番学研究做出了重大贡献。洋海墓地部分墓葬虽然一度被盗掘，但是对于墓葬的调查与发掘始终以吐鲁番市文物局及吐鲁番学研究院的考古力量为主，发掘文物主要收藏于吐鲁番博物馆，并且每次发掘都有非常规范的技术指导与操作，学术研究也随之同步进行，这也是吐鲁番文物保护工作走向专业化、学术化的具体体现。

三、阿斯塔那—哈拉和卓墓地的研究代表性

阿斯塔那墓地—哈拉和卓墓地 1949 年以后考古发掘所出文物，文书类与砖志类文物已经过专家学者的细致整理，有部分专家学者也对墓葬及出土文物从艺术角度进行了探讨；其他文物经过新疆文博界各位同志的悉心整理，出版了一系列报告及简报，目前还在整理、研究、发表阶段[①]。吐鲁番出土文献的

---

① 鲁礼鹏、万洁：《吐鲁番阿斯塔那墓地出土木梳的型式研究》，《吐鲁番学研究》2013 年第 1 期；鲁礼鹏：《吐鲁番阿斯塔那墓地出土木案类型学研究》，《吐鲁番学研究》2014 年第 1 期；鲁礼鹏：《吐鲁番阿斯塔那古墓群出土陶（泥）灯研究》，《吐鲁番学研究》2015 年第 2 期；鲁礼鹏：《吐鲁番阿斯塔那墓地出土镇墓神兽研究》，《吐鲁番与丝绸之路经济带高峰论坛暨第五届吐鲁番学国际学术研讨会论文集》，上海：上海古籍出版社，2016 年，第 205—217 页。

研究成果及档案资料中保留的一些关于阿斯塔那及哈拉和卓墓地墓葬发掘信息,有助于我们更加完整地认识当年墓地的发掘历史,并为我们提供进一步的资料,更好地认知吐鲁番出土文物的总体情形与文化价值。

在整理阿斯塔那古墓群的档案时,我们注意到关于其出土文物编号的几种特殊情况。在吐鲁番市第一次全国可移动文物普查工作中,遇到了很多特殊的编号情形,有的属于账本登录中"工作人员手误"而致,而有的需要进行进一步的考证,有的由于原始信息过于简单,不明所指。这些工作中出现的细小问题,保留了很有价值的学术信息①。

学者们的研究文章,特别是技术保护修复类文章,其中提供了很多重要的文物信息。在阿斯塔那墓地和哈拉和卓墓地当时发掘完毕以后,除去研究所用而提取的部分文书砖志及精美的定级文物之外,其他的一般文物则进入库存状态。特别是很多丝织品,因为当时的技术修复能力不足而未对其做深入清洗修复,故而原样保存,但它们大多留有当时的发掘编号卡片。近十几年以来,我们的文物保护修复技术有了很大提升,开始对这类丝织品进行修复、研究,让它们逐渐展现在世人面前。

对于阿斯塔那—哈拉和卓墓地的历次发掘,由于"文革"时期的特殊环境,加之抢救性发掘清理的不规范、当年参加发掘同志的去世或岗位调动、发掘日记和发掘档案的散失、现存项目不完全、出土文物分散陈列在多家博物馆等原因②,导致发掘报告编写困难。哈拉和卓墓地的发掘报告于 2018 年出版,阿斯塔那墓地的发掘报告至今依然没有出版。但是,这 13 次考古发掘上承 20 世纪初期外国探险家的发掘,下接之后的保护性抢救发掘,同时与当地的农田水利建设、当时的社会变革相结合,本身就具有重要的历史意义,是研究阿斯塔那古墓群墓地发掘史的重要组成部分。在特殊的历史时期,这 13 次发掘为新疆

① 在普查工作中,我们初步整理出吐鲁番博物馆库存而之前未见于相关公开报告、简报的编号有 13 个。详见仵婷、李亚栋:《1975 年之前阿斯塔那古墓群的十三次发掘及编号系统》,《丝绸之路》2016 年第 18 期,第 33—34 页。

② 转引自《新疆文物》2000 年第 3—4 合刊《前言》。

的考古文博事业培养训练了一批人才，成为之后几十年新疆文博界梯队化建设的骨干力量；阿斯塔那—哈拉和卓墓地的大规模发掘，为我们重新认识吐鲁番在古代丝绸之路上的重要地位提供了实物证据，为我们了解中原王朝文献阙载、少载高昌国的历史提供了翔实的资料，也为我们理解唐帝国基层运行体制、疆域治理模式、州县行政运转、军事行坊系统等提供了进一步的资料。也对地下出土实物与传世文献进行对比研究的多重证据法提供了重要的理论实践。现在，阿斯塔那—哈拉和卓墓地出土文物也成为吐鲁番学的重要组成部分。将当时撰写的一些发掘信息与之后出现的研究文章中的发掘信息，及吐鲁番博物馆库存文物信息三者相结合比对，可以勾勒出两地墓葬发掘编号系统，这也是吐鲁番考古学史构建中极为关键的一步。

四、70 年来吐鲁番盆地各区域考古发掘特点

1949 年以后、文物工作者在吐鲁番盆地进行的文物调查、考古发掘工作持续有序进行，且取得了显著的成效，为今人认识吐鲁番的古代社会提供了更加准确的信息。这些考古发掘主要集中在阿斯塔那—哈拉和卓墓地、高昌故城、雅尔湖故城（交河故城）、柏孜克里克石窟、胜金口石窟、吐峪沟石窟、洋海古墓区、苏贝希古墓区、柳中古城及周边区域和其他一些小型遗址点。经过吐鲁番市第一次全国可移动文物普查工作，结合相关已经发表的简报（报告）和学者们的一系列研究成果，可以在构建吐鲁番盆地考古学史的视野下对其发掘编号进行第一步的整理工作。通过整理可知，在高昌区的考古发掘呈现出时间上的集中性、地域上的片区性、工作上的延续性这几个显著特点。鄯善县洋海古墓和吐峪沟石窟的发掘与研究，不同于阿斯塔那墓地、哈拉和卓墓地资料分散的状况，是吐鲁番文物保护工作走向专业化、科技化、学术化的具体体现，代表了新时期丝绸之路考古的最高水平。在鄯善县所进行的考古发掘体现出时间上比较集中、以墓葬发掘为主、小型遗址点发掘多、简报刊布及时等特点。在托克逊县的发掘工作则相对较为薄弱。

附录:吐鲁番柏孜克里克石窟出土文书索引及编号、馆藏号、分类号对照表

《吐鲁番柏孜克里克石窟出土汉文佛教典籍》(新疆维吾尔自治区吐鲁番学研究院、武汉大学中国三至九世纪研究所编著,北京:文物出版社。以下简称《典籍》)一书于2007年出版。书后附有四份表格,著录文书信息多项,却无“页码”一项,不便检索。为了更好地对《典籍》所刊布文书进行检索,特编制了本索引;为了更便捷地检索吐鲁番博物馆库存文书原件进行信息核准,特编制对照表。现将索引与对照表合二为一,以为学界使用之便。

说明:

1.《典籍》中收录1967年出土于柏孜克里克石窟的文书4件(编号为67TB)、1980年出土的文书804件(编号为80TBI)、1981年10号窟内出土的14件(编号为81TB10)、1981年65号窟内出土的8件(编号为81TB65)、1981年吐峪沟出土的6件(编号为81SAT)。因本索引主要针对柏孜克里克石窟出土文书,故81SAT编号的文书另制表格列于后。

2. 馆藏号即入馆凭证号、总账号,以字母“TLF”开头,后接续五位数字;分类号为文物器物类别,以数字“4”开头,后接续数字。

3. 文书编号后接续“-1”、“-2”等,即该件文书裂为多个残片,分二级编号,文书可拼合;文书编号后接“a”、“b”意为文书正面与背面。

4. 回鹘文或婆罗迷文写本一般在汉文文书背面,《典籍》未收录,但在注释

或列表的序号中有说明。本索引将定名部分录文注释中出现背面为回鹘文或婆罗迷文的页码、定名列表序号《备注》部分出现回鹘文的页码、未定名列表序号的《备注》部分出现回鹘文的页码一并录入。

5. 本索引部分信息与《典籍》中不一致者，为经过校对且已核对原件而更改，详参《〈吐鲁番柏孜克里克石窟出土汉文佛教典籍〉误漏数则》（《吐鲁番学研究》2014 年第 2 期）《吐鲁番柏孜克里克石窟 1980 年出土佛经残片整理订补》（《吐鲁番学研究》2019 年第 1 期）二文。

出土编号	馆藏号	分类号	所在《典籍》页码
67TB：1-1		4-1047	
67TB：1-2-1			293；500
67TB：1-2-2	TLF06157	4-1025	290；373；500
67TB：1-2-3		4-1045	291；500
67TB：1-2-4			291；374；500
67TB：1-3	TLF06097	4-908	32；451
67TB：1-4		4-1046	
80TBI：001a	TLF13973	4-41	330；510
80TBI：001b	TLF13973	4-41	387；514
80TBI：002a	TLF01711	4-42	388；514
80TBI：002b	TLF01711	4-42	202；483
80TBI：003	TLF06219	4-43	180、181 间插页；478
80TBI：004	TLF01710	4-44	65；457
80TBI：005-1	TLF06149	4-912	295；375；501
80TBI：005-2	TLF06159	4-1027	288；373；500
80TBI：005-3	TLF06151	4-914	292；374；500
80TBI：005-4	TLF01715	4-45	442；532
80TBI：005-5	TLF06150	4-913	293；374；500

续表

出土编号	馆藏号	分类号	所在《典籍》页码
80TBI：006	TLF01714	4-46	87；462
80TBI：007	TLF13871	4-184	24；336、337 间插页；450
80TBI：008	TLF06114	4-1000	92；344；463
80TBI：009		4-949	11；335；447
80TBI：010	TLF01713	4-47	98；464
80TBI：011-1	TLF06153	4-916	292；374；500
80TBI：011-2	TLF01712	4-48	294；501
80TBI：011-3	TLF06148	4-911	295；375；501
80TBI：012	TLF01733	4-49	220；486
80TBI：013-1	TLF06142	4-1021	34；337；452
80TBI：013-2	TLF06143	4-1022	34；337；452
80TBI：014	TLF01732	4-50	23；450
80TBI：015	TLF01731	4-51	246；490
80TBI：016	TLF01730	4-52	323；507
80TBI：017a	TLF06214	4-53	430；529
80TBI：017b	TLF06214	4-53	430；529
80TBI：018	TLF01729	4-54	12；448
80TBI：019		4-967	216；365；485
80TBI：020	TLF06191	4-930	239；368；489
80TBI：021	TLF01728	4-68	232；488
80TBI：022		4-970	215；365；485
80TBI：023	TLF01727	4-55	176；477
80TBI：024	TLF01726	4-56	20；449
80TBI：025	TLF01725	4-57	94；463
80TBI：026a	TLF01724	4-58	424；527

续表

出土编号	馆藏号	分类号	所在《典籍》页码
80TBI : 026b	TLF01724	4-58	
80TBI : 027	TLF01723	4-59	262;493
80TBI : 028	TLF01722	4-60	185;479
80TBI : 029a	TLF01721	4-61	269;495
80TBI : 029b	TLF01721	4-61	78;460
80TBI : 030	TLF13959	4-836	144;354;472
80TBI : 031	TLF01720	4-62	78;460
80TBI : 032	TLF01719	4-63	391;516
80TBI : 033	TLF01718	4-64	95;463
80TBI : 034	TLF01717	4-65	8;447
80TBI : 035	TLF01716	4-66	306;504
80TBI : 036-1		4-67	169;358;476
80TBI : 036-2		4-975	431;529
80TBI : 036-3			431;529
80TBI : 036-4			431;529
80TBI : 037		4-943	171;359;476
80TBI : 038	TLF06132	4-858	242;369;490
80TBI : 039	TLF01770	4-69	
80TBI : 040a	TLF01769	4-70	139;471
80TBI : 040b	TLF01769	4-70	139;471
80TBI : 041	TLF01768	4-71	266;494

续表

出土编号	馆藏号	分类号	所在《典籍》页码
80TBI:042	TLF01767	4–72	391;516
80TBI:043	TLF01749	4–73	51;455
80TBI:044a	TLF01748	4–74	60;456
80TBI:044b	TLF01748	4–74	60;456
80TBI:045–1	TLF01747	4–75	7;334;447
80TBI:045–2	TLF01747	4–977	7;447
80TBI:046a	TLF01746	4–76	263;493
80TBI:046b	TLF01746	4–76	416;524
80TBI:047	TLF01745	4–77	193;481
80TBI:048	TLF01744	4–78	378;511
80TBI:049a	TLF01743	4–79	313;506
80TBI:049b	TLF01743	4–79	313;506
80TBI:050a	TLF01742	4–80	427;528;
80TBI:050b	TLF01742	4–80	528
80TBI:051	TLF06154	4–917	235;368;489
80TBI:052		4–980	130;350;469
80TBI:053	TLF06192	4–931	240;368;489
80TBI:054		4–978	5;334;446
80TBI:055a	TLF01741	4–81	57;456
80TBI:055b	TLF01741	4–81	58;456
80TBI:056	TLF01740	4–82	69;458

续表

出土编号	馆藏号	分类号	所在《典籍》页码
80TBI：057		4-969	215；365；485
80TBI：058a	TLF01739	4-83	379；512
80TBI：058b	TLF01739	4-83	396；518
80TBI：059	TLF13948	4-822	231；367；488
80TBI：060a	TLF06167	4-826	379；512
80TBI：060b	TLF06167	4-826	328；376；509
80TBI：061	TLF13957	4-828	158；356；474
80TBI：062	TLF06124	4-1008	191；362；480
80TBI：063	TLF06166	4-1032	274；371；497
80TBI：064	TLF01738	4-84	278；497
80TBI：065a	TLF13959	4-836	146；354；472
80TBI：065b	TLF13959	4-836	146；472
80TBI：066	TLF01737	4-85	185；479
80TBI：067	TLF01736	4-86	194；481
80TBI：068	TLF01735	4-87	284；498
80TBI：069-1	TLF06215	4-88	310；506
80TBI：069-2			311；506
80TBI：070	TLF01734	4-89	381；512
80TBI：071	TLF01752	4-90	164；475
80TBI：072	TLF01753	4-91	
80TBI：073	TLF01754	4-92	314；506

续表

出土编号	馆藏号	分类号	所在《典籍》页码
80TBI：074	TLF01755	4-93	256;492
80TBI：075	TLF01756	4-94	100;464
80TBI：076	TLF01757	4-95	312;506
80TBI：077	TLF01758	4-96	382;513
80TBI：078	TLF13948	4-822	231;367;488
80TBI：079a	TLF06168	4-827	328;376;509
80TBI：079b	TLF06168	4-827	379;512
80TBI：080a	TLF01759	4-97	394;517
80TBI：080b	TLF01759	4-97	45;453
80TBI：081	TLF06109	4-993	105;347;465
80TBI：082	TLF01760	4-98	283;498
80TBI：083	TLF01761	4-99	432;529
80TBI：084	TLF06216	4-100	381;512
80TBI：085		4-950	9;335;447
80TBI：086a	TLF06106	4-997	178;360;477
80TBI：086b	TLF06106	4-997	396;518
80TBI：087	TLF01762	4-101	197;481
80TBI：088		4-987	196;363;481
80TBI：089	TLF01763	4-102	17;449
80TBI：090	TLF01764	4-103	163;475
80TBI：091	TLF01765	4-104	60;456

续表

出土编号	馆藏号	分类号	所在《典籍》页码
80TBI:092a	TLF01766	4-105	276;497
80TBI:092b	TLF01766	4-105	276;497
80TBI:093-1		4-985	195;363;481
80TBI:093-2		4-945	171;359;476
80TBI:093-3		4-986	195;363;481
80TBI:094		4-946	172;359;476
80TBI:095a	TLF01771	4-106	260;493
80TBI:095b	TLF01771	4-106	434;530
80TBI:096		4-107	386;514
80TBI:097	TLF06163		280;372;498
80TBI:098		4-973	170;358;476
80TBI:099	TLF01750	4-108	180;478
80TBI:100	TLF01751	4-109	384;513
80TBI:101	TLF01772	4-110	115;466
80TBI:102	TLF01792	4-111	277;497
80TBI:103		4-963	126;349;469
80TBI:104	TLF01793	4-112	
80TBI:105	TLF01794	4-113	15;448
80TBI:106	TLF13958	4-835	133;351;470
80TBI:107	TLF01795	4-114	233;488
80TBI:108	TLF01796	4-115	192;480

续表

出土编号	馆藏号	分类号	所在《典籍》页码
80TBI : 109	TLF01797	4-116	140;471
80TBI : 110	TLF01798	4-117	121;468
80TBI : 111	TLF01799	4-118	299;502
80TBI : 112a	TLF06134	4-1013	264;494
80TBI : 112b	TLF06134	4-1013	254;371;492
80TBI : 113	TLF01800	4-119	392;516
80TBI : 114	TLF01801	4-120	118;467
80TBI : 115	TLF06156	4-919	234;368;489
80TBI : 116		4-964	127;349;469
80TBI : 117	TLF06195	4-934	142;353;471
80TBI : 118	TLF06123	4-1007	191;362;480
80TBI : 119	TLF01802	4-121	238;489
80TBI : 120	TLF06185	4-922	275;372;497
80TBI : 121	TLF01803	4-122	278;497
80TBI : 122a	TLF13947	4-821	46;339;454
80TBI : 122b	TLF13947	4-821	46;454
80TBI : 123	TLF01804	4-123	391;516
80TBI : 124	TLF06116	4-1002	91;344;462
80TBI : 125	TLF01805	4-124	66;458
80TBI : 126	TLF01806	4-125	218;485
80TBI : 127	TLF06117	4-1003	89;343;462

续表

出土编号	馆藏号	分类号	所在《典籍》页码
80TBI:128	TLF01807	4-126	266;494
80TBI:129	TLF01808	4-127	74;459
80TBI:130	TLF01809	4-128	257;492
80TBI:131	TLF01810	4-129	330;510
80TBI:132	TLF01811	4-130	318;507
80TBI:133	TLF01812	4-131	421;525
80TBI:134	TLF01813	4-132	116;467
80TBI:135	TLF01814	4-133	66;457
80TBI:136	TLF01791	4-134	199;482
80TBI:137	TLF01790	4-135	221;486
80TBI:138		4-968	217;365;485
80TBI:139	TLF01789	4-136	388;514
80TBI:140	TLF01788	4-137	82;461
80TBI:141	TLF01787	4-138	400;519
80TBI:142	TLF01786	4-139	90;462
80TBI:143	TLF01785	4-140	400;519
80TBI:144	TLF01784	4-141	379;512
80TBI:145		4-972	168;358;476
80TBI:146	TLF01783	4-142	401;520
80TBI:147	TLF01782	4-143	
80TBI:148	TLF01781	4-144	279;498

续表

出土编号	馆藏号	分类号	所在《典籍》页码
80TBI：149	TLF01780	4–145	
80TBI：150	TLF01779	4–146	
80TBI：151	TLF01778	4–147	401；520
80TBI：152		4–988	197；363；481
80TBI：153	TLF01777	4–148	101；464
80TBI：154		4–944	172；359；476
80TBI：155	TLF01776	4–149	79；461
80TBI：156a	TLF01775	4–150	433；530
80TBI：156b	TLF01775	4–150	252；491
80TBI：157	TLF01774	4–151	74；459
80TBI：158	TLF01773	4–152	122；468
80TBI：159	TLF01845	4–154	85；462
80TBI：160	TLF01844	4–153	29；451
80TBI：161	TLF06187	4–926	108；348；465
80TBI：162	TLF01843	4–155	123；468
80TBI：163	TLF01842	4–156	137；470
80TBI：164	TLF01841	4–157	56；455
80TBI：165	TLF01840	4–158	99；464
80TBI：166a	TLF06213	4–159	400；410；519；522
80TBI：166b	TLF06213	4–159	
80TBI：167	TLF01839	4–160	150；472

续表

出土编号	馆藏号	分类号	所在《典籍》页码
80TBI:168	TLF06119	4-889	67;340;458
80TBI:169		4-974	169;358;476
80TBI:170	TLF01838	4-161	
80TBI:171	TLF01837	4-162	392;516
80TBI:172	TLF06125	4-1009	190;362;480
80TBI:173	TLF01836	4-163	68;458
80TBI:174	TLF01835	4-164	30;451
80TBII:175		4-982	127;350;469
80TBII:176a	TLF01834	4-165	187;479
80TBII:176b	TLF01834	4-165	
80TBII:177	TLF01833	4-166	64;457
80TBII:178	TLF01832	4-167	
80TBII:179	TLF06196	4-935	142;353;471
80TBI:180	TLF13959	4-836	147;354;472
80TBI:181	TLF01831	4-168	114;466
80TBI:182	TLF01830	4-169	141;471
80TBI:183	TLF01829	4-170	174;476
80TBI:184	TLF01828	4-171	117;467
80TBI:185a	TLF01827	4-172	112;466
80TBI:185b	TLF01827	4-172	429;529
80TBI:186	TLF01826	4-173	279;497

续表

出土编号	馆藏号	分类号	所在《典籍》页码
80TBI：187	TLF01825	4–174	396；518
80TBI：188a	TLF06135	4–1014	254；371；492
80TBI：188b	TLF06135	4–1014	265；494
80TBI：189	TLF01824	4–175	120；468
80TBI：190	TLF06212	4–176	77；460
80TBI：191	TLF01823	4–177	
80TBI：192	TLF01822	4–178	325；508
80TBI：193	TLF01821	4–179	425；527
80TBI：194	TLF01820	4–180	225；487
80TBI：195	TLF01819	4–181	190；480
80TBI：196	TLF06112	4–996	97；345；463
80TBI：197	TLF01818	4–182	380；512
80TBI：198	TLF01817	4–183	380；512
80TBI：199	TLF01816		93；463
80TBI：200	TLF01815	4–184	110；465
80TBI：201	TLF01846	4–186	282；498
80TBI：202a	TLF06197	4–187	63；457
80TBI：202b	TLF06197	4–187	63；457
80TBI：203	TLF06198	4–188	253；491
80TBI：204	TLF13957	4–828	159；356；474
80TBI：205	TLF06155	4–918	233；368；489

续表

出土编号	馆藏号	分类号	所在《典籍》页码
80TBI：206	TLF06199	4–189	390;515
80TBI：207	TLF06200	4–190	151;473
80TBI：208	TLF06201	4–191	383;513
80TBI：209	TLF06217	4–192	
80TBI：210	TLF06202	4–193	305;504
80TBI：211	TLF06203	4–194	175;477
80TBI：212	TLF06204	4–195	382;512
80TBI：213	TLF06205	4–196	281;498
80TBI：214	TLF06206	4–197	82;461
80TBI：215	TLF06207	4–198	194;481
80TBI：216		4–979	6;334;447
80TBI：217	TLF06208	4–199	121;468
80TBI：218	TLF01864	4–200	68;458
80TBI：219	TLF01863	4–201	315;507
80TBI：220	TLF01862	4–202	192;480
80TBI：221	TLF01861	4–203	143;472
80TBI：222	TLF01860	4–204	388;514
80TBI：223	TLF13948	4–822	230;367;488
80TBI：224	TLF01859	4–205	255;492
80TBI：225	TLF13957	4–828	158;356;474
80TBI：226	TLF01858	4–206	175;477

续表

出土编号	馆藏号	分类号	所在《典籍》页码
80TBI : 227	TLF01857	4-207	56;455
80TBI : 228	TLF01856	4-208	115;466
80TBI : 229	TLF01855	4-209	84;461
80TBI : 230	TLF01854	4-210	94;463
80TBI : 231	TLF01853	4-211	389;515
80TBI : 232	TLF06113	4-999	93;344;463
80TBI : 233	TLF01852	4-212	16;448
80TBI : 234	TLF06193	4-932	153;355;473
80TBI : 235	TLF01851	4-213	378;511
80TBI : 236	TLF01850	4-214	387;514
80TBI : 237		4-215	398;519
80TBI : 238	TLF06121	4-829	219;366;486
80TBI : 239	TLF01849	4-216	316;507
80TBI : 240		4-971	217;365;485
80TBI : 241	TLF01848	4-217	212;484
80TBI : 242	TLF01847	4-218	119;467
80TBI : 243-1	TLF06209	4-219	21;449
80TBI : 243-2	TLF06209	4-219	435;530
80TBI : 244	TLF01884	4-221	184;479
80TBI : 245	TLF06130	4-1012	81;342;461
80TBI : 246		4-959	72;342;459

续表

出土编号	馆藏号	分类号	所在《典籍》页码
80TBI : 247	TLF13958	4–835	133;351;470
80TBI : 248	TLF01883	4–222	83;461
80TBI : 249		4–960	72;342;459
80TBI : 250	TLF01882	4–223	390;515
80TBI : 251	TLF06129	4–1011	81;342;461
80TBI : 252	TLF01881	4–224	96;463
80TBI : 253	TLF13948	4–822	230;367;488
80TBI : 254	TLF01880	4–225	390;515
80TBI : 255	TLF01879	4–226	390;515
80TBI : 256a	TLF01878	4–227	390;515
80TBI : 256b	TLF01878	4–227	399;519
80TBI : 257	TLF01877	4–228	314;506
80TBI : 258	TLF01876	4–229	399;519
80TBI : 259	TLF01875	4–230	131;470
80TBI : 260	TLF01874	4–231	22;450
80TBI : 261a	TLF01873	4–232	415;524
80TBI : 261b	TLF01873	4–232	
80TBI : 262	TLF06165	4–1031	274;371;497
80TBI : 263	TLF01871	4–233	387;514
80TBI : 264	TLF01872	4–234	237;489
80TBI : 265	TLF01870	4–235	120;468

续表

出土编号	馆藏号	分类号	所在《典籍》页码
80TBI : 266a	TLF06107	4-998	177;360;477
80TBI : 266b	TLF06107	4-998	432;529
80TBI : 267	TLF01869	4-236	232;488
80TBI : 268	TLF06210	4-220	414;523
80TBI : 269	TLF06110	4-994	106;347;465
80TBI : 270	TLF01868	4-237	414;523
80TBI : 271	TLF01867	4-238	162;475
80TBI : 272	TLF01866	4-239	22;449
80TBI : 273	TLF06111	4-995	97;345;463
80TBI : 274	TLF01865	4-240	33;452
80TBI : 275		4-241	380;512
80TBI : 276		4-961	73;342;459
80TBI : 277	TLF01904	4-242	
80TBI : 278	TLF01903	4-243	181;478
80TBI : 279	TLF01902	4-244	285;498
80TBI : 280	TLF01901	4-245	415;523
80TBI : 281	TLF01900	4-246	417;524
80TBI : 282	TLF01899	4-247	393;516
80TBI : 283	TLF01898	4-248	392;516
80TBI : 284	TLF06126	4-1010	189;362;480
80TBI : 285	TLF01897	4-249	226;487

续表

出土编号	馆藏号	分类号	所在《典籍》页码
80TBI:286	TLF01896	4–250	18;387;449
80TBI:287		4–976	6;334;446
80TBI:288	TLF06138	4–1017	18;第336、337页间插页;449
80TBI:289a	TLF01895	4–251	32;451
80TBI:289b	TLF01895	4–251	385;513
80TBI:290	TLF01894	4–252	168;475
80TBI:291	TLF01893	4–253	325;508
80TBI:292	TLF06120	4–890	67;340;458
80TBI:293–1	TLF06211	4–254	188;479
80TBI:293–2			438;531
80TBI:294	TLF01892	4–255	35;452
80TBI:295a	TLF01891	4–256	411;523
80TBI:295b	TLF01891	4–256	523
80TBI:296	TLF01890	4–257	394;517
80TBI:297	TLF06144	4–1005	123;349;468
80TBI:298a	TLF01889	4–258	425;462;527
80TBI:298b	TLF01889	4–258	237;489
80TBI:299	TLF01888	4–259	86;462
80TBI:300	TLF01887	4–260	383;513
80TBI:301	TLF01886	4–261	325;508
80TBI:302	TLF01924	4–262	

续表

出土编号	馆藏号	分类号	所在《典籍》页码
80TBI：303	TLF01923	4–263	416；524
80TBI：304	TLF01922	4–264	308；505
80TBI：305a	TLF06172	4–1036	167；357；475
80TBI：305b	TLF06172	4–1036	167；475
80TBI：306a	TLF01921	4–265	96；463
80TBI：306b	TLF01921	4–265	96；463
80TBI：307	TLF01920	4–266	221；486
80TBI：308a	TLF01919	4–283	383；513
80TBI：308b	TLF01919	4–283	236；489
80TBI：309		4–951	10；335；447
80TBI：310	TLF01918	4–284	317；507
80TBI：311	TLF01917	4–285	256；492
80TBI：312a	TLF01916	4–267	424；527
80TBI：312b	TLF01916	4–267	236；489
80TBI：313	TLF01915	4–268	425；527
80TBI：314	TLF01914	4–269	391；516
80TBI：315a	TLF06226	4–270	186；479
80TBI：315b	TLF06226	4–270	186；479
80TBI：316	TLF06145	4–1006	124；349；468
80TBI：317		4–286	182；478
80TBI：318	TLF06122	4–830	220；366；486

续表

出土编号	馆藏号	分类号	所在《典籍》页码
80TBI:319	TLF01913	4-271	412;523
80TBI:320	TLF01912	4-272	164;475
80TBI:321	TLF01911	4-273	393;516
80TBI:322		4-287	414;523
80TBI:323		4-274	409;521
80TBI:324a	TLF01910	4-275	378;511
80TBI:324b	TLF01910	4-275	378;511
80TBI:325	TLF01885	4-276	122;468
80TBI:326		4-948	173;359;476
80TBI:327	TLF06189	4-928	298;375;502
80TBI:328a	TLF01909	4-277	378;511
80TBI:328b	TLF01909	4-277	511
80TBI:329	TLF06229	4-278	378;511
80TBI:330-1	TLF06228	4-279	57;455;495
80TBI:330-2	TLF06228	4-279	435;495;530
80TBI:331-(1、2)a	TLF06227	4-280	270;371;495
80TBI:331-(1、2)b	TLF06227	4-280	378;511
80TBI:332	TLF06108	4-992	106;347;465
80TBI:333	TLF06225	4-281	378;511
80TBI:334	TLF13870	4-590	26;第336、337间插页;450
80TBI:335-1	TLF06224	4-282	20;449

续表

出土编号	馆藏号	分类号	所在《典籍》页码
80TBI：335-2			435;530
80TBI：336	TLF01908	4-288	118;467
80TBI：337a	TLF01907	4-289	272;496
80TBI：337b	TLF01907	4-289	434;530
80TBI：338	TLF13882	4-749	109;465
80TBI：339	TLF13881	4-748	62、63间插页;457
80TBI：340	TLF01906	4-290	378;511
80TBI：341	TLF06115	4-1001	91;344;462
80TBI：342	TLF01905	4-291	394;517
80TBI：343	TLF05889	4-292	394;517
80TBI：344	TLF05888	4-293	246;490
80TBI：345	TLF05887	4-294	415;524
80TBI：346	TLF05886	4-295	394;517
80TBI：347	TLF05885	4-296	394;517
80TBI：348	TLF05884	4-297	
80TBI：349	TLF05868	4-298	385;513
80TBI：350	TLF05867	4-299	394;517
80TBI：351	TLF05866	4-300	389;515
80TBI：352	TLF05865	4-301	166;475
80TBI：353	TLF05864	4-302	410;522
80TBI：354	TLF01964	4-303	393;517

续表

出土编号	馆藏号	分类号	所在《典籍》页码
80TBI : 355	TLF01963	4–304	410;522
80TBI : 356	TLF01962	4–305	154;473
80TBI : 357	TLF01961	4–306	424;526
80TBI : 358	TLF01960	4–307	420;525
80TBI : 359	TLF01959	4–308	
80TBI : 360	TLF01958	4–309	424;526
80TBI : 361		4–952	10;335;447
80TBI : 362	TLF01957	4–310	107;465
80TBI : 363	TLF01956	4–311	410;522
80TBI : 364	TLF01955	4–312	421;525
80TBI : 365	TLF01954	4–313	84;462
80TBI : 366	TLF06222	4–314	
80TBI : 367	TLF01953	4–315	277;497
80TBI : 368	TLF01952	4–316	397;518
80TBI : 369	TLF01951	4–317	393;517
80TBI : 370	TLF01950	4–318	420;525
80TBI : 371	TLF01949	4–319	100;464
80TBI : 372	TLF01948	4–320	400;519
80TBI : 373		4–965	127;349;469
80TBI : 374a	TLF01947	4–321	226;487
80TBI : 374b	TLF01947	4–321	432;529

续表

出土编号	馆藏号	分类号	所在《典籍》页码
80TBI：375	TLF01946	4-322	396;518
80TBI：376	TLF06146	4-1023	179;361;477
80TBI：377a	TLF01945	4-323	13;448
80TBI：377b	TLF01945	4-323	315;506
80TBI：378	TLF01936	4-324	395;518
80TBI：379	TLF01935	4-325	395;517
80TBI：380	TLF01934	4-326	91;462
80TBI：381	TLF01933	4-327	434;530
80TBI：382	TLF01937	4-328	198;481
80TBI：383	TLF01932	4-329	378;511
80TBI：384	TLF01938	4-330	188;480
80TBI：385	TLF06137	4-1016	18;第 336、337 页间插页；449
80TBI：386	TLF01931	4-331	389;515
80TBI：387	TLF06194	4-933	153;355;473
80TBI：388	TLF01930	4-332	8;447
80TBI：389	TLF01939	4-333	392;516
80TBI：390a	TLF01940	4-334	301;503
80TBI：390b	TLF01940	4-334	300;503
80TBI：391	TLF01929	4-335	417;524
80TBI：392a	TLF01941	4-336	421;525
80TBI：392b	TLF01941	4-336	423;526

续表

出土编号	馆藏号	分类号	所在《典籍》页码
80TBI:393	TLF01928	4–337	5;446
80TBI:394	TLF01942	4–338	423;526
80TBI:395a	TLF01943	4–339	423;526
80TBI:395b	TLF01943	4–339	387;514
80TBI:396	TLF01927	4–340	265;494
80TBI:397	TLF06223	4–341	422;525
80TBI:398	TLF01944	4–343	99;464
80TBI:399	TLF01925	4–342	422;525
80TBI:400	TLF01926	4–344	395;518
80TBI:401–1	TLF01985	4–345	316;507
80TBI:401–2			442;532
80TBI:402	TLF06231	4–346	415;524
80TBI:403	TLF01986	4–347	384;513
80TBI:404		4–962	73;342;459
80TBI:405	TLF01987	4–348	388;514
80TBI:406a		4–349	384;513
80TBI:406b		4–349	
80TBI:407	TLF01988	4–350	240;490
80TBI:408	TLF01989	4–351	426;528
80TBI:409	TLF01990	4–352	116;467
80TBI:410	TLF01991	4–353	317;507

续表

出土编号	馆藏号	分类号	所在《典籍》页码
80TBI：411		4-966	126;349;469
80TBI：412	TLF01992	4-354	426;527
80TBI：413	TLF01993	4-355	
80TBI：414	TLF01994	4-356	425;527
80TBI：415	TLF01995	4-357	389;515
80TBI：416	TLF01996	4-358	227;487
80TBI：417	TLF01997	4-359	424;526
80TBI：418	TLF01998	4-360	384;513
80TBI：419	TLF01999	4-361	384;513
80TBI：420	TLF05859	4-362	393;517
80TBI：421	TLF05860	4-363	426;528
80TBI：422		4-364	174;476
80TBI：423		4-365	425;527
80TBI：424	TLF05882	4-366	389;515
80TBI：425a	TLF05883	4-367	425;527
80TBI：425b	TLF05883	4-367	424;527
80TBI：426a		4-368	421;525
80TBI：426b		4-368	411;523
80TBI：427	TLF05881	4-369	412;523
80TBI：428	TLF05880	4-370	21;449
80TBI：429	TLF05879	4-371	412;523

续表

出土编号	馆藏号	分类号	所在《典籍》页码
80TBI:430	TLF05878	4-372	426;528
80TBI:431	TLF05877	4-373	310;506
80TBI:432	TLF05876	4-374	426;528
80TBI:433a	TLF05875	4-375	401;520
80TBI:433b	TLF05875	4-375	401;520
80TBI:434		4-947	173;359;476
80TBI:435	TLF05874	4-376	269;495
80TBI:436a	TLF05873	4-377	401;520
80TBI:436b	TLF05873	4-377	520
80TBI:437	TLF05872	4-378	401;520
80TBI:438	TLF05871	4-379	
80TBI:439	TLF05870	4-380	
80TBI:440	TLF05869	4-381	
80TBI:441		4-983	128;350;469
80TBI:442a	TLF01984	4-382	261;493
80TBI:442b	TLF01984	4-382	401;520
80TBI:443	TLF01983	4-383	401;519
80TBI:444a	TLF13947	4-821	46;339;454
80TBI:444b	TLF13947	4-821	46;454
80TBI:445	TLF06118	4-1004	90;343;462
80TBI:446	TLF01982	4-384	401;520

续表

出土编号	馆藏号	分类号	所在《典籍》页码
80TBI：447	TLF01981	4-385	400；519
80TBI：448	TLF080	4-386	401；520
80TBI：449	TLF06188	4-927	108；348；465
80TBI：450	TLF13957	4-828	159；356；474
80TBI：451		4-387	420；524
80TBI：452-1		4-388	284；498
80TBI：452-(2-9)			441；532
80TBI：453-(1-7)		4-389	443；532
80TBI：453-8			111；466
80TBI：453-(9-10)			443；532
80TBI：454		4-390	407；521
80TBI：455-(1-6)		4-391	437；531
80TBI：455-7	TLF06164		140；471
80TBI：455-8			437；531
80TBI：455-9			187；479
80TBI：455-(10-14)			437；531
80TBI：455-15			281；372；498
80TBI：456		4-392	405；521
80TBI：457		4-393	405；521
80TBI：458		4-400	404；521
80TBI：459		4-401	404；520

续表

出土编号	馆藏号	分类号	所在《典籍》页码
80TBI:460		4-402	403;520
80TBI:461		4-403	402;520
80TBI:462		4-404	407;521
80TBI:463		4-405	408;521
80TBI:464		4-406	406;521
80TBI:465a	TLF06136	4-1015	264;371;494
80TBI:465b	TLF06136	4-1015	253;371;492
80TBI:466	TLF06190	4-929	299;375;502
80TBI:467	TLF01979	4-407	410;521
80TBI:468a	TLF01978	4-408	420;524
80TBI:468b	TLF01978	4-408	444;533
80TBI:469	TLF06186	4-923	275;372;497
80TBI:470	TLF01977	4-409	409;521
80TBI:471		4-984	129;350;469
80TBI:472a	TLF01976	4-410	409;521
80TBI:472b	TLF01976	4-410	521
80TBI:473	TLF01975	4-411	397;518
80TBI:474	TLF01974	4-412	397;518
80TBI:475	TLF13958	4-835	134;351;470
80TBI:476	TLF06230	4-394	430;529
80TBI:477	TLF13958	4-835	134;351;470

续表

出土编号	馆藏号	分类号	所在《典籍》页码
80TBI:478	TLF01973	4-413	420;525
80TBI:479	TLF01972	4-414	152;473
80TBI:480	TLF01971	4-415	152;473
80TBI:481		4-981	128;350;469
80TBI:482	TLF01970	4-416	285;498
80TBI:483	TLF01969	4-395	410;522
80TBI:484	TLF13957	4-828	160;356;474
80TBI:485	TLF01968	4-396	410;521
80TBI:486		4-417	241;490
80TBI:487	TLF05862	4-418	52;455
80TBI:488	TLF05861	4-419	319;507
80TBI:489	TLF05863	4-420	321;507
80TBI:490	TLF01967	4-397	165;475
80TBI:491a	TLF13880	4-747	42;453
80TBI:491b	TLF13880	4-747	42;453
80TBI:492	TLF01966	4-424	
80TBI:493-1a		4-421	203;483
80TBI:493-1b		4-421	228;488
80TBI:493-2a			440;531
80TBI:493-2b			435;530
80TBI:493-3a			201;482

续表

出土编号	馆藏号	分类号	所在《典籍》页码
80TBI:493-3b			28;451
80TBI:494-1	TLF01965	4-398	
80TBI:494-2			399;519
80TBI:495-1a			438;531
80TBI:495-1b			442;532
80TBI:495-2a	TLF06232	4-425	186;479
80TBI:495-2b	TLF06232	4-425	303;504
80TBI:496		4-422	397;518
80TBI:497-(1-3)		4-423	439;531
80TBI:497-4			201;482
80TBI:497-5			200;482
80TBI:497-(6-10)			439;531
80TBI:497-11			219;485
80TBI:497-(12-20)			439;531
80TBI:497-21	TLF06131	4-857	207;364;483
80TBI:498-(1-2)		4-426	436;531
80TBI:498-3			200;482
80TBI:498-4			214;485
80TBI:498-(5-9)			436;531
80TBI:498-10			151;473
80TBI:498-11			180;478

续表

出土编号	馆藏号	分类号	所在《典籍》页码
80TBI：498-12			204；483
80TBI：498-(13-17)			436；531
80TBI：498-18			117；467
80TBI：499		4-399	398；519
80TBI：500-1a		4-427	210；484
80TBI：500-(2-5)a			440；532
80TBI：500b			431；529
80TBI：501		4-428	417；524
80TBI：502		4-429	418；524
80TBI：503		4-430	413；523
80TBI：504-1		4-431	441；532
80TBI：504-2			213；485
80TBI：504-(3-4)			441；532
80TBI：505-1			440；532
80TBI：505-2	TLF06101	4-432	211；484
80TBI：506-1			532
80TBI：506-2			532
80TBI：506-3			287；499
80TBI：506-4		4-433	442；532
80TBI：507-1		4-434	286；499
80TBI：507-2			287；499

续表

出土编号	馆藏号	分类号	所在《典籍》页码
80TBI：507-3			286;498
80TBI：507-(4-8)			442;532
80TBI：508a		4-435	331;510
80TBI：508b		4-435	332;510
80TBI：509		4-436	
80TBI：510	TLF06221	4-472	304;504
80TBI：511a	TLF05890	4-437	432;529
80TBI：511b	TLF05890	4-437	208;484
80TBI：512	TLF05891	4-438	209;484
80TBI：513	TLF05892	4-439	208;484
80TBI：514	TLF05893	4-440	203;483
80TBI：515	TLF05894	4-441	204;483
80TBI：516	TLF05895	4-442	119;467
80TBI：517-(1、2)b	TLF06133	4-859	242;364;490
80TBI：517-2a			206;369;483
80TBI：518		4-444	
80TBI：519		4-445	202;482
80TBI：520		4-443	400;519
80TBI：521a、b	TLF05896	4-446	
80TBI：522a、b	TLF06233	4-447	
80TBI：523a、b	TLF05897	4-448	

续表

出土编号	馆藏号	分类号	所在《典籍》页码
80TBI：524-1a、b	TLF00656	4-5	
80TBI：524-2a、b	TLF00657	4-6	
80TBI：524-3a、b	TLF05898	4-449	
80TBI：524-4a、b	TLF05899	4-450	
80TBI：524-5a、b	TLF05900	4-451	
80TBI：525a、b		4-452	
80TBI：526-1a、b	TLF06829		
80TBI：526-2a、b	TLF06830		
80TBI：527a、b	TLF05901	4-453	
80TBI：528	TLF05902	4-454	
80TBI：529a、b	TLF13978	4-882	
80TBI：530	TLF05903	4-455	
80TBI：531		4-456	
80TBI：532a、b	TLF05923	4-457	
80TBI：533		4-458	
80TBI：534a、b	TLF05922	4-459	
80TBI：535a、b	TLF05921	4-460	
80TBI：536a、b	TLF05920	4-461	
80TBI：537	TLF05919	4-462	
80TBI：538a、b	TLF05918	4-463	
80TBI：539a、b	TLF05917	4-464	

续表

出土编号	馆藏号	分类号	所在《典籍》页码
80TBI:540a、b	TLF05916	4-465	
80TBI:541a、b	TLF05915	4-466	
80TBI:542		4-467	
80TBI:543	TLF05914	4-468	
80TBI:544a、b	TLF05913	4-469	
80TBI:545a、b	TLF05912	4-470	
80TBI:546	TLF05911	4-471	
80TBI:547a、b	TLF05910	4-474	
80TBI:548a、b	TLF05909	4-475	
80TBI:549a、b	TLF05908	4-476	
80TBI:550a、b	TLF05907	4-477	
80TBI:551a、b	TLF05906	4-478	
80TBI:552a、b		4-479	
80TBI:553a、b	TLF05905	4-480	
80TBI:554a、b	TLF05904	4-481	
80TBI:555	TLF05943	4-482	
80TBI:556a、b		4-483	
80TBI:557a、b	TLF05942	4-484	
80TBI:558a、b		4-479	
80TBI:559a、b	TLF05941	4-485	
80TBI:560a、b	TLF05940	4-486	

续表

出土编号	馆藏号	分类号	所在《典籍》页码
80TBI：561	TLF05939	4-487	
80TBI：562a、b		4-488	
80TBI：563	TLF05938	4-489	
80TBI：564a、b	TLF05937	4-490	
80TBI：565		4-491	
80TBI：566a、b	TLF05936	4-492	
80TBI：567	TLF05935	4-493	
80TBI：568	TLF05934	4-494	
80TBI：569a、b		4-495	
80TBI：570	TLF05933	4-496	
80TBI：571a、b		4-497	
80TBI：572	TLF05932	4-498	
80TBI：573a、b	TLF05931	4-499	
80TBI：574	TLF05930	4-500	
80TBI：575	TLF05929	4-501	
80TBI：576a、b		4-502	
80TBI：577a、b		4-503	
80TBI：578a、b	TLF05928	4-504	
80TBI：579a、b	TLF05927	4-505	
80TBI：580a、b	TLF05926	4-506	
80TBI：581a、b	TLF05925	4-507	

续表

出土编号	馆藏号	分类号	所在《典籍》页码
80TBI : 582	TLF05924	4-508	
80TBI : 583	TLF05963	4-509	
80TBI : 584	TLF05962	4-510	
80TBI : 585	TLF05961	4-511	
80TBI : 586	TLF05960	4-512	
80TBI : 587	TLF05959	4-513	
80TBI : 588		4-514	
80TBI : 589		4-515	
80TBI : 590		4-516	
80TBI : 591a、b	TLF05958	4-517	
80TBI : 592	TLF05957	4-518	
80TBI : 593	TLF05956	4-519	
80TBI : 594a、b		4-520	
80TBI : 595a、b		4-521	
80TBI : 596-1	TLF06235	4-522	
80TBI : 596-2	TLF13865	4-755	
80TBI : 596-3	TLF05955	4-523	
80TBI : 597	TLF05954	4-524	
80TBI : 598	TLF00710	4-25	
80TBI : 599	TLF05953	4-525	
80TBI : 600	TLF05952	4-526	

续表

出土编号	馆藏号	分类号	所在《典籍》页码
80TBI：601a、b	TLF05950	4-527	
80TBI：602a、b		4-528	
80TBI：603		4-529	
80TBI：604		4-530	
80TBI：605a、b	TLF05948	4-531	
80TBI：606	TLF05947	4-532	
80TBI：607a、b	TLF05946	4-533	
80TBI：608a、b	TLF05945	4-534	
80TBI：609a、b	TLF05944	4-535	
80TBI：610		4-536	
80TBI：611a、b		4-537	
80TBI：612		4-538	
80TBI：613		4-539	
80TBI：614a、b	TLF05951	4-540	
80TBI：615a、b	TLF05967	4-541	
80TBI：616	TLF05965	4-542	
80TBI：617a、b	TLF05966	4-543	
80TBI：618a、b		4-544	
80TBI：619		4-545	
80TBI：620a、b		4-546	
80TBI：621		4-547	

续表

出土编号	馆藏号	分类号	所在《典籍》页码
80TBI:622		4-548	
80TBI:623		4-549	
80TBI:624a、b		4-550	
80TBI:625	TLF05964	4-551	
80TBI:626		4-552	
80TBI:627a、b	TLF05983	4-553	
80TBI:628	TLF05982	4-554	
80TBI:629a、b		4-555	
80TBI:630a、b		4-556	
80TBI:631a、b	TLF05981	4-557	
80TBI:632a、b	TLF05980	4-558	
80TBI:633		4-559	
80TBI:634a、b	TLF05949	4-560	
80TBI:635a、b	TLF05978	4-561	
80TBI:636	TLF05977	4-562	
80TBI:637a、b	TLF05976	4-563	
80TBI:638a、b		4-564	
80TBI:639a、b	TLF05975	4-565	
80TBI:640a、b	TLF05974	4-566	
80TBI:641a、b	TLF05973	4-567	132;470
80TBI:642a、b	TLF05979	4-568	

续表

出土编号	馆藏号	分类号	所在《典籍》页码
80TBI：643a、b	TLF05972	4-569	
80TBI：644a、b	TLF05971	4-570	59;456
80TBI：645a、b	TLF13947	4-821	48;339;454
80TBI：646a、b	TLF05970	4-571	
80TBI：647a、b	TLF05969	4-572	388;514
80TBI：648a	TLF05968	4-573	390;515
80TBI：648b	TLF05968	4-573	515
80TBI：649a	TLF06003	4-574	113;466
80TBI：649b	TLF06003	4-574	113;466
80TBI：650a	TLF06002	4-575	224;487
80TBI：650b	TLF06002	4-575	224;487
80TBI：651a	TLF06001	4-576	225;487
80TBI：651b	TLF06001	4-576	225;487
80TBI：652a	TLF06179	4-924	138;352;470
80TBI：652b	TLF06179	4-924	138;470
80TBI：653a	TLF06000	4-577	31;451
80TBI：653b	TLF06000	4-577	31;451
80TBI：654a	TLF13947	4-821	47;339;454
80TBI：654b	TLF13947	4-821	47;454
80TBI：655a	TLF06160	4-1028	103;346;464
80TBI：655b	TLF06160	4-1028	103;464

续表

出土编号	馆藏号	分类号	所在《典籍》页码
80TBI:656a	TLF05999	4-578	273;497
80TBI:656b	TLF05999	4-578	273;497
80TBI:657a	TLF06181	4-1041	71;341;458
80TBI:657b	TLF06181	4-1041	71;458
80TBI:658a	TLF05998	4-579	245;490
80TBI:658b	TLF05998	4-579	245;490
80TBI:659a	TLF05997	4-580	268;494
80TBI:659b	TLF05997	4-580	268;494
80TBI:660a	TLF05996	4-581	62;457
80TBI:660b	TLF05996	4-581	62;457
80TBI:661a	TLF06177	4-920	161;357;474
80TBI:661b	TLF06177	4-920	161;474
80TBI:662a	TLF06173	4-1037	14;336;448
80TBI:662b	TLF06173	4-1037	14;448
80TBI:663a	TLF06174	4-1038	14;336;448
80TBI:663b	TLF06174	4-1038	14;448
80TBI:664a、b	TLF05995	4-582	
80TBI:665a	TLF05994	4-583	30;451
80TBI:665b	TLF05994	4-583	30;451
80TBI:666a	TLF05993	4-584	2;446
80TBI:666b	TLF05993	4-584	2;446

续表

出土编号	馆藏号	分类号	所在《典籍》页码
80TBI：667a	TLF05992	4-585	391;516
80TBI：667b	TLF05992	4-585	516
80TBI：668a	TLF05991	4-586	156;474
80TBI：668b	TLF05991	4-586	156;474
80TBI：669a	TLF05990	4-587	324;508
80TBI：669b	TLF05990	4-587	324;508
80TBI：670a	TLF05989	4-588	75;459
80TBI：670b	TLF05989	4-588	75;459
80TBI：671a	TLF05988	4-589	50;454
80TBI：671b	TLF05988	4-589	50;454
80TBI：672a	TLF05987	4-590	157;474
80TBI：672b	TLF05987	4-590	157;474
80TBI：673a	TLF05986	4-591	385;513
80TBI：673b	TLF05986	4-591	513
80TBI：674a	TLF05985	4-592	54;455
80TBI：674b	TLF05985	4-592	54;455
80TBI：675a	TLF05984	4-593	45;453
80TBI：675b	TLF05984	4-593	45;453
80TBI：676a、b	TLF06020	4-594	
80TBI：677a	TLF06162	4-1030	102;346;464
80TBI：677b	TLF06162	4-1030	102;464

续表

出土编号	馆藏号	分类号	所在《典籍》页码
80TBI:678a	TLF13959	4-836	145;354;472
80TBI:678b	TLF13959	4-836	145;472
80TBI:679a			229;367;488
80TBI:679b			229;488
80TBI:680a、b	TLF06019	4-595	
80TBI:681a	TLF06018	4-596	261;493
80TBI:681b	TLF06018	4-596	261;493
80TBI:682a	TLF06017	4-597	154;473
80TBI:682b	TLF06017	4-597	154;473
80TBI:683a	TLF06147	4-1024	179;361;477
80TBI:683b	TLF06147	4-1024	179;477
80TBI:684a	TLF06016	4-598	157;474
80TBI:684b	TLF06016	4-598	157;474
80TBI:685a	TLF06015	4-599	3;446
80TBI:685b	TLF06015	4-599	3;446
80TBI:686a	TLF06014	4-600	267;494
80TBI:686b	TLF06014	4-600	267;494
80TBI:687a	TLF06013	4-601	395;518
80TBI:687b	TLF06013	4-601	518
80TBI:688a	TLF06175	4-602	184;361;478
80TBI:688b			184;478
80TBI:689a	TLF06011	4-603	33;451

续表

出土编号	馆藏号	分类号	所在《典籍》页码
80TBI：689b	TLF06011	4-603	33;451
80TBI：690a	TLF06183	4-1043	55;340;455
80TBI：690b	TLF06183	4-1043	55;455
80TBI：691a	TLF06010	4-604	3;446
80TBI：691b	TLF06010	4-604	3;446
80TBI：692a	TLF06009	4-605	199;482
80TBI：692b	TLF06009	4-605	199;482
80TBI：693a	TLF06008	4-606	258;493
80TBI：693b	TLF06008	4-606	258;493
80TBI：694a		4-953	251;370;491
80TBI：694b		4-953	251;491
80TBI：695a		4-956	249;370;491
80TBI：695b		4-956	249;491
80TBI：696a、b	TLF06005	4-607	
80TBI：697a	TLF06004	4-608	212;484
80TBI：697b	TLF13948	4-822	212;484
80TBI：698a	TLF06006	4-609	181;478
80TBI：698b	TLF06006	4-609	181;478
80TBI：699a	TLF06007	4-610	36;452
80TBI：699b	TLF06007	4-610	36;452
80TBI：700a	TLF06169	4-1033	155;355;473
80TBI：700b	TLF06169	4-1033	155;473

续表

出土编号	馆藏号	分类号	所在《典籍》页码
80TBI : 701a	TLF06021	4-611	251;491
80TBI : 701b	TLF06021	4-611	251;491
80TBI : 702a	TLF06022	4-612	392;516
80TBI : 702b	TLF06022	4-612	516
80TBI : 703a	TLF06023	4-613	412;523
80TBI : 703b	TLF06023	4-613	523
80TBI : 704a	TLF06033	4-614	16;448
80TBI : 704b	TLF06033	4-614	16;448
80TBI : 705a	TLF06034	4-615	2;446
80TBI : 705b	TLF06034	4-615	2;446
80TBI : 706a	TLF06035	4-616	259;493
80TBI : 706b	TLF06035	4-616	259;493
80TBI : 707a	TLF06036	4-617	166;475
80TBI : 707b	TLF06036	4-617	166;475
80TBI : 708a	TLF06037	4-618	113;466
80TBI : 708b	TLF06037	4-618	113;466
80TBI : 709a	TLF06038	4-619	411;522
80TBI : 709b	TLF06038	4-619	522
80TBI : 710a	TLF06184	4-1044	54;340;455
80TBI : 710b	TLF06184	4-1044	54;455
80TBI : 711a	TLF06039	4-620	429;528

续表

出土编号	馆藏号	分类号	所在《典籍》页码
80TBI：711b	TLF06039	4-620	528
80TBI：712a、b	TLF06040	4-621	
80TBI：713a	TLF06041	4-622	423；526
80TBI：713b	TLF06041	4-622	526
80TBI：714a	TLF06170	4-1034	155；355；473
80TBI：714b	TLF06170	4-1034	155；473
80TBI：715a	TLF06182	4-1042	70；341；458
80TBI：715b	TLF06182	4-1042	70；458
80TBI：716a	TLF06180	4-925	135；352；470
80TBI：716b	TLF06180	4-925	135；470
80TBI：717a	TLF06042	4-623	136；470
80TBI：717b	TLF06042	4-623	136；470
80TBI：718a	TLF06043	4-624	421；525
80TBI：718b	TLF06043	4-624	525
80TBI：719-1a		4-954	250；370；491
80TBI：719-1b			250；491
80TBI：719-2a		4-955	250；370；491
80TBI：719-2b			250；491
80TBI：720-1a	TLF06024	4-625	129；469
80TBI：720-2a			443；532
80TBI：720b			129；469

续表

出土编号	馆藏号	分类号	所在《典籍》页码
80TBI：721-1a	TLF06025	4-626	51；454
80TBI：721-2a			435；530
80TBI：721b			51；454
80TBI：722a	TLF06031	4-627	425；527
80TBI：722b	TLF06031	4-627	527
80TBI：723a	TLF13959	4-836	144；354；472
80TBI：723b	TLF13959	4-836	144；472
80TBI：724a		4-957	249；491
80TBI：724b		4-957	249；370；491
80TBI：725	TLF06027	4-628	332；510
80TBI：726a	TLF06032	4-629	17；449
80TBI：726b	TLF06032	4-629	17；449
80TBI：727a		4-958	248；370；491
80TBI：727b		4-958	248；491
80TBI：728a	TLF06028	4-630	143；471
80TBI：728b	TLF06028	4-630	143；471
80TBI：729a	TLF06176	4-1040	183；361；478
80TBI：729b	TLF06176	4-1040	183；478
80TBI：730a	TLF06029	4-631	259；493
80TBI：730b	TLF06029	4-631	259；493
80TBI：731a、b	TLF06030	4-632	

续表

出土编号	馆藏号	分类号	所在《典籍》页码
80TBI：732a	TLF06171	4–1035	167；357；475
80TBI：732b	TLF06171	4–1035	167；475
80TBI：733a	TLF06087	4–633	389；515
80TBI：733b	TLF06087	4–633	
80TBI：734a		4–634	427；528
80TBI：734b			528
80TBI：735a		4–635	429；528
80TBI：735b		4–635	
80TBI：736a		4–636	428；528
80TBI：736b		4–636	
80TBI：737a		4–637	429；529
80TBI：737b		4–637	
80TBI：738–(1、4、5、7、8、9)a			435；531
80TBI：738–2a			189；480
80TBI：738–3a	TLF06104	4–638	147；355；472
80TBI：738–6a			111；466
80TBI：738b		4–638	111；466
80TBI：739a		4–639	428；528
80TBI：739b		4–639	
80TBI：740–(1–4)a		4–640	438；531
80TBI：740–5a			177；477

续表

出土编号	馆藏号	分类号	所在《典籍》页码
80TBI:740(6-9)a			438;531
80TBI:740b			177
80TBI:741-(1-6)a		4-641	443;533
80TBI:741-7a			183;478
80TBI:741-7b			183;478
80TBI:741-8a			443;533
80TBI:742(1-5)a		4-642	435;530
80TBI:742-6a			110;465
80TBI:742b			110;465
80TBI:743a		4-643	422;525
80TBI:743b		4-643	
80TBI:744a、b	TLF06083	4-644	
80TBI:745a	TLF06178	4-921	160;357;474
80TBI:745b	TLF06178	4-921	160;474
80TBI:746a	TLF06161	4-1029	104;346;464
80TBI:746b	TLF06161	4-1029	104;464
80TBI:747a			4;446
80TBI:747b			4;446
80TBI:748a	TLF06086	4-645	76;459
80TBI:748b	TLF06086	4-645	76;459
80TBI:749a、b	TLF06026	4-646	

续表

出土编号	馆藏号	分类号	所在《典籍》页码
80TBI：750a	TLF06085	4-647	125;468
80TBI：750b	TLF06085	4-647	125;468
80TBI：751a	TLF06064	4-648	388;514
80TBI：751b	TLF06064	4-648	
80TBI：752a	TLF06065	4-649	267;494
80TBI：752b	TLF06065	4-649	433;530
80TBI：753a	TLF06051	4-650	227;487
80TBI：753b	TLF06051	4-650	228;488
80TBI：754	TLF06066	4-651	
80TBI：755	TLF06067	4-652	83;461
80TBI：756-1a			440;531
80TBI：756-2a			440;531
80TBI：756-3a	TLF06128	4-653	205;364;483
80TBI：756-3b			205
80TBI：756-4a	TLF06127	4-831	205;364;483
80TBI：757a、b	TLF06052	4-654	
80TBI：758a	TLF06053	4-655	50;454
80TBI：758b	TLF06053	4-655	50;454
80TBI：759a	TLF06054	4-657	211;484
80TBI：759b	TLF06054	4-657	211;484
80TBI：760a	TLF06055	4-656	423;526

续表

出土编号	馆藏号	分类号	所在《典籍》页码
80TBI:760b	TLF06055	4-656	411;522
80TBI:761a	TLF06056	4-658	411;522
80TBI:761b	TLF06056	4-658	
80TBI:762a	TLF06057	4-659	395;517
80TBI:762b	TLF06057	4-659	
80TBI:763	TLF06234	4-660	
80TBI:764-1a	TLF06140	4-1019	43;338;453
80TBI:764-1b	TLF06140	4-1019	43;453
80TBI:764-2a	TLF06141	4-1020	43;338;453
80TBI:764-2b	TLF06141	4-1020	43;453
80TBI:765a	TLF06105	4-991	148;355;472
80TBI:765b	TLF06105	4-991	148;355;472
80TBI:766a	TLF06069	4-661	35;452
80TBI:766b	TLF06069	4-661	35
80TBI:767a	TLF06058	4-662	423;526
80TBI:767b	TLF06058	4-662	
80TBI:768a	TLF06070	4-663	150;472
80TBI:768b	TLF06070	4-663	150;472
80TBI:769a	TLF06071	4-664	423;526
80TBI:769b	TLF06071	4-664	
80TBI:770a	TLF06103	4-989	149;355;472

续表

出土编号	馆藏号	分类号	所在《典籍》页码
80TBI：770b	TLF06103	4-989	149;355;472
80TBI：771a	TLF06072	4-665	176;477
80TBI：771b	TLF06072	4-665	176;477
80TBI：772a	TLF06139	4-1018	44;338;453
80TBI：772b	TLF06139	4-1018	44;453
80TBI：773a	TLF06073	4-666	61;457
80TBI：773b	TLF06073	4-666	61;457
80TBI：774a	TLF13866	4-750	19;449
80TBI：774b	TLF13866	4-750	19
80TBI：775	TLF06074	4-667	
80TBI：776	TLF06075	4-668	107;465
80TBI：777	TLF06076	4-669	411;522
80TBI：778	TLF06077	4-670	
80TBI：779	TLF06078	4-671	55;455
80TBI：780	TLF06080	4-672	411;522
80TBI：781	TLF13912	4-745	
80TBI：782		4-673	
80TBI：783	TLF06082	4-674	
80TBI：784-(1-4)a		4-675	444;533
80TBI：784-5a	TLF06158	4-1026	289;373;500
80TBI：784b	TLF06158	4-1026	

续表

出土编号	馆藏号	分类号	所在《典籍》页码
80TBI:785	TLF06373	4-744	
80TBI:786	TLF06059	4-676,4-677	
80TBI:786	TLF06236		
80TBI:787	TLF13913	4-746	
80TBI:788	TLF13911	4-678	
80TBI:789a、b		4-679	
80TBI:790a	TLF06044	4-680	301
80TBI:790b	TLF06044	4-680	301;503
80TBI:791	TLF06045	4-681	
80TBI:792	TLF06373	4-743	
80TBI:793	TLF06079	4-691	
80TBI:794	TLF06046	4-682	
80TBI:795	TLF06081	4-692	
80TBI:796	TLF06047	4-683	
80TBI:797	TLF06048	4-684	
80TBI:798a、b	TLF06049	4-685	
80TBI:799a	TLF06050	4-686	410;522
80TBI:799b	TLF06050	4-686	
80TBI:800a	TLF06063	4-690	13;448
80TBI:800b	TLF06063	4-690	
80TBI:801	TLF06062	4-689	

续表

出土编号	馆藏号	分类号	所在《典籍》页码
80TBI：802	TLF06061	4–688	
80TBI：803	TLF06060	4–687	
80TBI：804	TLF00413	4–17	
81TB10：01	TLF13871	4–757	38；452
81TB10：02a	TLF06096	4–907	381；512
81TB10：02b	TLF06096	4–907	380；512
81TB10：03a	TLF06092	4–698	444；533
81TB10：03b	TLF06092	4–698	421；525
81TB10：04a	TLF06091	4–697	302；504
81TB10：04b	TLF06091	4–697	423；526
81TB10：05a、b		4–937	
81TB10：06–1a		4–938	49；454
81TB10：06–1b		4–938	49；454
81TB10：06–2		4–939	36；452
81TB10：06–3a、b		4–940	
81TB10：06–4a、b		4–941	
81TB10：07a	TLF06095	4–906	419；524
81TB10：07b	TLF06095	4–906	
81TB10：08a	TLF01626		243；490
81TB10：08b	TLF01626		244
81TB10：09	TLF06084	4–693	
81TB10：10a	TLF06088	4–694	63；457
81TB10：10b	TLF06088	4–694	63；457
81TB10：11a	TLF06094	4–700	37；452

续表

出土编号	馆藏号	分类号	所在《典籍》页码
81TB10:11b	TLF06094	4-700	37;452
81TB10:12a	TLF06093	4-699	39;453
81TB10:12b	TLF06093	4-699	39;453
81TB10:13a	TLF06089	4-695	37;452
81TB10:13b	TLF06089	4-695	37;452
81TB10:14a	TLF06090	4-696	48;454
81TB10:14b	TLF06090	4-696	48;454
81TB60:1	TLF00339	4-24	
81TB60:2			
81TB60:3	TLF06102		
81TB60:4a、b	TLF06100		
81TB60:5			
81TB60:6a、b		4-942	
81TB60:7	TLF06099	4-910	
81TB60:8	TLF06098	4-909	

1981年吐峪沟石窟出土文书索引及对照表

出土编号	馆藏号	分类号	所在《典籍》页码
81SAT:3-1	TLF08109	4-936	40;453
81SAT:3-2			412;523
81SAT:3-3			412;523
81SAT:3-4			412;523
81SAT:5	TLF08108	4-1236	75;459
81SAT:6			426;428

参考文献

1. 包晓悦:《日本书道博物馆藏吐鲁番文献目录》(上、中、下),《吐鲁番学研究》2015 年第 2 期,2016 年第 1 期,2017 年第 1 期。

2. 陈壁生:《明皇改经与〈孝经〉学的转折》,《中国哲学史》2012 年第 2 期。

3. 陈耕:《刀笔殊途——旅顺博物馆藏新疆出土佛经"单刻本"实为写本考论》,王振芬、荣新江主编:《丝绸之路与新疆出土文献》,北京:中华书局,2019 年。

4. 陈国灿:《吐鲁番文书在解放前的出土及其研究概况》,《中国史研究动态》1984 年第 6 期。

5. 陈国灿:《安史乱后的唐二庭四镇》,《唐研究》第二卷,北京:北京大学出版社,1996 年。

6. 陈国灿:《从吐鲁番出土文书看唐前期户税》,《敦煌吐鲁番研究》第四卷,北京:北京大学出版社,1999 年。

7. 陈国灿:《吐鲁番出土唐代文献编年》,台北:新文丰出版有限公司,2002 年。

8. 陈国灿:《吐鲁番学研究和发展刍议》,《吐鲁番学研究》2003 年第 1 期。

9. 陈国灿:《鄯善新发现的一批唐代文书》,《吐鲁番学研究》2005 年第 2 期。

10. 陈国灿:《火焰山下的古代文明与吐鲁番学研究》《对新世纪吐鲁番学发展的展望》,载《论吐鲁番学》,上海:上海古籍出版社,2010 年。

11. 陈国灿:《对高昌国诸城"丁输木薪额"文书的研究——兼论高昌国早期的诸城分布》,《吐鲁番学研究》2015 年第 1 期。

12. 陈国灿:《高昌王国对郡县的扩建——吐鲁番地名研究之三》,《吐鲁番学研究》2016 年第 1 期。

13. 陈国灿:《对高昌东部诸古城遗址的查访——吐鲁番古代地名研究之六》,《吐鲁番学研究》2017 年第 2 期。

14. 陈国灿、刘安志主编:《吐鲁番文书总目》(日本收藏卷),武汉:武汉大学出版社,2005 年。

15. 陈凌、李裕群、李肖:《二〇一〇年新疆吐峪沟石窟考古新收获》,《中国文物报》2011 年 1 月 21 日,第 9 版。

16. 陈世良:《雅儿湖石窟调查报告》, 载解耀华主编:《交河故城的保护与研究》,乌鲁木齐:新疆人民出版社,1999 年。

17. 陈玉珍、徐东良、赵静、徐静:《哈拉和卓三八四号墓葬出土棉布袋的修复与研究》,《新博文苑》2017 年第 1 期。

18. 陈玉珍、赵静、路莹:《浅谈吐鲁番博物馆藏鸡鸣枕的保护与修复》,《龟兹研究》2017 年第 1 期。

19. 丁晓莲、王龙:《吐峪沟石窟寺西岸中区考古新收获》,《吐鲁番学研究》2015 年第 2 期。

20. 董永强:《唐代西州百姓陪葬〈孝经〉习俗考论》,《西北大学学报》2015 年第 2 期。

21. 冯家昇:《1960 年吐鲁番新发现的古突厥文》,《文史》第 3 辑,1963 年。

22. 付马:《黄文弼所获文书中的回鹘时代高昌地区城郭名目——兼论回鹘高昌“二十二城”名实》,载荣新江、朱玉麒主编:《西域考古·史地·语言研究新视野》,北京:科学出版社,2014 年。

23. 观民:《交河城调查记》,《考古》1959 年第 5 期。

24. 郭沫若:《新疆新出土的晋人写本〈三国志〉残卷》,《文物》1972 年第 8 期。

25. 侯灿:《新发现的高昌王阚首归与麴嘉年号考》,《西北史地》1984 年第 1 期。

26. 侯灿:《吐鲁番学与吐鲁番考古研究概述》,《敦煌学辑刊》1989 年第 1期。

27. 侯灿:《高昌章和十三年朱阿定妻杨氏墓表出土时间、地点与有关问题补论》,载《高昌楼兰研究论集》,乌鲁木齐:新疆人民出版社,1990年。

28. 侯灿:《解放后新出吐鲁番墓志录》,载《敦煌吐鲁番文献研究论集》第5辑,北京:北京大学出版社,1990年。

29. 侯灿、吴美琳:《吐鲁番出土砖志集注》,成都:巴蜀书社,2002年。

30. 侯世新:《吐峪沟石窟寺第38窟龟兹风探析》,《敦煌学辑刊》2011年第2期。

31. 黄文弼:《吐鲁番考古记》,中国科学院考古研究所编:《考古学特刊》第3号,北京:中国科学院,1954年。

32. 交河故城保护修缮办公室编著:《交河故城——1993、1994年度考古发掘报告》,北京:东方出版社,1998年。

33. 李方、王素:《吐鲁番出土文书人名地名索引》,北京:文物出版社,1996年。

34. 李文瑛、王宗磊:《近年来交河故城考古的新成果》,《西域研究》1997年第3期。

35. 李肖主编:《吐鲁番文物精粹》,上海:上海辞书出版社,2006年。

36. 李遇春:《新疆吐鲁番、吉木萨尔勘察记》,《文物参考资料》1958年第11期。

37. 李遇春:《吐鲁番出土〈三国志·魏书〉和佛经时代的初步研究》,《敦煌学辑刊》1989年第1期。

38. 刘波:《普林斯顿大学东亚图书馆藏吐鲁番文书唐写本经义策残卷之整理与研究》,《文献》2011年第3期。

39. 刘绍刚、侯世新主编:《新疆博物馆新获文书研究》,北京:中华书局,2013年。

40. 柳洪亮:《唐天山县南平乡令狐氏墓志考释》,《文物》1984年第5期。

41. 柳洪亮:《柏孜柯里克新发现的〈杨公重修寺院碑〉》,《敦煌研究》1987年第1期。

42. 柳洪亮:《雅尔湖千佛洞考察随笔》,《敦煌研究》1988年第4期。

43. 柳洪亮:《高昌碑刻述略》,《新疆文物》1991 年第 1 期。

44. 柳洪亮:《吐鲁番阿斯塔那古墓群 360 号墓出土文书》,《考古》1991 年第 1 期。

45. 柳洪亮:《吐鲁番艾丁湖潘坎出土的虎叼羊纹铜饰牌——试论鄂尔多斯式青铜器在西域的影响》,《新疆文物》1992 年第 2 期。

46. 柳洪亮:《交河故城出土唐写本〈孝经〉残卷跋》,《新疆文物》1994 年第 4 期。

47. 柳洪亮:《新出吐鲁番文书及其研究》, 乌鲁木齐: 新疆人民出版社, 1997 年。

48. 鲁礼鹏:《吐鲁番阿斯塔那古墓群墓葬登记表》,《新疆文物》2000 年第 3、4 期。

49. 鲁礼鹏:《吐鲁番哈拉和卓古墓群发掘墓葬登记表》,《新疆文物》2000 年第 3—4 期。

50. 鲁礼鹏:《吐鲁番阿斯塔那墓地出土木案类型学研究》,《吐鲁番学研究》2014 年第 1 期。

51. 鲁礼鹏:《吐鲁番阿斯塔那古墓群出土陶（泥）灯研究》,《吐鲁番学研究》2015 年第 2 期。

52. 鲁礼鹏:《吐鲁番阿斯塔那墓地出土镇墓神兽研究》,载《吐鲁番与丝绸之路经济带高峰论坛暨第五届吐鲁番学国际学术研讨会论文集》,上海:上海古籍出版社,2016 年。

53. 路莹、陈玉珍、热米娜·克衣木:《吐鲁番博物馆馆藏麻线鞋的保护修复与工艺研究》,《吐鲁番学研究》2019 年第 2 期。

54. 吕恩国:《鄯善县苏贝希Ⅰ号墓地》《鄯善县苏贝希Ⅲ号墓地》《鄯善县苏贝希遗址》,《中国考古学年鉴·1993》,北京:文物出版社,1995 年。

55. 吕恩国、张永兵:《新疆鄯善洋海墓地》,《文物天地》2004 年第 6 期。

56. 马丽平:《吐鲁番博物馆馆藏未刊钱币》,《新疆钱币》2016 年第 2 期。

57. 宁可、郝春文辑校:《敦煌社邑文书辑校》,南京:江苏古籍出版社,1997年。

58. 钱伯泉:《高昌国郡县城镇的建制及其地望考实》,《新疆大学学报》1988年第2期。

59. 强跃主编:《披沙拣金廿五载——陕西历史博物馆新征集文物图录》,西安:陕西人民出版社,2016年。

60. 荣新江、李肖、孟宪实主编:《新获吐鲁番出土文献》,北京:中华书局,2008年。

61. 荣新江、孟宪实:《吐鲁番学研究:回顾与展望》,《西域研究》2007年第4期。

62. 荣新江、余欣、王素:《首都博物馆藏敦煌吐鲁番文献经眼录》,《首都博物馆丛刊》第18辑,2004年。

63. 荣新江:《吐鲁番新出送使文书与阚氏高昌王国的郡县城镇》,《敦煌吐鲁番研究》第十卷,上海:上海古籍出版社,2007年。

64. 荣新江主编:《吐鲁番文书总目》(欧美收藏卷),武汉:武汉大学出版社,2007年。

65. 荣新江:《日本散藏吐鲁番文书知见录》,《浙江大学学报》2016年第4期。

66. 荣新江:《中国散藏吐鲁番文书知见录》,载《敦煌吐鲁番文书与中古史研究——朱雷先生八十秩荣诞祝寿集》,上海:上海古籍出版社,2016年。

67. 沙比提·阿合买提:《吐鲁番胜金口附近佛庙遗址出土的文物》,《文物》1960年第5期。

68. 石墨林:《〈吐鲁番出土文书〉录文本、图文本简明目录对照表》,《魏晋南北朝隋唐史资料》第15、16辑,武汉:武汉大学出版社,1997、1998年。

69. 石墨林:《三种新出版吐鲁番文书人名地名索引》,《魏晋南北朝隋唐史资料》第18辑,武汉:武汉大学出版社,2001年。

70. 石墨林:《大谷文书集成(壹)人名地名索引——附录与其他吐鲁番文书互见的人名地名》,《魏晋南北朝隋唐史资料》第19辑,武汉:武汉大学文科学报编辑部,2002年。

71. 石墨林:《大谷文书集成(贰)人名地名索引——附录与其他吐鲁番文

书互见的人名地名》,《魏晋南北朝隋唐史资料》第 20 辑,武汉:武汉大学文科学报编辑部,2003 年。

72. 石墨林:《大谷文书集成(叁)人名地名索引——附录与其他吐鲁番文书互见的人名地名》,《魏晋南北朝隋唐史资料》第 21 辑,武汉:武汉大学文科学报编辑部,2004 年。

73. 汤士华、陈玉珍:《雅尔湖石窟 4 号窟千佛图像研究》,载新疆吐鲁番学研究院编:《吐鲁番学研究:第三届吐鲁番学暨欧亚游牧民族的起源与迁徙国际学术研讨会》,上海:上海古籍出版社,2010 年。

74. 唐耕耦、陆宏基编:《敦煌社会经济文献真迹释录》(第三辑),北京:全国图书馆文献缩微复制中心,1990 年。

75. 田卫疆、赵文泉主编:《鄯善历史文化论集》,乌鲁木齐:新疆人民出版社,2006 年。

76. 吐鲁番博物馆、吐鲁番学研究院编:《吐鲁番博物馆藏历代钱币图录》,上海:上海古籍出版社,2013 年。

77. 吐鲁番博物馆、吐鲁番学研究院编:《丝路遗珠:交河故城、高昌故城申报世界文化遗产文物精品展》,上海:上海古籍出版社,2014 年。

78. 吐鲁番地区文管所:《新疆鄯善苏巴什古墓葬》,《考古》1984 年第 1 期。

79. 吐鲁番地区文管所:《唐北庭副都护高耀墓发掘简报》,《新疆社会科学》1985 年第 4 期。

80. 吐鲁番地区文管所:《新疆托克逊县英亚依拉克古墓群调查》,《考古》1985 年第 5 期。

81. 吐鲁番地区文管所:《柏孜克里克千佛洞遗址清理简记》,《文物》1985 年第 8 期。

82. 吐鲁番地区文管所:《新疆鄯善县吐峪沟发现陶棺葬》,《考古》1986 年第 1 期。

83. 吐鲁番地区文管所:《吐鲁番哈拉和卓乡竖穴木棺墓发掘简报》,《新疆文物》1986 年第 2 期。

84. 吐鲁番地区文管所:《托克逊县喀格恰克古墓群清理简报》,《考古》1987 年第 7 期。

85. 吐鲁番地区文管所:《新疆鄯善县苏巴什古墓群的新发现》,《考古》1988 年第 6 期。

86. 吐鲁番地区文管所:《吐鲁番采坎古墓群清理简报》,《新疆文物》1990 年第 3 期。

87. 吐鲁番地区文管所:《阿拉沟竖穴木棺墓清理简报》,《新疆文物》1991 年第 2 期。

88. 吐鲁番地区文管所:《1986 年新疆吐鲁番阿斯塔那古墓群发掘简报》,《考古》1992 年第 2 期。

89. 吐鲁番地区文管所:《吐鲁番北凉武宣王沮渠蒙逊夫人彭氏墓》,《文物》1994 年第 9 期。

90. 吐鲁番地区文物局、吐鲁番学研究院:《大桃儿沟石窟调查简报》《小桃儿沟石窟调查简报》,《吐鲁番学研究》2012 年第 1 期。

91. 吐鲁番地区文物局、吐鲁番学研究院:《雅尔湖石窟调查简报》,《吐鲁番学研究》2015 年第 1 期。

92. 吐鲁番地区文物局:《鄯善洋海墓地出土文物》,《新疆文物》1998 年第 3 期。

93. 吐鲁番地区文物局:《吐鲁番阿斯塔那古墓群西区 408、409 墓清理简报》,《吐鲁番学研究》2004 年第 2 期。

94. 吐鲁番地区文物局:《吐鲁番交河故城沟西墓地康氏家族墓清理简报》,《吐鲁番学研究》2005 年第 2 期。

95. 吐鲁番地区文物局:《吐鲁番巴达木墓地清理简报》,《吐鲁番学研究》2006 年第 1 期。

96. 吐鲁番地区文物局:《木纳尔墓地清理简报》,《吐鲁番学研究》2006 年第 2 期。

97. 吐鲁番地区文物局:《新疆吐鲁番地区阿斯塔那古墓群西区 408、409

号墓》,《考古》2006 年第 12 期。

98. 吐鲁番地区文物局:《新疆吐鲁番地区巴达木墓地发掘简报》,《考古》2006 年第 12 期。

99. 吐鲁番地区文物局:《新疆吐鲁番地区交河故城沟西墓地康氏家族墓》,《考古》2006 年第 12 期。

100. 吐鲁番地区文物局:《新疆吐鲁番地区木纳尔墓地的发掘》,《考古》2006 年第 12 期。

101. 吐鲁番地区文物局:《吐鲁番地区鄯善县洋海墓地斜坡土洞墓清理简报》,《吐鲁番学研究》2007 年第 1 期。

102. 吐鲁番地区文物局:《1987 年收缴的洋海墓地被盗出土器物》,《吐鲁番学研究》2011 年第 2 期。

103. 吐鲁番市文物局、吐鲁番学研究院、吐鲁番博物馆编著:《吐鲁番晋唐墓地:交河沟西、木纳尔、巴达木发掘报告》,北京:文物出版社,2019 年。

104. 吐鲁番学研究院、新疆文物考古研究所:《拜什塔木遗址调查简报》,《吐鲁番学研究》2016 年第 1 期。

105. 吐鲁番学研究院、新疆文物考古研究所:《吐鲁番加依墓地发掘简报》,《吐鲁番学研究》2014 年第 1 期。

106. 吐鲁番学研究院、新疆文物考古研究所:《吐鲁番市鄯善县东湖烽火台发掘简报》,《吐鲁番学研究》2016 年第 2 期。

107. 吐鲁番学研究院:《2006 年鄯善洋海一号墓地保管站北区清理简报》,《吐鲁番学研究》2008 年第 2 期。

108. 吐鲁番学研究院:《新疆吐鲁番阿斯塔那墓地西区 2004 年发掘简报》,《文物》2014 年第 7 期。

109. 吐鲁番学研究院:《伯西哈石窟发掘简报》,《吐鲁番学研究》2020 年第 1 期。

110. 吐鲁番学研究院技术保护研究所:《新疆吐鲁番阿斯塔那古墓群出土唐代麻布修复报告》,《吐鲁番学研究》2013 年第 2 期。

111. 吐鲁番学研究院考古研究所:《吐鲁番阿斯塔那古墓群Ⅱ区 M411 的抢救性发掘简报》,《吐鲁番学研究》2014 年第 2 期。

112. 吐鲁番学研究院技术保护研究所:《吐鲁番阿斯塔那古墓群三六一号墓葬出土皮鞋保护修复报告》,《吐鲁番学研究》2015 年第 1 期。

113. 王炳华:《阿拉沟古堡及其出土唐代文书残纸》, 荣新江主编:《唐研究》第八卷,北京:北京大学出版社,2002 年。

114. 王丽梅、陈玉珍、徐东良:《吐鲁番市阿斯塔那第 379 号墓葬出土绢裙保护修复报告》,《新博文苑》2016 年第 2 期。

115. 王龙:《吐鲁番市军事设施遗址考古调查发掘记》,《吐鲁番学研究》2015 年第 2 期。

116. 王启涛:《吐鲁番出土文书研究》,成都:巴蜀书社,2005 年。

117. 王素:《吐鲁番出土高昌文献编年》,台北:新文丰出版公司,1997 年。

118. 王素:《高昌史稿》(交通编),北京:文物出版社,2000 年。

119. 王素:《略谈香港新出吐鲁番契券的意义——〈高昌史稿·统治编〉续论之一》,《文物》2003 年第 10 期。

120. 王素:《吉光片羽,功德无量——〈吐鲁番柏孜克里克石窟出土汉文佛教典籍〉述评》,《吐鲁番学研究》2008 年第 2 期。

121. 王素:《高昌王令形制综论》,《西域研究》2019 年第 1 期。

122. 王小雄:《胜金口千佛洞第五窟壁画中的花鸟画浅析》,《吐鲁番学研究》2019 年第 1 期。

123. 王宗磊:《1994—1996 年中日吐鲁番交河沟西墓地考古工作回顾及收获》,《新疆文物》1997 年第 3 期。

124. 吴震:《吐鲁番出土文书中的交河》,载《交河故城保护与研究》,乌鲁木齐:新疆人民出版社,1999 年。

125. 吴勇:《新疆吐鲁番胜金口石窟考古发掘新收获》,《西域研究》2012 年第 3 期。

126. 武伯纶:《新疆天山南路的文物调查》,《文物参考资料》1954 年第 10期。

127. 夏侠:《阿斯塔那古墓群出土纺织品纹样特征初探》,《浙江纺织服装职业技术学院学报》2012 年第 1 期。

128. 新疆博物馆:《吐鲁番县阿斯塔那——哈拉和卓古墓群发掘简报》,《文物》1973 年第 10 期。

129. 新疆博物馆考古队，穆舜英执笔:《吐鲁番哈拉和卓古墓群发掘简报》,《文物》1978 年第 6 期。

130. 新疆博物馆考古队:《阿斯塔那古墓群第二次发掘简报（1960 年 11 月)》,《新疆文物》2000 年第 3—4 期合刊。

131. 新疆博物馆考古队:《阿斯塔那古墓群第三次发掘简报》,《新疆文物》2000 年第 3—4 期合刊。

132. 新疆社会科学院考古研究所:《新疆阿拉沟竖穴木椁墓发掘简报》,《文物》1981 年第 1 期。

133. 新疆社会科学院考古研究所编，侯灿执笔:《吐鲁番阿斯塔那古墓区 65TAM39 墓清理简报》,《考古与文物》1983 年第 4 期。

134. 新疆社会科学院考古研究所编:《新疆考古三十年》,乌鲁木齐:新疆人民出版社,1983 年。

135. 新疆社科院考古所:《新疆考古三十年》,乌鲁木齐:新疆人民出版社,1983 年。

136. 新疆首届考古专业人员训练班(李文永):《交河故城寺院及雅尔湖古墓发掘简报》,《新疆文物》1989 年第 4 期。

137. 新疆吐鲁番地区文管所:《吐鲁番出土十六国时期的文书——吐鲁番阿斯塔那 382 号墓清理简报》,《文物》1983 年第 1 期。

138. 新疆吐鲁番学研究院:《2009 年吐鲁番阿斯塔那古墓群 1 区 410 号墓葬清理简报》,《吐鲁番学研究》2010 年第 1 期。

139. 新疆吐鲁番学研究院、新疆维吾尔自治区博物馆:《2006 年阿斯塔那古墓Ⅱ区 607 号墓清理简报》,《吐鲁番学研究》2010 年第 2 期。

140. 新疆吐鲁番学研究院、新疆文物考古研究所:《新疆鄯善洋海墓地发掘报告》,《考古学报》2011 年第 1 期。

141. 新疆吐鲁番学研究院:《新疆吐鲁番胜金店墓地 2 号墓发掘简报》,《文物》2013 年第 3 期。

142. 新疆维吾尔自治区博物馆、西北大学历史系考古专业:《1973 年吐鲁番阿斯塔那古墓群发掘简报》,《文物》1975 年第 7 期。

143. 新疆维吾尔自治区博物馆、吐鲁番地区文管所:《新疆吐鲁番艾丁湖古墓葬》,《考古》1982 年第 4 期。

144. 新疆维吾尔自治区博物馆:《新疆吐鲁番阿斯塔那北区墓葬发掘简报》,《文物》1960 年第 6 期。

145. 新疆维吾尔自治区博物馆:《吐鲁番阿斯塔那 363 号墓发掘简报》,《文物》1972 年第 2 期。

146. 新疆维吾尔自治区博物馆:《吐鲁番县阿斯塔那——哈拉和卓古墓群清理简报》,《文物》1972 年第 1 期。

147. 新疆维吾尔自治区博物馆:《吐鲁番县阿斯塔那——哈拉和卓古墓群发掘简报(1963—1965)》,《文物》1973 年第 10 期。

148. 新疆维吾尔自治区博物馆编:《新疆出土文物》, 北京: 文物出版社, 1975 年。

149. 新疆维吾尔自治区博物馆考古部、吐鲁番地区文物局阿斯塔那文物管理所:《2006 年吐鲁番阿斯塔那古墓群西区发掘简报》,《吐鲁番学研究》2007 年第 1 期。

150. 新疆维吾尔自治区吐鲁番学研究院、武汉大学中国三至九世纪研究所编著:《吐鲁番柏孜克里克石窟出土汉文佛教典籍》,北京:文物出版社,2007 年。

151. 新疆维吾尔自治区文物局编:《丝路瑰宝: 新疆馆藏文物精品图录》,乌鲁木齐:新疆人民出版社,2010 年。

152. 新疆维吾尔自治区文物普查办公室、吐鲁番地区文物普查队:《吐鲁番地区文物普查资料》,《新疆文物》1988 年第 3 期。

153. 新疆文物局等主编:《新疆文物古迹大观》,乌鲁木齐:新疆美术摄影出版社,1999年。

154. 新疆文物考古研究所、吐鲁番地区博物馆:《鄯善县苏贝希墓群三号墓地》,《新疆文物》1994年第2期。

155. 新疆文物考古研究所、吐鲁番地区博物馆:《新疆鄯善县苏贝希遗址及墓地》,《考古》2002年第6期。

156. 新疆文物考古研究所、吐鲁番地区文物局:《吐鲁番乌堂、雅尔唐墓考古发掘简报》,《新疆文物》2009年第2期。

157. 新疆文物考古研究所、吐鲁番学研究院:《新疆吐鲁番木尔吐克萨依遗址发掘简报》,《吐鲁番学研究》2017年第2期。

158. 新疆文物考古研究所、新疆大学历史系88级考古专业、吐鲁番地区博物馆、鄯善县文化局:《新疆鄯善县三个桥古墓葬的抢救清理发掘》,《新疆文物》1997年第2期。

159. 新疆文物考古研究所、新疆地区文物局:《新疆鄯善县洋海墓地的考古新收获》,《考古》2004年第5期。

160. 新疆文物考古研究所、新疆吐鲁番学研究院:《高昌故城第二次考古发掘报告》,《吐鲁番学研究》2011年第2期,《新疆文物》2011年第2期。

161. 新疆文物考古研究所、新疆吐鲁番学研究院:《高昌故城第三次考古发掘报告》,《新疆文物》2011年第2期。

162. 新疆文物考古研究所、新疆吐鲁番学研究院:《高昌故城第四次考古发掘报告》,《新疆文物》2011年第2期。

163. 新疆文物考古研究所:《"鄯善古墓被盗案"中部分文物之介绍》,《新疆文物》1989年第4期。

164. 新疆文物考古研究所:《鄯善苏贝希墓群一号墓地发掘简报》,《新疆文物》1993年第4期。

165. 新疆文物考古研究所:《1994年吐鲁番交河故城沟西墓地发掘简报》,《新疆文物》1996年第4期。

166. 新疆文物考古研究所:《1995年吐鲁番交河故城沟西墓地发掘简报》,

《新疆文物》1996 年第 4 期。

167. 新疆文物考古研究所:《1996 年新疆吐鲁番交河故城沟西墓地汉晋墓葬发掘简报》,《考古》1997 年第 9 期。

168. 新疆文物考古研究所:《新疆吐鲁番交河故城沟西墓地麴氏高昌——唐西州时期墓葬 1996 年发掘简报》,《考古》1997 年第 9 期。

169. 新疆文物考古研究所:《吐鲁番交河故城沟北 1 号台地墓葬发掘简报》,《文物》1999 年第 6 期。

170. 新疆文物考古研究所:《阿斯塔那古墓群第十次发掘简报》,《新疆文物》2000 年第 3—4 期合刊。

171. 新疆文物考古研究所:《阿斯塔那古墓群第十一次发掘简报》,《新疆文物》2000 年第 3—4 期合刊。

172. 新疆文物考古研究所:《2006 年度高昌故城考古发掘简报》,《新疆文物》2008 年 3—4 期。

173. 新疆文物考古研究所:《鄯善县一棵桑墓地考古发掘报告》,《新疆文物》2011 年第 2 期。

174. 新疆文物考古研究所:《台藏塔遗址考古发掘报告》,《新疆文物》2011 年第 2 期。

175. 新疆文物考古研究所:《吐鲁番市巴旦木墓地考古发掘报告》,《新疆文物》2011 年第 2 期。

176. 新疆文物考古研究所:《托克逊县鱼儿沟遗址、墓地考古发掘报告》,《新疆文物》2011 年第 2 期。

177. 新疆文物考古研究所:《鄯善县二塘沟墓地考古发掘简报》,《新疆文物》2012 年第 1 期。

178. 新疆文物考古研究所:《高昌故城第五次考古发掘简报》,《吐鲁番学研究》2012 年第 2 期,《新疆文物》2012 年第 3—4 期。

179. 新疆文物考古研究所:《新疆柏孜克里克千佛洞窟前遗址发掘简报》,《文物》2012 年第 5 期。

180. 新疆文物考古研究所:《新疆吐鲁番市巴达木墓地发掘简报》,《考古》2013 年第 6 期。

181. 新疆文物考古研究所:《新疆吐鲁番胜金口石窟发掘报告》,《考古学报》2016 年第 3 期。

182. 新疆文物考古研究所编著:《吐鲁番阿斯塔那—哈拉和卓墓地: 哈拉和卓卷》,北京:文物出版社,2018 年。

183. 徐东良、陈玉珍、路莹:《吐鲁番阿斯塔那三五七号墓葬出土百衲袋的保护修复与复制》,《龟兹研究》2017 年第 1 期。

184. 徐佑成、朱海生:《柳中古城形制初探》,《吐鲁番学研究》2015 年第 1 期。

185. 阎文儒:《吐鲁番的高昌故城》,《文物》1962 年第 7—8 期。

186. 阎文儒:《新疆天山以南的石窟》,《文物》1962 年第 7—8 期。

187. 殷福兰:《吐鲁番出土纺织品对称纹样的艺术风格探究》,《吐鲁番学研究:第二届吐鲁番学国际学术研讨会论文集》,上海:上海古籍出版社,2006 年。

188. 张川、伊弟利斯·阿不都热苏勒、刘国瑞、柳洪亮:《吐鲁番盆地的一具巨犀化石骨架》,《新疆文物考古新收获》(续)(1990—1996),乌鲁木齐:新疆美术摄影出版社,1997 年。

189. 张玲玲:《交河故城考古硕果累累》,《新疆文物》2002 年第 3—4 期。

190. 张铭心、凌妙丹:《中央民族大学藏吐鲁番出土文书整体性研究及出土地初探》,载《古代钱币与丝绸高峰论坛暨第四届吐鲁番学国际学术研讨会论文集》,上海:上海古籍出版社,2015 年。

191. 张荣强、张慧芬:《新疆吐鲁番出土唐代貌阅文书》,《文物》2016 年第 6 期。

192. 张铁山、李刚:《吐鲁番雅尔湖千佛洞 5 号窟突厥文题记研究》,载《吐鲁番与丝绸之路经济带高峰论坛暨第五届吐鲁番学国际学术研讨会论文集》,上海:上海古籍出版社,2016 年。

193. 张永兵:《吐鲁番胜金店墓地》,《吐鲁番》2013 年第 3 期。

194. 张远华:《〈吐鲁番出土文书〉图文本与释文本对照》(一)(二)(三)

（四），《吐鲁番学研究》2013年第1期、2014年第2期、2016年第2期、2017年第2期。

195. 赵静：《1990—1996年新疆考古发掘与调查记事》，乌鲁木齐：新疆美术摄影出版社，1997年。

196. 赵洋：《柏孜克里克石窟出土吐鲁番文献拾遗》，“吐鲁番学的回顾与展望”学术研讨会会议交流材料，湖北·武汉，2023年3月。

197. 郑阿财：《从单注到合注：中古丝绸之路上·注维摩诘经·写本研究》，《唐研究》第二十二卷，北京：北京大学出版社，2016年。

198. 中国社会科学院考古研究所边疆民族考古研究室、吐鲁番学研究院：《新疆鄯善县吐峪沟西区中部回鹘佛寺发掘简报》，《考古》2019年第4期。

199. 中国吐鲁番学学会：《吐鲁番学著作论文资料目录》，乌鲁木齐：新疆美术摄影出版社，1993年。

200. 中国文物研究所、新疆维吾尔自治区博物馆、武汉大学历史系编，唐长孺主编：《吐鲁番出土文书》（图录本）第壹—肆卷，北京：文物出版社，1992—1996年。

201. 庄兵：《敦煌吐鲁番出土〈孝经〉研究论介》，载《出土文献研究视野与方法》第5辑，2014年。

202. 庄兵：《敦煌吐鲁番文献展现的〈孝经〉今古文》，《政大中文学报》第二十七期，2017年。

203. [日]白须净真：《アスターナ、カラホージャ古坟群の坟墓と墓表、墓志とその编年（一）——三世纪から八世纪に亘る被葬者层の变迁をかねて》，《东洋史苑》第34、35号，1990年。

204. [日]白须净真：《トゥルファン古坟群の编年とトゥルファン支配者层の编年——麴氏高昌国の支配者层と西州の在地支配者层》，《东方学》第84号，1992年。

205. [日]百济康义：《ベルリン所藏东トルキスタン出土汉文文献总目录》（试行本），龙谷大学佛教文化研究所西域研究会，2000年。

206. [日]池田温:《中国古代籍帐研究概观·録文》,东京大学东洋文化研究所,1979年。

207. [日]都築晶子等:《大谷文書の比較研究:旅順博物館蔵トルファン出土文書を中心に》,《龍谷大學佛教文化研究所紀要》第49集,2010年。

208. [日]関尾史郎:《〈文書〉と「正史」の高昌國》,《東洋史研究》47–3,1988年。

209. [日]荒川正晴:《随葬物別出土文書一覧表》,《トゥルファン出土文書および関連伴出資料の調査》,大阪大学大学院文学研究科,平成15年,第107—190页。

210. [日]荒川正晴编,孟宪实译,侯灿校:《阿斯塔那·哈拉和卓古墓群墓葬一览表》,《新疆文物》1992年第2期。

211. [日]荒川正晴编,孟宪实译:《阿斯塔那·哈拉和卓古墓群墓葬一览表》,《新疆文物》1992年第2期。

212. [日]片山章雄:《トゥルファン地域の佛典斷片と諸國の探検隊》,《東海史學》50,2016年。

213. [日]日比野丈夫:《唐代蒲昌府文书の研究》,《东方学报》(京都)33,1963年。

214. [日]日比野丈夫:《新获の唐代蒲昌府文书について》,《东方学报》(京都)45,1973年。

215. [日]森安孝夫撰、陈俊谋译:《敦煌与西回鹘王国——寄自吐鲁番的书信及礼物》,《西北史地》1987年第3期。

216. [日]石見清裕:《吐魯番出土墓表·墓誌の統計的分析》,土肥義和編:《敦煌·吐魯番出土漢文文書の新研究》(修訂版),東洋文庫,2013年。

217. [日]石見清裕:《吐魯番出土墓表·墓誌の統計的分析》,载土肥義和編:《敦煌·吐魯番出土漢文文書の新研究》,東京:東洋文庫,中央アジア研究班,2009年。

218. [日]松井太著,杨富学、陈爱峰译:《吐鲁番诸城古回鹘语称谓》,《吐鲁番学研究》2017年第1期。

219. [日]藤枝晃:《高昌残影出口常顺藏トルファン出土佛典断片图録》,京都:法藏馆,1978年。

220. [日]吐鲁番出土文物研究会编:《吐鲁番出土文物研究情報集録——吐鲁番出土文物研究会会報1—50号》,东洋文库内中央アジア·イスラム研究室,1991年3月。

221. [日]香川默识:《西域考古图谱》上、下,东京:国华社,1915年。

222. [日]小田义久:《大谷文书集成》(一、二、三、四),法藏馆,1984、1991、2003、2011年。

223. [日]小田義久:《大谷文書と吐鲁番文書について》(研究ノ——ト1),《龍谷大學仏教文化研究所所報》11,1988年。

224. [日]小田義久:《吐鲁番出土文書小考》,《東洋史苑》6,1973年。

225. [日]重松俊章:《佛教史上の高昌国》(上),《密教》第3卷第4号,1913年。

226. *Aalto, P. 1959. Zuden Berliner Turfan-Fragmenten, T III D 322*, JSFOu 61, 6, 1-20.

227. *Altangerel, C. & D. Cerensodnom. 1966. Turfany cugluulgyn TM 38*, MS 5, fasc.18, 113-122.

228. *Altangerel, C. & D. Cerensodnom. 1967. Turfany cugluulgyn TM 8*, T II 662, MS 6, fasc.18,, 127-135.

229. *Yamamoto, T. & O. Ikeda. Tun-huang and Turfan Documents concerning Social and Economic History, III. Contracts(A)(B)*, Tokyo 1987.

230. *Yamamoto, T. & Y. Dohi. Tun-huang and Turfan Documents concerning Social and Economic History, II. Census Registers(A)(B)*, Tokyo 1985.

231. *Yamamoto, T. et al. Tun-huang and Turfan Documents concerning Social and Economic History, supplement(A)(B)*, Tokyo 2001.

232. *Yamamoto, T., O. Ikeda & Y. Okano. Tun-huang and Turfan Documents concerning Social and Economic History, I. Legal Texts(A)(B)*, Tokyo 1978—1980.